Joomla!

Lizenz zum Wissen.

Sichern Sie sich umfassendes Technikwissen mit Sofortzugriff auf tausende Fachbücher und Fachzeitschriften aus den Bereichen: Automobiltechnik, Maschinenbau, Energie + Umwelt, E-Technik, Informatik + IT und Bauwesen.

Exklusiv für Leser von Springer-Fachbüchern: Testen Sie Springer für Professionals 30 Tage unverbindlich. Nutzen Sie dazu im Bestellverlauf Ihren persönlichen Aktionscode C0005406 auf *www.springerprofessional.de/buchaktion/*

Jetzt 30 Tage testen!

Springer für Professionals.
Digitale Fachbibliothek. Themen-Scout. Knowledge-Manager.

- Zugriff auf tausende von Fachbüchern und Fachzeitschriften
- Selektion, Komprimierung und Verknüpfung relevanter Themen durch Fachredaktionen
- Tools zur persönlichen Wissensorganisation und Vernetzung

www.entschieden-intelligenter.de

Springer für Professionals

Ralph Steyer

Joomla!

Einführung in das populäre CMS

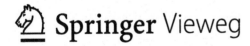 Springer Vieweg

Ralph Steyer
Bodenheim
Deutschland

ISBN 978-3-658-08877-4   ISBN 978-3-658-08878-1 (eBook)
DOI 10.1007/978-3-658-08878-1

Die Deutsche Nationalbibliothek verzeichnet diese Publikation in der Deutschen Nationalbibliografie; detaillierte bibliografische Daten sind im Internet über http://dnb.d-nb.de abrufbar.

Springer Vieweg
© Springer Fachmedien Wiesbaden 2015

Gedruckt auf säurefreiem und chlorfrei gebleichtem Papier

Springer Fachmedien Wiesbaden ist Teil der Fachverlagsgruppe Springer Science+Business Media
(www.springer.com)

Vorwort

Zeit ist Geld. Das gilt auch – oder vielleicht gerade – beim Erstellen einer Präsenz im Internet. Das ist sicher ein Grund, warum immer mehr „normale" Webseiten über mächtige **R**ich **I**nternet **A**pplications (RIAs) bis hin zu kompletten Portalen für Communitys und soziale Netzwerke im Internet mit **C**ontent **M**anagement **S**ystemen (CMS) erstellt werden. Denn solche Systeme erleichtern nicht nur die Erstellung dieser Web-Präsenzen oder ermöglichen gar erst deren Umsetzung, sondern die Erstellung geht desgleichen immens schneller als die Erschaffung von Grund auf. Ein CMS wie Joomla! stellt zahlreiche Features, Ablaufverfahren, Verwaltungsmöglichkeiten, Layouts und Bausteine bereits zur Verfügung, die Sie ansonsten selbst anfertigen müssten – sofern Sie das überhaupt von den Kenntnissen als auch vor allen Dingen vom Zeitaufwand hinbekommen würden.

Ich beschäftige mich bereits seit meinem Studium mit Programmierung und habe den Boom des WWW (**W**orld **W**ide **W**eb) fast seit dessen Beginn begleitet. War die Bereitstellung von Inhalten für das WWW am Beginn noch zwingend mit grundlegenden Kenntnissen in HTML (**H**yper **T**ext **M**arkup **L**anguage) und später daneben CSS (**C**ascading **S**tyle **S**heets) und oft auch JavaScript verbunden, haben viele Entwicklungen des sogenannten Web 2.0 (Wikis, Blogs etc.) diese Notwendigkeiten reduziert, zumindest was die Bereitstellung von reinen Inhalten angeht. CMS und verwandte Systeme erlauben darüber hinaus sogar die Erstellung von besagten Webseiten, RIAs oder ganzen Netzwerken im Internet ganz ohne Kenntnisse in den Grundlagentechnologien (wobei diese Kenntnisse ganz und gar nicht schaden, wenn Sie ein CMS wie Joomla! gänzlich ausreizen wollen).

Dabei bietet Joomla! als eines der bekanntesten CMS für viele Interessen und Wünsche eine optimale Lösung:

- Wollen Sie einfach und schnell eine pure Webseite aufsetzen, die modernen Ansprüchen genügt? Joomla!
- Wollen Sie oft und regelmäßig aktuelle Inhalte im Web veröffentlichen, ohne jedes Mal eine neue Webseite zu programmieren oder eine bestehende Webseite aktualisieren zu müssen? Joomla!

- Wollen Sie eine mächtige, interaktive Web-Präsenz mit modernen Features erstellen, die man im Web 2.0 nutzt? Joomla!
- Wollen Sie eine Community im Internet aufbauen? Joomla!
- Wollen Sie ein firmeninternes Kommunikationsnetzwerk aufbauen? Joomla!

Die Liste ließe sich ziemlich lange vorsetzen: Aber ich denke, dass Sie schon wissen, warum Sie sich mit Joomla! – und diesem Buch – beschäftigen.

Ich persönlich finde die Arbeit mit einem CMS wie Joomla! vor allen Dingen sehr spannend. Sie werden im Laufe des Buchs auch (hoffentlich) merken – der Umgang mit Joomla! macht zudem viel Spaß und führt sehr schnell zu Erfolgserlebnissen. Und solchen Spaß als auch Erfolg wünsche ich Ihnen als Ihr Autor

Winter 2014/2015   Ralph Steyer
http://www.rjs.de

Inhaltsverzeichnis

Die Grundlagen zu CMS – auch eine lange Reise beginnt mit dem ersten Schritt

Um was geht es eigentlich?

1.1 Was behandeln wir in dem einleitenden Kapitel?

Im einleitenden Kapitel wollen wir uns erst einmal kompakt ansehen, was Joomla! eigentlich ist: ein Content-Management-System. Aber was ist das genau und was zeichnet Joomla! aus? Darüber hinaus werden in dem ersten Kapitel des Buchs die Zielgruppe für Joomla! und die für dieses Buch, empfohlenen Vorkenntnisse und die Ziele von diesem Buch erläutern und ich stelle mich Ihnen als Autor kurz vor.

1.2 Der Leser, der Autor und das Ziel

Betrachten wir zunächst einige Details zu Ihnen als erwartete Leser und dem Buch.

1.2.1 Wer ist die Zielgruppe von dem Buch?

Dieses Buch richtet sich ganz allgemein an alle Leser bzw. Interessenten, die sich mit Joomla! in den Versionen 3.x, aber auch noch der älteren Version 2.5[1] vertraut machen wollen, um damit einen Internetauftritt zu realisieren.

---

[1] Warum auch noch die Version 2.5 von Joomla! behandelt wird, wird noch erläutert.

© Springer Fachmedien Wiesbaden 2015
R. Steyer, *Joomla!*, DOI 10.1007/978-3-658-08878-1_1

1.2.2   Welche Vorkenntnisse werden empfohlen?

Um dieses Buch effektiv zu nutzen, sind bestimmte Kenntnisse hilfreich. Sie sollten in folgenden Bereichen über gewisse Erfahrungen verfügen:

- Gutes Internet-Grundwissen (als Anwender).
- Kenntnisse des Betriebssystems, mit dem Sie arbeiten (Windows, Linux oder OS X).
- HTML- und CSS-Grundkenntnisse sind von Vorteil, aber nicht zwingend.
- Grundkenntnisse in PHP und/oder JavaScript sind bei fortgeschrittenen Themen von Vorteil, aber keinesfalls zwingend.

1.2.3   Was lernen Sie?

In diesem Buch lernen Sie, wie Sie mit Joomla! einen Internetauftritt erstellen und wie Sie allein oder mit mehreren anderen Personen zusammen in Joomla! diesen Internetauftritt kontinuierlich betreuen, erweitern, anpassen und aktualisieren können.

Dabei sind die Kapitel von dem Buch strukturell immer gleich aufgebaut. Zuerst wird kurz skizziert, was wir uns in einem Kapitel erarbeiten wollen und dann gehen wir die Themen an.

▶   Im Buch wird immer wieder auf Quellen im Internet verwiesen. Beachten Sie, dass sich diese über die Zeit ändern können. Falls eine Internet-Adresse nicht mehr aktuell ist, lassen sich die Seiten aber in der Regel leicht über Suchmaschinen finden. Für die permanente Erreichbarkeit der Internet-Ressourcen kann selbstverständlich keine Garantie übernommen werden. Behalten Sie außerdem im Auge, dass sich die Versionsnummern von Programmen permanent ändern.

1.2.4   Was gibt es zum Autor zu sagen?

Es ist möglicherweise ganz hilfreich oder zumindest interessant, wenn Sie etwas von mir als Autor wissen.

Mein Name ist Ralph Steyer und ich bin Diplom-Mathematiker. Ich wohne schon mein ganzes Leben im Rhein-Main-Gebiet. Seit 1996 verdiene ich meinen Lebensunterhalt als Freelancer (Fachautor, Fachjournalist, EDV-Dozent und Programmierer/Consultant). Davor stehen knapp fünf Jahre als Programmierer bei einer großen Versicherung in Wiesbaden im Lebenslauf, die unmittelbar auf mein Diplom an der Universität in Frankfurt gefolgt sind.

Meine Erfahrung mit dem Erstellen von Büchern und Videopublikationen im Internet- und Programmierumfeld reicht bis 1996 zurück – meinem ersten HTML-Buch, das ich immer noch in Ehren halte. In diversen Schulungen und Vorlesungen in Firmen sowie an Akademien und Fachhochschulen als auch bei Vorträgen auf Kongressen gebe ich mein Fachwissen weiter und nutze umgekehrt die dort gewonnenen Erfahrungen für meine nächsten Veröffentlichungen. Diesen Zyklus ergänzen immer wieder kleinere Praxisprojekte.

Mit Joomla! bin ich auch schon seit einigen Jahren aktiv. Ich betreue als Administrator verschiedene Joomla!-Installationen, wobei ich mich definitiv als Programmierer sehe. Nach 1996 und meinem ersten HTML-Buch folgten diverse Publikationen zu JavaScript, Java, AJAX bis hin zu PHP und Server-Administration. Ich kümmere mich also beruflich seit dieser Zeit um so ziemlich alles, was mit Webseiten und deren Erstellung als auch Programmierung zu tun hat.

Und bei diesen Aktivitäten rund um das Internet bin ich irgendwann natürlich auch mit Content-Management-Systemen konfrontiert worden. Zuerst mit einem CMS mit Namen Typo3, aber damit konnte ich mich erst einmal nicht anfreunden. Das lag vermutlich nur an mir, denn das Konzept eines CMS war mir damals nicht geheuer und Typo3 zudem ziemlich komplex und groß. Ich war es einfach gewohnt, den Code vollständig unter Kontrolle zu haben und bei Bedarf jedes einzelne Bit meiner Webseite individuell umdrehen zu können.

Aber als ich etwa 2005 das damals brandneue Joomla! in die Finger bekommen habe, habe ich mich auch mit dem Konzept eines CMS angefreundet. Mittlerweile nutze ich bei der Erstellung von Webseiten fast nur noch CMS – Joomla! sowie WordPress.

1.3   Was ist ein CMS?

Joomla! ist ein CMS (was ja schon mehrfach deutlich gemacht wurde) und dies steht erst einmal nur für ein System, das auf die Verwaltung und Bereitstellung von **Inhalt** (engl. Content) spezialisiert ist. Wie der Name deutlich macht, steht der **Inhalt** und **nicht** die **Struktur** oder die **technische Basis** im Mittelpunkt. Insbesondere kann der Inhalt von der Struktur, dem Aussehen und der technischen Basis getrennt werden (anders etwa als beispielsweise bei konventionellen Webseiten, bei denen HTML-Elemente mit Text gemischt sind).

▶   **Hinweis** Man redet hier bei den meisten CMS von einem sogenannten Entwurfsmuster in Form eines **M**odel **V**iew **C**ontrollers (MVC).

Solch ein Konzept erlaubt eine schnelle Aktualisierung der Inhalte, aber ebenfalls eine flexible Anpassung und Änderung des Layouts und des Aufbaus einer Seite, ohne irgendwelche Anpassungen am Inhalt (und oft auch nicht an der Struktur) vornehmen zu müssen.

1.3.1   Daten in der Datenbank oder Textdateien

Die Inhalte werden bei den meisten CMS in einer Datenbank geführt und bei Bedarf dynamisch generiert. Kleinere CMS speichern Inhalte aber auch in Textdateien, was bis zu einer gewissen Komplexität durchaus funktioniert. Bei den meisten CMS gibt es eine zeitliche Verwaltungsmöglichkeit von Inhalten (Content-Life-Cycle-Management), um Inhalte **automatisch** zeitlich begrenzt zu veröffentlichen oder zu archivieren.

Auch **mehrsprachige** Versionen eines Internetauftritts sind bei einem CMS leicht möglich (multilingual). Desgleichen lassen sich Inhalte hierarchisch organisieren.

Zusätzlich zum Hauptinhalt einer einzelnen CMS-Seite (oder eines Beitrags im Allgemeinen) werden oft weitere Inhalte damit verknüpft – etwa **Metainformationen** wie das Veröffentlichungsdatum, das letzte Aktualisierungsdatum, eine Kategorie, der Autor, Kommentare oder auch externe Dateien (Bilder, Videos, Musik etc.) oder Datenquellen (Kalender, Karten, Nutzerdaten etc.).

Ein modernes CMS wie Joomla! hat außerdem in der Regel eine integrierte Suchmaschine, um Besuchern einen schnellen Zugriff auf die Inhalte zu ermöglichen. Bei dieser Suche spielen die verbundenen Metainformationen eine tragende Rolle.

Bei einem CMS können meist mehrere Benutzer an den Inhalten als auch der Verwaltung dieser Inhalte sowie des gesamten Systems arbeiten (zwingend ist das aber nicht). Diese Benutzer haben dann jedoch meist verschiedene spezifische **Aufgaben** und **Rollen** innerhalb des CMS. Gerade solch ein **Rollensystem** macht ein CMS so mächtig, denn man kann damit genau festlegen, welche Benutzer was an einem System machen und ändern dürfen. Insbesondere können unberechtigte Änderungen verhindert und Änderungen nachvollzogen sowie wieder rückgängig gemacht werden. Bei so einer Verwendung wird das CMS auch ein **Redaktionssystem** genannt, bei dem es einem oder mehreren Autoren möglich ist, Texte und Bilder mithilfe von Upload- und Editierwerkzeugen online zu stellen. Vor allem als soziale Netzwerke konzipierte CMS binden Besucher inhaltlich sehr stark ein und erlauben Einträge in Gästebüchern, Kommentaren, Inhalten oder Verknüpfungen von Inhalten. Aber auch ohne diese soziale Ausrichtung kann das Aufteilen von Aufgaben die effektive Bereitstellung von Inhalten erheblich voranbringen.

▶   Obwohl es verschiedene Arten an CMS gibt, ist mit dem Bezeichner so gut wie immer ein Online-CMS (auch Web-CMS oder kurz **WCMS**) gemeint, bei dem sowohl der Inhalt als auch die gesamte Verwaltung über einen Browser dargestellt werden. Die gemeinschaftliche Erstellung, Bearbeitung und Organisation von Inhalten basiert dabei auf interaktiven Webseiten, die insbesondere durch die Techniken des sogenannten Web 2.0 Möglichkeiten wie bei normalen Desktop-Programmen eröffnen. Gerade das Erstellen und Bearbeiten der Inhalte erfolgt in einem WCMS meist direkt über ein Online-Textverarbeitungs-Modul im Browser, wobei die Daten unmittelbar auf dem Server gespeichert werden. Dabei steht vorwiegend auch eine integrierte Versionsverwaltung zur Verfügung, um Änderungen zu protokollieren und bestimmte Versionen im Fehlerfall wiederherstellen zu können.

Besonderer Wert wird zudem bei vielen CMS in neuerer Zeit auf eine medienneutrale Datenhaltung gelegt. So kann ein Inhalt auf Wunsch beispielsweise als Druckversion, PDF oder als Webseite bereitstehen oder aber das CMS stellt maschinenlesbare Ausgaben von Inhalten für Web-Feeds (zum Beispiel Atom, RSS etc.), Mikroformate oder Programmierschnittstellen (APIs – **A**pplication **P**rogramming **I**nterface) zur Integration in andere Dienste zur Verfügung.

Technisch sind moderne WCMS (vor allen Dingen diejenigen auf Basis von Open Source) meist auf dem neusten Stand der Web-Technologie, denn eine Community kümmert sich in der Regel laufend um die Integration der aktuellsten Features des Webs. Das gewährleistet bei vernünftiger Konfiguration, dass ein CMS sowohl benutzerfreundliche Funktionen nach dem aktuellen Status quo im Web bereitstellen, aber ebenso bequem für Suchmaschinen optimiert und gegen Attacken abgesichert werden kann. Die meisten CMS können ferner individuell erweitert werden (mit Plug-ins). Von der Programmierung her arbeiten die meisten CMS auf Serverseite mit PHP, Ruby, Perl, Python oder ASP. NET und im Client kommen die üblichen Web-Sprachen HTML, CSS und vor allen Dingen JavaScript inklusive AJAX (**A**synchronous **J**ava**S**cript and **X**ML) zum Einsatz. Als Webserver sind in der Regel Apache, IIS (Internet Information Services bzw. vormals Internet Information Server) oder gelegentlich nginx beteiligt. Als Datenbank wird von praktisch allen CMS MySQL unterstützt, aber häufig finden auch PostgreSQL- oder Microsoft SQL-Server Verwendung.

1.4   Warum ein WCMS einsetzen?

Grundsätzlich braucht man für die Präsentation von Inhalten im Web kein CMS. Seit etwa 1995[2] kann man problemlos (statische) Webseiten bereitstellen, die ausschließlich mit HTML und später auch ergänzenden Technologien wie CSS und JavaScript erstellt werden. Das gilt auch heute noch und es gibt unbestreitbare Gründe, warum solch ein Weg immer noch sinnvoll sein kann.

Aber wenn Sie Ihren Besuchern im Web stets viele **aktuelle Inhalte** präsentieren wollen, gelangen Sie mit einem solchen Konzept mit statischen Webseiten schnell an die Grenzen der Machbarkeit. Denn zur Änderung der Inhalte müssen die statischen Seiten oder zumindest die Scripts geändert werden, was sowohl von der Verwaltung und Wartung sehr unübersichtlich als auch immens aufwendig ist. Zwar kann man mittels JavaScript und dem asynchronen Datenaustausch mit einer Technik namens AJAX diese Aktualisierung von Inhalten zumindest etwas von der Struktur abkoppeln, aber in der Regel kommt man auch bei dem Weg an gewisse Grenzen und man muss vor allen Dingen bei AJAX zusätzlich auf dem Webserver aktiv werden, um die Daten dort bereitzustellen.

Wir wollen uns kurz einige Vor- und Nachteile eines CMS ansehen, und zwar mit Blickpunkt auf statische Webseiten als Alternative.

---

[2] Streng genommen sogar 1991, aber erst 1995 erfuhr das WWW seinen richtigen Durchbruch.

Abb. 1.1 Ein typisches Layout eines aktuellen CMS

1.4.1   Vorteile eines CMS

Die Vorteile von einem CMS (Abb. 1.1) gegenüber konventionell erstellten und programmierten (statischen) Seiten sind u. a. folgende:

- Vorhandene Inhalte können sehr rasch ergänzt, aktualisiert oder gelöscht werden.
- Seiteninhalte können direkt und ohne Programmierkenntnisse erstellt und bearbeitet werden.
- Inhalte im CMS können für verschiedene Medien optimiert werden.
- Das gesamte System kann meist ziemlich unkompliziert und schnell erweitert werden.
- Mehrere Benutzer können größere Aufgaben gemeinsam erledigen.
- Man hat (wenn man nicht bewusst Regeln bricht) ein konsequent angewendetes einheitliches Design (Corporate Design bzw. Corporate Identity), das zudem schnell und einfach gewechselt werden kann.

- Die Designs, die größtenteils über sogenannte Templates (Vorlagen) bereitstehen, sind vielfach frei verfügbar und sehr oft bereits hochprofessionell gestaltet, was es auch Laien ermöglich, schnell und einfach ein vernünftiges Design einer Web-Präsentation anzubieten. Das gesamte Design einer Webseite kann damit auch nahezu ohne Aufwand geändert werden.
- MVC-Logik zur strikten Trennung von Programmcode, Design und Inhalten.
- Automatische Ausführung vieler Routineaufgaben und Prozesse.
- Sehr schnelle Erstellung von Web-Präsentationen, wenn man auf vorgegebene Strukturen und Vorlagen zurückgreift.
- Aufteilung der Webseite in einen Bereich für Besucher (Frontend) und einen administrativen Bereich (Backend). Beide Bereiche sind aber über den Browser und in der Regel eine gemeinsame Internet-Basisadresse erreichbar.
- Auswertungen über diverse Statistiken.
- Bereitstellung von Metainformationen.
- Viele Erweiterungen, die für fast jede denkbare Anforderung (Forum, Blog, Kalender, Sicherheitsabfrage, Diashow, E-Mail-Verwaltung etc.) bereits vorgefertigte Module anbieten.

Darüber hinaus lassen sich sicher noch weitere Vorteile eines CMS anführen, die oft auch an individuellen Gegebenheiten hängen.

1.4.2 Nachteile eines CMS

Diesen unbestreitbaren Vorteilen stehen auch ein paar Nachteile eines CMS gegenüber, sonst gäbe es ja keine sinnvollen Gründe, ohne ein CMS zu arbeiten. Diese Nachteile eines CMS sind also in der umgekehrten Sichtweise Vorteile, die für eine manuelle Erstellung einer statischen Webseite sprechen:

- Mit der Verwendung von einem bestimmten CMS begeben Sie sich in absolute Abhängigkeit von dem CMS bzw. der zukünftigen Entwicklung des CMS-Projekts an sich. Sollte ein CMS eingestellt werden, bleibt auch Ihre Webseite auf dem letzten Stand des CMS-Projekts stehen. Das ist speziell bei nicht ganz so großen und populären CMS-Projekten ein erhebliches Risiko. Ein Wechsel zu einem anderen CMS oder die manuelle Weiterentwicklung ist meist nur schwer möglich, so dass in dem Fall eine komplette Neuentwicklung erfahrungsgemäß weniger Aufwand bedeutet.
- Sie haben eine hohe Abhängigkeit vom technischen Aufbau des CMS. Sie haben nicht mehr die vollständige Kontrolle über den gesamten Code und die Struktur, sondern kaufen zum Teil „die Katze im Sack". Und wenn für ein bestimmtes Problem in dem CMS keine Lösung bereitsteht, sind Sie auf sich selbst angewiesen und müssen Ihre eigene Lösung irgendwie in das CMS integrieren.

- Sie brauchen eine Infrastruktur mit passendem Webserver, Programmierumgebung und meist auch einer Datenbank, um das CMS betreiben zu können.
- Sie benötigen einen Systemadministrator für das CMS und müssen sich grundsätzlich in die Arbeitsweise von einem CMS einarbeiten.
- CMS können sehr schwergewichtig werden. So sind oft Dinge dabei, die Sie gar nicht brauchen. Oder gewisse Vorgänge werden durch vorgegebene Strukturen unnötig komplex.

Auch hier lassen sich sicher weitere Gründe anführen, warum man besser eine Webseite von der Wurzel auf selbst erstellt.

1.4.3   Serverseitig programmierte Webseiten

Ein bisschen schwammig möchte ich nun noch den Begriff der von Ihnen selbst serverseitig programmierten Webseiten in den Ring werfen. Das soll bedeuten, dass dies keine statischen Webseiten sind, die direkt mit HTML, CSS und maximal JavaScript erzeugt werden. Dies sind vielmehr Webseiten, die per serverseitiger Programmierung – durchaus auch mit serverseitigem Datenbankzugriff – generiert werden. Sie erstellen dann aber selbst die serverseitigen Skripte.

Im Grunde erstellt man dann Webseiten genau so, wie das ein CMS technisch macht. Damit vermeidet man die Nachteile von statischen Webseiten und gleichzeitig die Nachteile der fehlenden Flexibilität eines CMS sowie die Bindung an ein solches.

Der Preis besteht jedoch in einem sehr großen Aufwand, weil man viele Dinge selbst programmieren muss. Nicht zuletzt benötigt man die entsprechenden Kenntnisse in serverseitiger Web-Programmierung. Dieser Weg lohnt sich deshalb meist nur für größere Firmen oder Organisationen, die eine maximal individuelle, angepasste und flexible Lösung mit vollständiger Kontrolle benötigen.

1.4.4   Fazit

Das (!) Killerargument für ein CMS ist Content – häufig zu aktualisierender Inhalt. Wenn so etwas notwendig ist, führt meines Erachtens kein Weg an einem CMS vorbei, gerade auch dann, wenn mehrere Personen an dem Content arbeiten. Bei den anderen Argumenten greift die persönliche Gewichtung, ob Sie ein CMS einsetzen sollten oder nicht. Aus meiner Sicht werden jedoch überwiegend die Argumente für ein CMS sprechen.

1.5   Was ist Joomla!?

Kommen wir nun zu dem CMS, das in diesem Buch im Fokus steht: **Joomla!**. Zusammen mit **WordPress**, **Typo3** und **Drupal** zählt Joomla! zu den vier großen CMS, wobei derzeit WordPress und Joomla! im Web am häufigsten eingesetzt werden.

▶ **Hinweis** Streng genommen ist WordPress ein Blog-System, aber die Grenzen zu einem CMS verschwimmen immer mehr. Früher hat man die Systeme oft getrennt, aber mittlerweile fast man das alles unter CMS zusammen.

Die mittlerweile schon recht lange Geschichte von Joomla! und seine Popularität sprechen auf der einen Seite für eine Beständigkeit als auch auf der anderen Seite für die Zukunftssicherheit, die sehr wichtig bei der Auswahl eines CMS ist. Nicht umsonst setzen auch diverse große Firmen wie IKEA oder eBay derzeit ganz oder teilweise auf Joomla! (Abb. 1.2).

Wie die anderen genannten CMS ist Joomla! **Open Source** (es gibt allerdings auch diverse weitere CMS, die nicht Open Source sind). Das bedeutet, diese Programme stehen unter einer Lizenz, bei der der Quelltext der Programme für jedermann öffentlich einsehbar ist und frei verändert, kopiert und verbreitet werden darf. Im Fall von Joomla! kommt die GPL-Lizenz (GNU **G**eneral **P**ublic License) der Free Software Foundation zum Einsatz, die im Internet eine sehr verbreitete Lizenz ist. Ein wesentlicher Zweck von Open-Source-Software liegt darin, die Software schnell und unkompliziert verbreiten zu können und durch die öffentliche Zugänglichkeit zum Quelltext der Programme interessierte Programmierer zu motivieren, an der Verbesserung des Programms mitzuwirken.

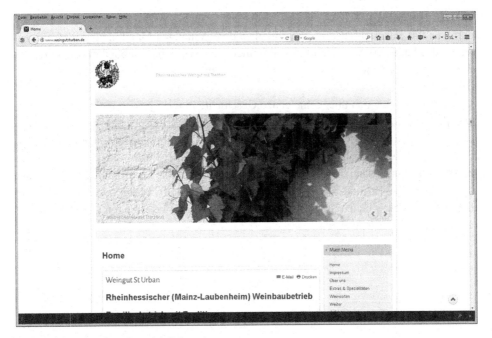

Abb. 1.2 Eine weitere Joomla!-Seite

Bei vielen Projekten – wie auch Joomla! – hat das Prinzip zu einer sehr großen Gemeinschaft von Programmierern und anderen Helfern geführt, die das System vorantreiben und Benutzern schnelle Hilfe auf Fragen geben.

1.5.1   Die technische Basis von Joomla!

Technisch basiert Joomla! serverseitig auf **PHP** (derzeit in der Version 5, wobei die konkrete Version von PHP von der Version von Joomla! abhängt[3]) und verwendet in der Regel **MySQL** als Datenbank, wobei aber auch andere Datenbanksysteme unterstützt werden. Im generierten Clientcode wird mit vielen derzeit angesagten Techniken inklusive clientseitiger Web-Frameworks gearbeitet.

1.5.2   Die Historie – von Mambo zu Joomla!

Historisch betrachtet basiert Joomla! auf einem Vorgängersystem mit Namen **Mambo**, bei dem es aber in der Vergangenheit Probleme mit den Namensrechten und einige projektinterne Streitereien gab. Deshalb gründete 2005 ein Großteil der damals am Mambo-Projekt beteiligten Entwickler ein neues Projekt mit Namen Joomla! und sie entwickelten auf Basis des Codes der Mambo-Version 4.5.x die erste Variante von Joomla! – die Version 1.0.x.

▶   **Hinweis** Joomla! ist die englischsprachige Schreibweise des Swahili-Wortes **jumla** und das bedeutet so viel wie ‚alle zusammen' oder ‚als Ganzes'.

1.5.2.1   Joomla! 1.0

Joomla! 1.0.0 entspricht also im Wesentlichen dem damaligen Mambo, aber im weiteren Verlauf des Jahres 2005 hat sich Joomla! immer mehr von den Mambo-Wurzeln getrennt, um ein gänzlich eigenes und neues CMS zu entwickeln. Das Erbe von Mambo ist mittlerweile weitgehend verschwunden.

Joomla! zeichnet sich über seine ganze Geschichte hinweg jedoch nicht gerade durch schnelle Versionswechsel aus und auch schon die Freigabe der ersten Folgeversion von Joomla! 1.0.0, die direkt auf die Versionsnummer 1.5 gesprungen ist, dauerte mehr als zwei Jahre. In der Zwischenzeit wurde die Version 1.0 allerdings noch weiter gepflegt. Anfang 2008 wurde dann die erste stabile Version von Joomla! 1.5 offiziell veröffentlicht.

Die Versionen 1.6 und 1.7, die in den Jahren 2011 und 2012 freigegeben wurden, enthielten im Wesentlichen Sicherheitspatches und einige Erweiterungen in der Benutzerverwaltung und Inhaltshierarchie.

---

[3] Dazu kommen wir natürlich noch genauer.

1.5.2.2   Langzeit-Support ab Version 2.5

Der nächste große Wurf war erst die folgende stabile Version 2.5, die parallel zu den letzten Versionen der Einserschiene Anfang 2012 veröffentlicht wurde. Neben den üblichen
Fehlerbereinigungen, schnellerem Seitenaufbau, verbesserten Suchfunktionen und verein-
fachter Updatefunktion ist insbesondere die Einführung eines **Langzeit-Supports** für diese Version das wichtigste Merkmal. Das hat zur Folge, dass die Versionen 2.5.x auch noch
weiter gepflegt werden, obgleich es bereits seit Ende des Jahrs 2012 eine Version 3.x gibt.

   Es gibt auch gute Gründe für solch eine parallele Pflege von zwei Versionen. Denn die
Voraussetzungen für die Dreierschiene von Joomla! wurden hochgesetzt und viele Web-
Provider erfüllen diese (noch) nicht (Details folgen bei der Installation von Joomla!, die
insbesondere im vierten Kapitel im Mittelpunkt seht). Wir werden im Buch deshalb die
Version 3.x deutlich in den Fokus stellen, aber dennoch die Version 2.5 im Auge behalten,
wenn das sinnvoll ist.

Die Community und Demoinstallationen – erster Kontakt zur Welt von Joomla!

2

Wer steckt hinter Joomla! und wie können Sie ein Joomla!-CMS ohne Installation ausprobieren?

2.1 Was behandeln wir in dem Kapitel?

In diesem Kapitel klären wir, wer hinter dem Joomla!-Projekt steht und wo Sie dieses im Internet finden. Insbesondere wollen wir besprechen, wie Sie das CMS bereits ohne Installation ausprobieren können. Dazu machen wir uns erste Gedanken um die passende Version von Joomla! für Sie als auch die Voraussetzungen, die Sie für eine eigene Installation von Joomla! benötigen. Vorher sehen Sie aber, dass Sie ein vollständiges Joomla!-System sogar ohne eine eigene Installation bekommen, wenn Sie das wünschen.

2.2 Das Joomla!-Projekt im WWW

Joomla! besitzt eine „offizielle" und viele inoffizielle Communitys samt deren Webseiten, die natürlich alle selbst mit Joomla! betrieben werden. Das „offizielle" Joomla!-Projekt ist selbstverständlich im WWW mit einer Webseite vertreten. Über http://www.joomla. org haben Sie Zugang zu allen wichtigen Informationen und Ressourcen rund um Joomla! (Abb. 2.1).

Die Originalseite ist in Englisch verfasst, aber es gibt auch eine deutschsprachige Seite zu Joomla! unter http://www.joomla.de, die fast als „offiziell" zu werten ist (Abb. 2.2). Das deutschsprachige Joomla!-Projekt ist aber wie die anderen Seiten in anderen Sprachen um Joomla!-Features erweitert, die spezifisch auf die jeweilige Region ausgerichtet sind.

Darüber hinaus gibt es zahlreiche weitere Seiten, die sich mit Joomla! beschäftigen und die unterschiedlichsten Dinge zu Joomla! (Erweiterungen, Vorlagen, Quellcodes, Tem-

© Springer Fachmedien Wiesbaden 2015
R. Steyer, *Joomla!*, DOI 10.1007/978-3-658-08878-1_2

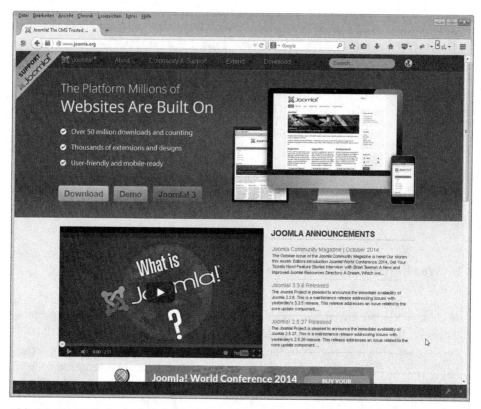

Abb. 2.1 Die Webseite des Joomla!-Projekts

plates, das CMS selbst, Sprachpakete etc.) bereitstellen. Es ist ein wesentlicher Aspekt eines Open-Source-Programms, dass sich sehr viele Personen als auch Gruppierungen und Organisationen an dem Projekt beteiligen und eigene Lösungen und Ideen einbringen sowieso andere Resultate und Einfälle einfach spiegeln, um sie damit auf verschiedene Wege zugänglich zu machen. Der Nachteil ist jedoch eine gewisse Unübersichtlichkeit, die sich auch rund um Joomla! zeigt.

▶   Nach meiner Erfahrung ist – sofern Sie der englischen Sprache mächtig sind
     – die offizielle Webseite von Joomla! (http://www.joomla.org) erst einmal der
     beste Einstieg, um sich zu orientieren und die aktuellen Neuigkeiten zu erfahren.

Erwähnen sollte man in dem Zusammenhang auf jeden Fall die Joomla User Groups (JUGs). Das sind lokale Gruppen von Joomla!-Benutzern und -Entwicklern, die sich regelmäßig zusammenfinden, um Informationen über Joomla! auszutauschen, Projekte zu planen (zum Beispiel Workshops) und natürlich um sich kennenzulernen und somit die soziale Komponente von Open-Source-Software zu pflegen.

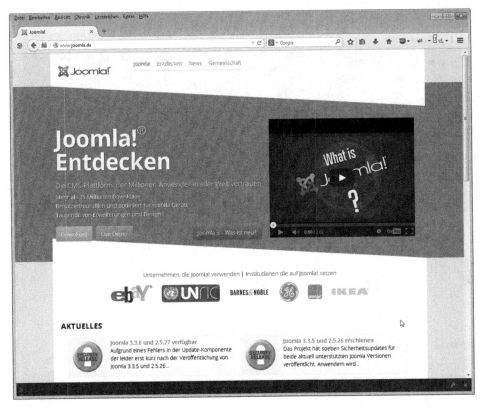

Abb. 2.2 Eine deutschsprachige Webseite zu Joomla!

2.3   Joomla! ohne Download und Installation betreiben

Wir werden uns in dem Buch genauer mit dem Download und der Installation eines eigenen Joomla!-Systems auseinander setzen. Das ist sogar ein Kernthema von dem Buch
und auch gar nicht so schwer. Dessen ungeachtet können Sie Joomla! aber auch ohne
den Download und die Installation eines eigenen Joomla!-Systems betreiben. Zwei Wege
sollen zu Beginn vorgestellt werden, bevor wir dann in den folgenden Kapiteln den Download und die Installation angehen.

2.3.1   Der Demo-Account

Auf den offiziellen Seiten von Joomla! finden Sie unter dem Link https://demo.joomla.
org/ eine Möglichkeit, Joomla! erst einmal auszuprobieren (Abb. 2.3). Derzeit beträgt der
kostenlose Testzeitraum für solch ein Beispiel-Joomla! 90 Tage, aber das kann sich über

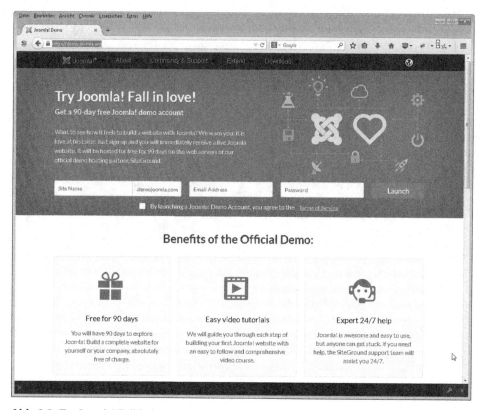

Abb. 2.3 Try Joomla! Fall in love!

die Zeit natürlich ändern. So ein Test hat einen ziemlichen Reiz, denn dazu benötigen Sie weder einen eigenen Server noch Speicherplatz bei einem Provider. Das System wird bei dem Joomla!-Projekt selbst gehostet. Ebenso brauchen Sie sich nicht um die Installation zu kümmern und haben im „Nullkommanichts" ein Joomla!-System zur Verfügung, mit dem Sie Dinge ausprobieren und spielen können.

Wenn Sie sich solch einen Demo-Account einrichten, wird für Sie auf den Servern des Joomla!-Projekts ein eigenes, abgeschlossenes Joomla!-System aufgesetzt, das Sie wie eine eigene Joomla!-Installation nutzen können.

Als sogenannte **Subdomain** von der Domain demojoomla.com können Sie mit nur drei Angaben in einem Webformular (gewünschter Name der Subdomain, E-Mail-Adresse, Passwort) sowie dem Akzeptieren der Bedingungen ein vollständiges Joomla!-System einrichten. Nach der Anmeldung muss nur noch die E-Mail-Adresse verifiziert werden (Abb. 2.4).

▶ Unter einer **Domain** versteht man einen Teilbereich des hierarchischen **D**omain **N**ame **Sy**stem (DNS), mit dem im Internet Ressourcen adressiert werden, etwa joomla.org. Die damit spezifizierten Aliasnamen (DNS-Namen) werden über sogenannte Nameserver letztlich auf die IP-Adresse eines Servers verweisen. Als **Subdomain** bezeichnet man eine Domain, welche in der Hierarchie unterhalb einer anderen liegt.

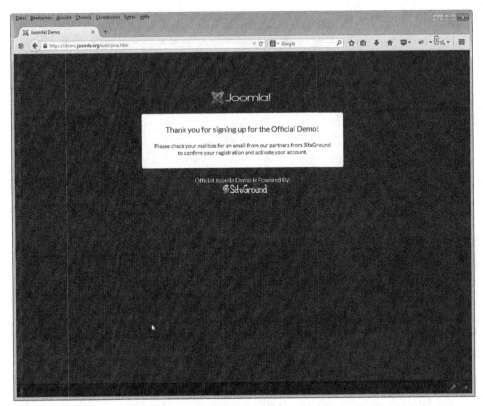

Abb. 2.4 Nach der Anmeldung muss nur die E-Mail-Adresse noch verifiziert werden

Sie erhalten dazu eine E-Mail an die angegebene Adresse und müssen den dort enthaltenen Link zur Verifizierung anklicken. Danach ist Ihr Joomla!-System eingerichtet und freigeschaltet (Abb. 2.5).

Über den von Ihnen gewählten Subdomain-Namen (http://autorennet.demojoomla.com/ etwa) können Sie nun auf Ihr frisch eingerichtetes Joomla!-System zugreifen.

Das Joomla!-System ist unmittelbar „scharf geschaltet" worden und live im Internet erreichbar. Natürlich enthält die Installation nur Beispieldaten (Abb. 2.6) und hat noch nichts mit dem von Ihnen gewünschten Inhalt zu tun. Ebenso haben Sie als URL im Internet eben auch ausschließlich die Subdomain von demojoomla.com zur Verfügung und keine eigene „richtige" Adresse. Das ist später für eine Webseite, die schnell und einfach gefunden werden soll, meistens nicht ausreichend. Aber das soll im Moment nicht weiter beachtet werden und spielt für erste Experimente mit Joomla! keine entscheidende Rolle.

▶ URL steht für **U**niform **R**esource **L**ocator und steht für die eindeutige Adresse einer Ressource (etwa einer Webseite). In der Regel meint man damit eine Internet-Adresse.

Schauen Sie sich ruhig einmal in der neu generierten Webseite um.

Joomla! besitzt einen Administrationsbereich, den wir in dem Buch ausführlich behandeln werden (das **Backend**). Um diesen aufzurufen, müssen Sie nur *administrator* an

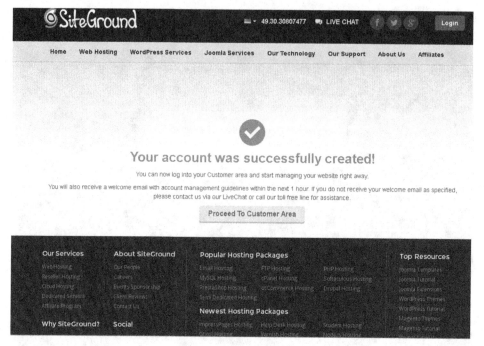

Abb. 2.5 Das System ist freigeschaltet

den URL Ihres Joomla!-Systems anhängen (im Fall von der oben genannten Domain wäre das dann http://autorennet.demojoomla.com/administrator/ (Abb. 2.7)). Das Backend gibt es auch in der gerade eingerichteten Demo-Installation, denn das ist in der Tat eine voll funktionsfähige Joomla!-Installation.

Sie erhalten von dem Betreiber des Servers, bei dem sich Ihr gerade eingerichtetes Joomla! befindet, eine E-Mail mit Ihren Zugangsdaten und allen Hinweisen, wie Sie an den Administrationsbereich kommen. Aber das wollen wir an der Stelle nicht vertiefen. Das wird wie gesagt im Laufe des Buchs für Ihr eigenes, vollständig selbst aufgesetztes System intensiv besprochen.

Hier sollte nur vorgestellt werden, wie schnell und einfach Sie in der Cloud (denn im Grunde handelt es sich hier um eine Cloud – ein derzeit sehr angesagter Modebegriff für Daten und Programme, die auf irgendwelchen Servern im Internet in Form einer Art Black Box bereitgestellt werden) ein Joomla! bereitgestellt bekommen, wenn Sie das wünschen.

▶ Beachten Sie, dass die gerade vorgestellte Demo-Einrichtung von dem CMS nur für einen gewissen Zeitraum kostenlos ist. Anschließend fallen Gebühren an, über die Sie sich informieren sollten, sofern Sie das CMS auf diese Weise in der Praxis betreiben wollen.

Es gibt übrigens auch unter http://www.joomla.de die Möglichkeit, solch eine Demo-installation zum Testen von Joomla! einzurichten. Interessanterweise beträgt hier der Testzeitraum aber derzeit nur 30 Tage, bevor die Installation gelöscht wird oder in einen

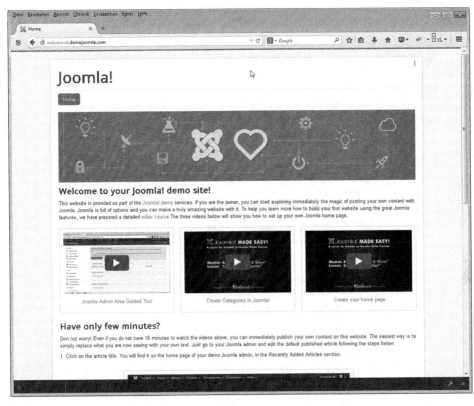

Abb. 2.6 Das Demo-System ist im Internet mit Beispieldaten zugänglich

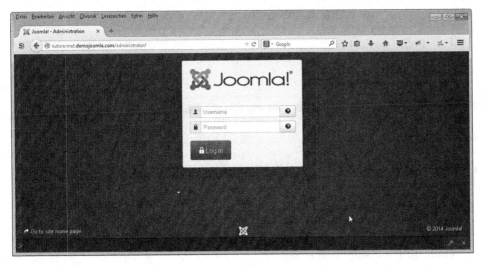

Abb. 2.7 Zugang zum Backend

Abb. 2.8 Zugang zum Backend

kostenpflichtigen Betrieb übergeht. Allerdings können bzw. müssen Sie hier bei der Einrichtung von Joomla! ein paar mehr Angaben machen und etwa entscheiden, ob Sie die Version 2.5 oder 3.x verwenden wollen (Abb. 2.8). Aber auch diese Regeln können sich natürlich jederzeit verändern.

Sollten Sie solch ein Angebot dauerhaft nutzen wollen, sollten Sie sich natürlich auch hier genau um die Konditionen kümmern.

2.3.2   Standardinstallationen bei Providern

Wenn Sie sich normalerweise im Web präsentieren wollen, nehmen Sie sich einen passenden Provider und mieten dort einen Server oder zumindest Speicherplatz sowie meist eine
passende Domain. Viele Internet-Provider, bei denen Sie Webseiten hosten können, bieten
Ihnen bereits ebenfalls an, dass sie Ihnen ein Joomla!-System installieren oder automatisch bereitstellen, ohne dass Sie da selbst groß eingreifen müssen (Abb. 2.9).

Allerdings sind die Joomla!-Versionen, die von den meisten Providern als Rundum-
sorglos-Paket angeboten werden, meist nicht auf dem neuesten Stand. Ebenso sind die
vorgegebenen Einstellungen nicht immer für jeden Anwender auf dem optimalen Stand
und Sie haben meist nicht die vollständige Kontrolle über das Gesamtsystem. Wenn Sie
die vollständige Kontrolle über eine Joomla!-Installation haben wollen, werden Sie das
CMS am besten selbst installieren. Das gehen wir in den folgenden Kapiteln dann an,
wenn noch einige wichtige Begriffe im Vorfeld geklärt wurden.

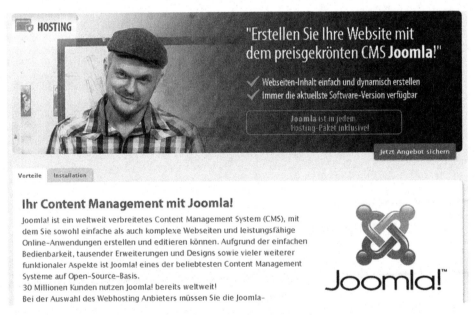

Abb. 2.9 Viele Provider werben bei Hosting-Angeboten damit, dass Joomla! inklusive ist

Hinter den Kulissen – das WWW in all seiner Pracht

3

Wichtige Hintergründe und Fachbegriffe rund um das WWW

3.1 Was behandeln wir in dem Kapitel?

In diesem Kapitel machen wir einen kleinen Exkurs etwas abseits von Joomla! direkt und werfen einen Blick auf das Umfeld, in dem Joomla! eingesetzt wird – das World Wide Web. Denn natürlich erstellen Sie auch mit Joomla! im Grunde „nur" Webseiten. Dabei soll nur kurz das WWW selbst im Fokus stehen, denn ein gewisses Grundlagenwissen um diesen Begriff gehört mittlerweile zum täglichen Leben. Wir konzentrieren uns in dem Kapitel auf die technische Seite (Webserver, Client, Datenbanken, PHP, HTML, CSS, JavaScript, AJAX, XML etc.) und Fachbegriffe, die Ihnen bei Joomla! begegnen können und im Buch auch immer wieder auftauchen. Diese müssen Sie nicht zwingend kennen, aber es erleichtert deutlich das Verständnis und den Umgang mit Joomla! und dem Buch im Folgenden, wenn Sie davon zumindest schon einmal etwas gehört bzw. gelesen haben.

3.2 Das Internet und das WWW

Über die Jahre hat sich das WWW zu einem System entwickelt, in dem man als Anbieter von Inhalten sowohl auf dem Server als auch Client programmieren kann. Ebenso wurde die reine Beschränkung des Browsers auf die Interpretation von HTML aufgehoben und weitere Techniken können von einem Browser direkt verarbeitet werden. Damit sind die Möglichkeiten von Webseiten mittlerweile so erweitert, dass sie vielfach sogar Desktop-Applikationen ablösen.

© Springer Fachmedien Wiesbaden 2015
R. Steyer, *Joomla!*, DOI 10.1007/978-3-658-08878-1_3

Das heute so populäre Internet, das kaum noch aus dem täglichen Leben wegzudenken ist, ist jedoch älter als die meisten seiner Anwender vermuten. Die ersten Anfänge gehen bis in die 60er-Jahre des letzten Jahrtausends zurück. Der ursprüngliche Name **ARPANET** wurde dann irgendwann – mehr schleichend als gezielt – aufgegeben und der Begriff **Internet** setzte sich durch.

Aber das Internet der ersten Jahrzehnte war rein konsolenbasiert. Oder anders ausgedrückt: Es gab keine grafische Benutzeroberfläche, sondern es wurde ausschließlich über Befehlszeilen bedient. Das war nicht gerade trivial und unbequem.

Erst die Einführung einer solchen grafischen Benutzeroberfläche samt der interaktiven Verknüpfung von Inhalten hat das Internet wirklich populär werden lassen. Der Name dieser „Oberfläche"? **W**orld **W**ide **W**eb. Das dafür notwendige neue Protokoll zum Verknüpfen von Inhalten über sogenannte Hyperlinks und die Datenanforderungen nannte man **HTTP** (**H**yper **T**ext **T**ransfer **P**rotocol) und die Sprache zum Beschreiben der Oberfläche des WWW wurde **HTML** genannt. Das Gesamtkonzept, das sich dahinter verbirgt, wurde der Öffentlichkeit 1991 vorgestellt.

3.3   Die Technik hinter dem WWW

▶   Es sollte einmal klar sein, dass das WWW und das Internet **nicht** gleichgesetzt werden dürfen und das WWW nur ein – zugegeben äußerst populärer – Teil des Internets ist. Aber das WWW ist beileibe nicht das gesamte Internet. Dieses besteht aus einer Vielzahl von sogenannten **Diensten** oder **Dienstprotokollen**, die oft viel älter als das WWW sind. So gehört etwa der sehr populäre **E-Mail**-Dienst – die elektronische Post im Internet – nicht zum WWW. Ebenso sind **FTP** (**F**ile **T**ransfer **P**rotocol) zum Up- und Download oder **SSH** (**S**ecure **Sh**ell) zum sicheren, verschlüsselten Fernsteuern von Rechnern eigenständige Internet-Dienste. Dass vielen Laien die Eigenständigkeit einzelner Internet-Dienste nicht auffällt, liegt daran, dass es heutzutage für die meisten Dienste einen Zugang aus dem WWW über Web-Oberflächen gibt. Mit anderen Worten: Die Bedienung der einzelnen Dienste des Internets verschmilzt immer mehr unter dem Dach des World Wide Web. Und für einen reinen Anwender kann es im Grunde egal sein, ob er aus einer Web-Oberfläche einen eigenständigen Dienst bedient oder einen echten Teil des WWW. Unter einer Web-Oberfläche firmieren viele der einzelnen Dienste des Internets zu einer gemeinsamen Plattform, die von einem Anwender weitgehend über eine zentrale Software bedient werden kann.

3.3.1   Anfordern von Webseiten von einem Webserver

Im Web arbeiten Anwender mit einem Clientprogramm, das **Browser** genannt wird. Neben der Interpretation von HTML (Abschn. 3.3.5) ist seine zentrale Aufgabe, dass er Daten von „irgendwo" **anfordert**. Und „irgendwo" ist ein **Webserver**, dessen Spezifika auch erst einmal festgelegt werden mussten, wobei dieser Begriff **Server** umgangssprachlich immer wieder für mit dem Internet oder allgemein einem Netzwerk verbundene Computer gleichgesetzt wird, die Internetauftritte und deren notwendige Ressourcen im Netz bereitstellen.

Dabei ist die Gleichsetzung des Begriffs mit Hardware im Grunde falsch, aber wenn man unter dem Begriff des Webservers einen Rechner versteht, auf dem eine bestimmte Software wie zum Beispiel Apache mit MySQL installiert ist (diese Software ist der Server, nicht die Hardware – manchmal redet man zur Verdeutlichung von *Webserver-Software*), kann man diese Gleichsetzung mit einiger Vorsicht akzeptieren.

Wir benötigen in der Folge allerdings das Verständnis, dass mit Webserver die Software zur Bereitstellung der Ressourcen im WWW gemeint ist, wie es nach der engen Definition auch korrekt ist. Wenn von dem Computer die Rede sein soll, wird ausdrücklich Webserver-**Rechner** notiert.

► Webserver bezeichnet in unserem Zusammenhang ein **Programm**, das auf einem Rechner läuft und über http und/oder https Dateien für den Browser bereitstellt.

3.3.2   Das Verhältnis von Client und Server

Das WWW ist als Dienst im Internet – wie fast alle dort verfügbaren Dienste – ein klassisches **Client-Server-System**, bei dem jede Aktion aus einem Zyklus „Anfordern einer Leistung – Bereitstellen der Leistung" besteht. Konkret bedeutet das, dass im Web so gut wie immer ein Browser (der Client) eine neue Datei (in der Regel eine Webseite oder Inhalt, der in eine Webseite eingebaut werden soll) anfordert und eventuell darin referenzierte externe Ressourcen wie Grafiken, Videos, Animationen oder externe JavaScript- oder CSS-Dateien nachgefordert werden. Diese werden dann zusammen mit der Webseite im Browser dargestellt oder sonst verwendet.

► Der Client löst bei http bzw. https immer einen Datenaustausch aus, nie der Server. Der Server antwortet nur auf eine Anfrage.

3.3.3   Die Transportwege im Internet

Gehen wir kurz eine Stufe tiefer und werfen einen Blick auf die Transportwege im Internet. Das gesamte Internet (und damit auch das WWW) setzt auf dem Transportprotokoll **TCP/IP** (Transmission Control Protocol/Internet Protocol) auf. Dabei beschreibt TCP/IP ein Übertragungssystem zwischen Client und Server, bei dem die auszutauschenden Daten zwischen den beiden kommunizierenden Systemen in kleine **Datenpakete** zerlegt werden. Die gesamte Internet-Kommunikation basiert auf der Datenübertragung in Form einer solchen Paketvermittlung, die mit TCP/IP realisiert wird.

> TCP/IP sind im Prinzip zwei getrennte Protokolle, kommen aber heute fast nur noch in Verbindung vor. TCP/IP soll in unserm Verständnis auch als Familie von Protokollen gesehen werden, unter der auch das Protokoll **UDP** (User Datagram Protocol) gefasst wird. Die Feinheiten sollen hier nicht weiter verfolgt werden.

Bei einer Paketvermittlung und der Zerlegung aller zu übertragenden Daten in kleinere Datenpakete werden diese Pakete als abgeschlossene und vollständige Transporteinheiten behandelt, die unabhängig voneinander vom Sender zum Empfänger gelangen. Es werden einfach Datenpakete hin und her verschickt, die nur auf Grund von Adressangaben (die so genannten **IP-Nummern** oder damit gekoppelter Zuordnungen über Namenssysteme wie DNS) zugeordnet werden.

Dabei wird während der Kommunikation über TCP/IP explizit keine Verbindung im eigentlichen Sinn zwischen dem Server und dem Client aufgebaut oder gehalten. Bei einer Paketvermittlung unterscheidet man dennoch allgemein zwischen einer verbindungsorientierten und einer nichtverbindungsorientierten (oder auch zustandslosen) Form. Diese Spezifizierung der Kommunikationsform wird jedoch nicht auf der Transportebene, sondern oberhalb davon jeweils mit spezifischen Protokollen realisiert, die auf TCP/IP aufsetzen. Solche Protokolle sind etwa SSH, FTP oder eben auch HTTP samt seinen Verwandten wie HTTPS, wie es im WWW eingesetzt wird. Diese auf dem eigentlichen Transportprotokoll aufsetzenden Protokolle sind besagte Dienstprotokolle. Dienstprotokolle und IP-Nummern oder Domain-Angaben sind der zentrale Part einer URL (Uniform Resource Locator) wie http://autorennet.demojoomla.com/.

3.3.4   Das W3C

Für die Standardisierung der meisten Techniken, die im WWW zum Einsatz kommen, ist das **W3C** (World Wide Web-Consortium – http://www.w3.org) verantwortlich (Abb. 3.1).

Das W3C ist jedoch auf die freiwillige Kooperation der Internet-Gemeinde und vor allen Dingen der Browserhersteller angewiesen. Leider aber kann durch den rein empfehlenden Charakter des W3C nicht das Problem gelöst werden, dass Vorgaben vom W3C

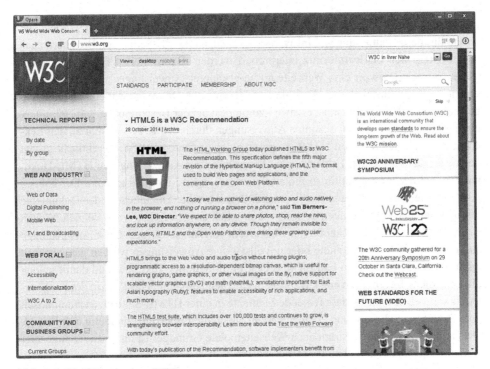

Abb. 3.1 Die Webseite vom W3C

von Browserherstellern einfach ignoriert oder in einer nichtstandardisierten Weise umgesetzt werden. Die gesamte Entwicklung des WWW ist deshalb von Grabenkämpfen der Browserhersteller und immer wieder stagnierenden oder aufgegebenen Ideen gekennzeichnet, da diese sich nicht durchsetzen konnten.

Wirklich etabliert im Web haben sich deshalb bis heute nur wenige Techniken, die nachfolgend kurz aufgelistet werden sollen.

3.3.5 HTML versus XHTML

Für den Aufbau dieser WWW-Oberfläche zur Bedienung des Internets musste wie gesagt auch eine eigene Dokumentenbeschreibungssprache entwickelt werden – **HTML**. HTML wurde mit Hilfe der Sprache **SGML** (**S**tructured **G**eneralized **M**arkup **L**anguage) entwickelt und ist eine sogenannte **Dokumentenbeschreibungssprache** (oder auch **Dokumentenformat**) in Klartextform, welche die logischen Strukturen eines Dokuments beschreibt.

Darin gibt es Inhalte und Steuerelemente (**Tags**), die den Inhalten Struktur und teils auch Bedeutung geben.

Der Kern jeder Webseite ist auch heute noch HTML, obgleich HTML schon in den 90er-Jahren nach dem Beschluss vom W3C durch **XHTML** (**E**xtensible **H**yper**T**ext **M**arkup **L**anguage) abgelöst werden sollte. XHTML ist im Kern eine strenge Variante von

HTML und auf Basis von **XML** (E**x**tensible **M**arkup **L**anguage) neu definiert worden. Der Grund für diese Neufassung war im Wesentlichen, dass HTML-Seiten von Browsern nach dem **Prinzip der Fehlertoleranz** interpretiert werden. Damit stellen Browserhersteller sicher, dass ein Browser eine Webseite mit unbekannten Anweisungen verarbeiten kann, indem der Browser unbekannte Befehle einfach ignoriert. Das mag zwar erst einmal nicht besonders positiv erscheinen, ist es aber – zumindest bei der Beschreibung von Dokumenten. Das Ignorieren von unbekannten Anweisungen durch den Browser zählt zu den Eckdaten der Interpretation von HTML respektive des gesamten WWW. Vereinfacht gesagt veranlasst das Prinzip der Fehlertoleranz Programme zur Auswertung von HTML-Dokumenten, bei der Interpretation so fehlertolerant wie irgend möglich zu sein. Der äußerst positive Effekt ist, dass dann auch syntaktisch unkorrekte Dokumente oder Dokumente mit unbekannten Anweisungen so weit wie möglich ausgewertet werden können. Soweit Browser korrekte bzw. bekannte Anweisungen vorfinden, werden diese Anweisungen ausgeführt. Falsche, unbekannte oder unvollständige Anweisungen werden ganz einfach ignoriert. Im ungünstigsten Fall bleibt reiner, unformatierter Text über und damit jedoch die eigentliche Information einer Webseite weitgehend erhalten. Das Prinzip der Fehlertoleranz sorgt ebenso dafür, dass fehlende Elemente in einer HTML-Seite quasi automatisch vom Browser im Hintergrund ergänzt werden, wenn die Ergänzung eindeutig möglich ist. Dies ist z. B. der Grund, warum auch Webseiten ohne Grundgerüst im Browser angezeigt werden – meist gänzlich ohne Probleme.

Das Prinzip der Fehlertoleranz vereinfacht die Bereitstellung von Informationen erheblich und hat in der Anfangszeit ohne Zweifel erst den Erfolg des Webs ermöglicht. Allerdings verlieren solche nur lose reglementierten Klartextdokumente die Möglichkeit, zuverlässig von automatischen Analysesystemen ausgewertet zu werden. Auch fehlt eine zuverlässige Basis, wenn man in Webseiten programmieren will. Und natürlich geht ein Stück Information verloren, wenn es keine Eindeutigkeit von Strukturen gibt.

Deshalb wurde bei XHTML das Prinzip der Fehlertoleranz explizit abgeschafft! XHTML hat sich jedoch faktisch in der Web-Community nicht durchgesetzt, da die wesentlichen Vorteile von XHTML (strengere Syntax und Reduzierung nichtstandardisierter Anweisungen) den meisten Anwendern kaum verständlich sind. Und da die Masse der Webseitenersteller weiter einfach HTML statt XHTML (oder eine Mischform) eingesetzt hat, haben sich Browser-Hersteller davor gehütet, die HTML-Unterstützung einzustellen und die strengen XHTML-Regeln einzufordern. Im Gegenteil – XHTML ist mittlerweile in der aktuellen Version eingefroren worden und wird offiziell nicht mehr weiter entwickelt.

3.3.5.1 HTML5

HTML wurde seit seinem ersten Auftauchen um das Jahr 1991 herum durch mehrere Versionen immer weiter entwickelt. Die HTML-Version 4, die bereits seit 1997 verfügbar ist und 1999 nur geringfügig weiterentwickelt wurde, ist bis zum Zeitpunkt der Bucherstellung der letzte offiziell verabschiedete Entwicklungsschritt von HTML gewesen und im Web trotz des antik zu nennenden Alters immer noch aktuell. Oder anders ausgedrückt: Auch heute können Sie sich nur darauf verlassen, dass HTML4 überall funktionieren wird.

Nach dem Scheitern von XHTML wurde jedoch mit HTML5 intensiv an einem neuen Standard gearbeitet, der schon weitgehend in modernen Browsern verwendet werden kann. Die offizielle Verabschiedung wurde über Jahre in die Länge gezogen, weshalb viele Leute schon seit etwa 2013 mit HTML5 gearbeitet haben ohne sich bewusst zu sein, dass das W3C diesen Standard noch gar nicht freigegeben hatte. Auch in Joomla! kommen einige Facetten von HTML5 bereits zum Einsatz.

3.3.6   CSS (Cascading Style Sheets)

Moderne Webseiten reduzieren die Verwendung von HTML fast vollständig auf die reine Strukturierung der Seite, während das Layout gänzlich Formatvorlagen bzw. Style Sheets übertragen wird. Style Sheets stellen im Web einmal den – mehr oder weniger erfolgreich umgesetzten – Versuch dar, den unterschiedlichen Interpretationen von Webseiten auf verschiedenen Plattformen einen Riegel vorzuschieben. Über Style Sheets können Sie in Formatregeln das Layout von Webseiten viel genauer als mit HTML festgelegen. Auch haben Sie viel mehr Formatmöglichkeiten als in HTML.

Aber diese erweiterten Möglichkeiten sind im Grunde nur ein Nebenprodukt. Style Sheets eröffnen die Möglichkeit, das Vermischen von Gestaltungsbefehlen und Informationsträgern aufzuheben. Es kann eine klare Trennung von Struktur und Layout erreicht werden. Nahezu alle bisherigen HTML-Gestaltungselemente werden bei konsequenter Anwendung von Style Sheets überflüssig, was die Qualität und Wartbarkeit einer Webseite exorbitant verbessern kann. Gerade die Vorlagen bzw. Templates von Joomla! nutzen diese Aufteilung als auch die Gestaltungsmöglichkeiten von Style Sheets.

Der Begriff „Style Sheets" bezeichnet nun keine eigene Sprache, sondern im Grunde nur ein Konzept. Und es gibt nicht nur eine einzige Style Sheet-Sprache, sondern diverse Ansätze bzw. verschiedene Sprachen. Die genauen Regeln und die syntaktischen Elemente für die Style Sheets werden je nach verwendeter Sprache etwas differieren, aber oft ähnlich aussehen.

Allgemein liegen bei einer Anwendung von Style Sheets Daten in einer Rohform oder einer nicht gewünschten Darstellungsweise vor, die auf spezifische Weise verändert werden soll. Die Darstellung der Daten erfolgt dann in einer anderen Form, wobei die Informationen selbst meist erhalten bleiben. Unter Umständen werden allerdings im Ausgabedokument Daten der Quelle unterdrückt und/oder durch Zusatzdaten ergänzt. Die Beschreibung der Transformation bzw. Formatierung erfolgt in der Regel in Form einer externen Datei, kann aber Stilregeln auch in einigen Situationen direkt in die Datei mit den Daten notieren (etwa in die Webseite).

Style Sheets geben vorhandenen Informationen also einfach ein neues Aussehen. Dazu werden die Daten und die Formatierungsinformationen von einem interpretierenden System zu einer neuen Darstellung verarbeitet. Im Fall des WWW verstehen moderne Webbrowser beispielsweise verschiedene Style Sheet-Sprachen und erzeugen aus HTML und Style Sheets die tatsächliche Webseite.

Im Web kommen derzeit hauptsächlich die sogenannten **CSS** (Cascading Style Sheets) zum Einsatz. Bereits 1997 hatte das W3C das CSS-Konzept zum Einsatz von Style Sheets im Web als eine verbindliche Empfehlung vorgestellt und bereits 1999 die zweite Version verabschiedet und mittlerweile gibt es eine Version 3. CSS werden heutzutage in den meisten Browsern weitgehend unterstützt, obwohl es immer noch Abweichungen zwischen verschiedenen Browsern in der Interpretation von modernen Stilregeln zu beklagen gibt.

3.3.7   Programmierung bei Webseiten

Wenn wir nun über die Programmierung von und bei Webseiten reden wollen, müssen wir erst einmal grundsätzlich Programmierung im WWW an den Anfang stellen. Über die Jahre hat sich das WWW von einem eher statischen, passiven Darstellungsmedium von Webseiten zu einem System entwickelt, in dem man als Anbieter von Inhalten sowohl auf dem Server als auch Client programmieren kann. Man kann im Web insbesondere auf dem Server mit zahlreichen Techniken und Programmiersprachen programmieren. Aber zusätzlich kommen da oft auch noch Datenbanksysteme zum Einsatz, gerade bei einem CMS wie Joomla!. Auf dem Client nutzt man dagegen so gut wie ausschließlich JavaScript.

3.3.7.1   Serverseitige Programmiersprachen

Joomla! verwendet auf dem Server explizit **PHP**. Das stand ursprünglich für **P**ersonal **H**ome **P**age (Tools). Aber diese Abkürzung ist dem PHP-Projekt mittlerweile eher peinlich und man besteht dort auf die neue Definition **PHP H**ypertext **P**reprocessor. Das ist ein rekursives Akronym – ein Teil der Abkürzung wiederholt sich in der ausgeschriebenen Form. PHP ist eine an C angelehnte Skriptsprache, die unter einer freien Lizenz verbreitet wird. PHP zeichnet sich durch eine geringe Einstiegshürde, viele sehr bequeme Syntaxkonstrukte, eine breite Datenbank- und Internet-Protokollunterstützung sowie die Verfügbarkeit zahlreicher Funktionsbibliotheken aus. PHP besitzt auch eine große Ähnlichkeit zu JavaScript, womit man im Client programmiert. Darüber hinaus gibt es aber noch diverse weitere Programmiersprachen, die auf dem Server eingesetzt werden. Im Microsoft-Umfeld ist ASP.NET auf Basis von C# oder Visual Basic populär, aber es gibt auch Perl, Python und selbst JavaScript kann man auf dem Server programmieren.

3.3.7.2   Datenbanken auf Seiten des Webservers

Kaum eine größere Webanwendung kommt heutzutage noch ohne die Anbindung an eine Datenbank aus, die aus der serverseitigen Programmierebene heraus genutzt wird. CMS nutzen diese fast immer, wenn es sich nicht gerade um ein sehr schlankes und kleines System handelt, das Daten in einfachen Dateien ablegt. Wenn eine Anwendung größere Datenmengen zur Verfügung stellt oder Daten durch Benutzer bearbeitet oder hinzugefügt werden können, sind **D**atenbank**m**anagementsysteme (**DBMS**) im Einsatz. Solche Systeme sind in der Regel schnell, sicher, flexibel und vor allen Dingen stabil. PHP bietet

Schnittstellen zu vielen verschiedenen solcher Systeme. In der Praxis hat sich besonders die Kombination aus PHP und **MySQL** etabliert, was auch bei Joomla! die Regelkombination ist. Allerdings kann Joomla! auch mit anderen Datenbanksystemen umgehen.

MySQL ist sogar ein relationales **D**atenbank**m**anagements**y**stem (RDBMS), das seit Mitte der 1990er-Jahre entwickelt wurde. Seit 2010 gehört MySQL zu Oracle. Neben einigen kommerziellen Lizenzen gibt es MySQL in der Community Edition als Open Source Software. MySQL ist sehr weit verbreitet und in vielen Hosting-Angeboten inkludiert, was durchaus auch die standardmäßige Verwendung in den meisten CMS erklärt.

In RDBMS wie MySQL werden die Daten in Tabellen organisiert, die in einer bestimmten Beziehung zu anderen Tabellen derselben Datenbank stehen können. Ein RDBMS kann mehrere Datenbanken verwalten. Jede dieser Datenbanken kann wiederum eine Vielzahl von Tabellen enthalten.

Wenn möglich, wird pro Projekt eine eigene Datenbank angelegt. Das ist praktisch und übersichtlich. Oft wird die Anzahl der Datenbanken durch Hosting-Anbieter stark limitiert. Wenn Sie beispielsweise nur eine Datenbank zur Verfügung haben, sollten Sie die Tabellen eines Projekts mit einem einheitlichen Präfix versehen. Alle Tabellen, die innerhalb derselben Datenbank diese Kennung tragen, lassen sich dann leicht als zusammengehörig identifizieren.

MySQL verwendet – wie viele andere RDBMS auch – die Datenbanksprache **SQL** (**S**tructured **Q**uery **L**anguage). SQL stellt Befehle zur Datenbankverwaltung, zum Anlegen einer Datenbank sowie zum Erstellen, Ändern und Löschen von Tabellen und Daten zur Verfügung. Außerdem können Sie Abfragen auf den Datenbestand durchführen, um nach bestimmten Kriterien gefilterte Daten zu erhalten.

3.3.8 Die clientseitige Programmierung – JavaScript

Wenn wir nun das Thema der clientseitigen Programmierung ansprechen, ist über die Jahre als einziger relevanter Vertreter der clientseitigen Zunft **JavaScript** übrig geblieben. Aber der wird mittlerweile flächendeckend eingesetzt und akzeptiert. JavaScript ist eine wichtige Erweiterung von HTML und realisiert die clientseitige Logik einer Webapplikation. Dabei handelt es sich um eine Interpretersprache, die im Rahmen eines umgebenden Programms (des Browsers) zur Laufzeit übersetzt und ausgeführt werden. Schauen Sie sich populäre Webseiten im Internet an. Keine einzige der heutzutage angesagten Webseiten kommt ohne JavaScript daher. Und fast alle Anwender im Web haben JavaScript im Browser aktiviert (obwohl man JavaScript im Browser deaktivieren kann). Denn kaum ein Anwender möchte auf den uneingeschränkten Nutzen populärer Webangebote wie Google, ebay, Facebook, Twitter oder Wikipedia verzichten. Viele der erweiterten Features von Joomla! verwenden zur Umsetzung im Client JavaScript.

3.3.9 Das Web 2.0 und AJAX

So genial und im Grunde einfach das Konzept des WWW ist – es gibt ein grundsätzliches und gravierendes Problem mit HTTP, HTML und dem Konzept klassischer Webbrowser. Bei der Anfrage des Browsers an einen Webserver nach neuen Daten muss dieser immer eine vollständige Webseite als Antwort senden. Oder genauer: Der Browser versteht die Antwort so, dass er die bisher im Browser angezeigte Seite durch diesen neuen Inhalt vollständig ersetzt. Offensichtlich ist das ineffektiv, wenn nur kleine Änderungen notwendig sind.

3.3.9.1 Ajax

Und hier kam um das Jahr 2005 **AJAX** (**A**synchronous **J**ava**S**cript **a**nd **X**ML – oft auch Ajax geschrieben) ins Spiel. Allgemein geht es um ein Verfahren, wie man mittels JavaScript eine Reaktion einer Webapplikation in (nahezu) Echtzeit gewährleisten kann, obwohl neue Daten vom Webserver angefordert werden. Statt zu einer vollständigen Webseite mit im Prinzip schon im Browser vorhandenen Daten wird eine Ajax-Datenanfrage dazu führen, dass nur die wirklich neuen Daten vom Webserver geschickt und diese dann mit JavaScript in die bereits beim Client geladene Webseite „eingebaut" werden.

Dabei wird in der Regel nicht einmal die normale Interaktion des Benutzers mit der Webanwendung durch das Laden neuer Daten unterbrochen. Dies erlaubt nun auch im Web die Erstellung von Angeboten, die sehr stark auf Interaktion mit dem Anwender setzen. Insbesondere Google hat dafür gesorgt, dass sich Ajax mittlerweile als Standardverfahren solcher interaktiver Webseiten etabliert hat.

3.3.9.2 Das Web 2.0

Unter dem Schlagwort **Web 2.0** hat sich ungefähr ab 2005 eine Art Oberbegriff für die meisten interaktiven Webangebote breit gemacht, die technisch meist mit AJAX arbeiten. Oft nennt man das Web 2.0 auch „Mitmach-Web", weil Anwender nicht nur reine Konsumenten sind, sondern selbst Content beisteuern. Denken Sie beispielsweise an Blogs, Twitter, Wikis oder Communitys wie Xing, Facebook, Youtube etc. Aber auch wenn Anwender etwa Termine in einen Onlinekalender eintragen oder verschieben, wird das zu einer veränderten Darstellung der Webseite führen (der Termin wird beispielsweise unmittelbar in der Webseite angezeigt – und zeitlich im Hintergrund auf dem Server gespeichert). So gesehen ist auch dies eine Form des Mitmachens im Web 2.0.

3.3.10 RIAs

Diese interaktiven Webseiten des Web 2.0 werden meist **RIAs** (**R**ich **I**nternet **A**pplications) genannt, um sie von einfachen (statischen) Webseiten zu unterscheiden. RIAs mit ihren – etwas schwammig formulierten – reichhaltigen Möglichkeiten verändern seit ein paar Jahren die Art der Nutzung des WWW. Ebenso wird die Bedeutung von klassischen

Desktop-Applikationen neu positioniert. Viele früher nur als Desktop-Applikation genutzte Programmtypen finden sich plötzlich im Web und werden mit dem Browser ausgeführt, seien es persönliche Kalender, vollständige Office-Programme, Spiele, Routenplaner, ganz integrierte Entwicklungsumgebungen oder Kommunikationsprogramme. Aber auch mobile Webseiten oder Anwendungen für Handys oder Smartphones basieren mehr und mehr auf Web-Technologie. Dies verändert nicht zuletzt das Anwenderverhalten als auch die Anwendererwartung bei Internet-Applikationen im Allgemeinen sowie bei der Verfügbarkeit von Leistungen. RIAs stehen auf der einen Seite als klassische Web-Applikationen (aber mit einem gewissen Mehrwert) immer zur Verfügung, wenn man einen halbwegs schnellen Internetzugang und einen modernen Browser hat. Und sie sind auf der anderen Seite teilweise von der Bedienung, der Performance als auch Optik mittlerweile fast gar nicht mehr von klassischen Desktop- oder Mobil-Applikationen zu unterscheiden.

▶   **Hinweis** Um diese reichhaltigen Möglichkeiten von RIAs zu gewährleisten, setzt man auf Clientseite immer mehr sogenannte Web-**Frameworks** oder **–Toolkits** ein. Das sind Funktionsbibliotheken, die meist auf JavaScript und teils auf CSS basieren, und die neben vielen vorgefertigten Funktionen auch eine eigenständige Syntax bereitstellen, die JavaScript erweitert.
Sehr populär ist beispielsweise jQuery. Auch Joomla! verwendet für seine Benutzerschnittstellen Web-Frameworks, um diese modern und interaktiv zu gestalten. MooTools war in alten Versionen von Joomla! das eingesetzte Web-Framework und in neuen Versionen kommt jQuery zum Einsatz.

Wenn Sie mit Joomla! eine Webseite aufbauen, können Sie den Ansprüchen einer RIA genügen, denn die ganzen Features des Web 2.0 stehen in dem CMS bei Bedarf über zahlreiche Erweiterungen bereit. Sie müssen sie nicht nutzen, aber Sie können das. Dabei müssen Sie sich nicht einmal besondere Gedanken darum machen, ob das nun ein Feature vom Web 2.0 bzw. eine RIA ist oder nicht. Joomla! sorgt einfach dafür, dass das System funktioniert.

Download und Installationen von Joomla! – für Joomla! brauchen Sie Joomla!

4

Woher bekommen Sie das Joomla!-CMS und wie können Sie es installieren?

4.1   Was behandeln wir in dem Kapitel?

In diesem Kapitel werden wir uns nun Joomla! selbst „beschaffen" und wir besprechen, welche Voraussetzungen Sie für eine eigene Installation erfüllen müssen. Das betrifft im Wesentlichen den Webserver, die Unterstützung für PHP und das Datenbanksystem. Danach installieren wir Joomla! auf einem lokalen System als auch auf einem entfernten Rechner. Das kann ein Rechner in Ihrem lokalen Netzwerk, aber auch im Internet sein. Wir schauen uns ebenso an, was Sie beachten sollten, wenn Sie ein Joomla!-CMS im Internet bereitstellen wollen.

4.2   Voraussetzungen für die eigene Joomla!-Installation

Wir haben schon gesehen, dass man Joomla! ganz einfach ausprobieren kann, wenn man bei einem Anbieter eine Art Baukasten für ein Joomla!-CMS verwendet. Wenn Sie jedoch die vollständige Kontrolle über ein Joomla!-System haben wollen, werden Sie das CMS jedoch am besten selbst installieren. Dabei kann man vier Fälle unterscheiden:

- Eine Installation auf einem eigenen Server[1], der auf dem gleichen Computer läuft, von dem Sie aus arbeiten.
- Die Installation auf einem eigenen Server, der auf einem entfernten Rechner in einem lokalen Netzwerk läuft.

---

[1] Erinnern Sie sich daran, dass mit einem Server ein *Programm* gemeint ist.

© Springer Fachmedien Wiesbaden 2015
R. Steyer, *Joomla!*, DOI 10.1007/978-3-658-08878-1_4

- Eine Installation auf einem eigenen Server, der auf einem entfernten Rechner im Internet läuft.
- Die Installation bei einem Provider, bei dem Sie ein Hosting-Angebot nutzen.

Diese vier Situationen lassen sich offensichtlich in zwei Fälle klassifizieren. Einmal haben Sie den Server selbst unter Kontrolle (entweder den gesamten Server-Rechner oder zumindest das Server-Programm) und einmal bereitet ein Provider für Sie alles Notwendige auf einem Rechner vor, den Sie für Joomla! verwenden wollen.

▶   Wenn Sie Joomla! auf einem eigenen Webserver betreiben wollen, dann müssen Sie den auch bereitstellen und verwalten. Im Fall eines Providers ist aber auch solch ein Webserver notwendig – nur dann stellt ihn der Provider bereit und verwaltet ihn.

Betrachten wir erst einmal davon unabhängig, welche Voraussetzungen für eine Joomla!-Installation benötigt werden.

4.2.1   Voraussetzungen für die Installation von Joomla!

Damit Joomla! von Ihnen installiert werden kann, ist wie gesagt ein funktionsfähiger Webserver nötig, der alle notwendigen Voraussetzungen von Joomla! erfüllt. Dieser Webserver kann sogar lokal auf Ihrem Rechner laufen, mit dem Sie normal arbeiten. In dem Fall laufen der Webserver, auf dem Sie Joomla! installieren wollen, und letztendlich auch Ihr Client für den Zugriff auf Joomla! (also der Browser) auf dem gleichen Gerät. Das ist überhaupt kein Problem und wird zu Testzwecken oft so gemacht[2].

Wenn man den Webserver auf einem entfernten Rechner installiert, kann das ein eigener Rechner in einem lokalen Netzwerk sein (zu Testzwecken ist die beste Option), aber auch ein Rechner, der mit dem Internet verbunden ist und den Sie auch nur über Internet selbst erreichen (das ist dann im echten Betrieb die beste Lösung). Allerdings sind auch das dann Computer oder zumindest Server in Ihrer Verantwortung.

Oder aber Joomla! wird auf einem dafür vorbereiteten Rechner Ihres Internetproviders installiert und dann müssen Sie sich gar nicht um die Installation und Einrichtung eines Webservers kümmern. Das ist bequem, hat aber natürlich auch die bereits angesprochenen Nachteile, da Sie die vorkonfigurierten Einstellungen des Providers verwenden und meist mit vielen Einschränkungen leben müssen.

---

[2] Vor allen Dingen dann, wenn man gar kein lokales Netzwerk beziehungsweise nur einen Rechner zur Verfügung hat. Aber das macht man wie gesagt in der Praxis meist nur zu Testzwecken so. Solch ein Rechner sollte den Webserver dann aber nicht live im Internet verfügbar machen.

▶   Wir werden uns am Ende des Kapitels noch genauer mit der Auswahl geeigne-
    ter Möglichkeiten zum Betrieb eines Joomla!-CMS im Internet und den spezi-
    fischen Vor- und Nachteilen beschäftigen (siehe Abschn. 4.4.3).

▶   Auch wenn Sie Ihre Joomla!-Seite letztendlich im Internet zugänglich machen
    (das sollte ja fast immer der Fall sein – außer Sie wollen Content für ein loka-
    les Netzwerk bereitstellen), ist ein vorheriger Test in einem lokalen Umfeld
    auf jeden Fall zu empfehlen. Deshalb wird man in der Regel ein Joomla!-CMS
    zusätzlich zu einer späteren Installation im Internet **vorher** lokal auf einem
    Rechner installieren und erst dann ins Internet übertragen und live schalten,
    wenn die wichtigsten Dinge funktionieren.
    Am besten experimentieren Sie vor einem Einsatz von Joomla! im Internet
    sowieso ausführlich mit einer lokalen Installation (damit ist insbesondere auch
    eine Installation in einem lokalen Netzwerk gemeint). Denken Sie daran: Auch
    die Demoinstallationen bei joomla!.org & Co, die wir bereits besprochen haben,
    sind unmittelbar im Internet erreichbar (auch wenn Sie nicht oft und gut gefun-
    den werden). Was immer Sie da experimentieren, ist öffentlich sichtbar und ob
    das immer gewünscht ist, kann bezweifelt werden. Für die Arbeit mit dem Buch
    wird auf jeden Fall eine lokale Installation empfohlen.

Zur lokalen Installation von Joomla! benötigen Sie folgende Voraussetzungen:

• einen Computer mit Windows, Mac OS, Linux oder UNIX als Betriebssystem mit ca.
   100 MB freiem Festplattenspeicher; das kann Ihr normaler Arbeitsrechner sein, aber
   am besten verfügen Sie über einen zusätzlichen Computer, der in einem lokalen Netzwerk verfügbar ist;
• eine Webserver-Umgebung, wie sie zum Beispiel das XAMPP-Softwarepaket bereitstellt, das wir gleich besprechen und installieren;
• ein aktuelles Joomla!-Installationspaket – entweder mit deutscher (oder einer anderen regionalen) Sprachversion, aber oft ist die englische Originalversion weiter fortge-
   schritten und deshalb ist auch diese Variante empfehlenswert (die Sprache kann sowieso eingestellt werden).

Zur Installation von Joomla! auf einem entfernten Webserver, den Sie im Internet selbst
betreiben, benötigen Sie:

• einen einigermaßen schnellen Internetzugang,
• ein Hostingpaket einer Domain, das Ihnen eine Webserver-Umgebung (idealerweise
   mit Apache) bereitstellt und das die aktuellen Versionen von PHP und MySQL beinhaltet (zu den Versionen kommen noch genauere Details bei der Joomla!-Version selbst);
   alternativ müssen Sie auf dem entfernten Rechner die Möglichkeit zur Installation

einer solchen Webserver-Umgebung haben oder die einzelnen Bestandteile (Apache, MySQL, PHP) installieren können;

- die Möglichkeit zum Upload von Dateien auf Ihren Webspace (das macht man meist mit einem FTP-Zugang).

Zur Installation von Joomla! bei einem Provider benötigen Sie folgende Voraussetzungen:

- einen einigermaßen schnellen Internetzugang,
- ein Hostingpaket bei einem Provider, der die Online-Einrichtung von Joomla! in der gewünschten Version unterstützt,
- die Möglichkeit zum Upload von Dateien auf Ihren Webspace beim Provider – auch das macht man meist mit FTP.

4.2.2   Einrichten von einem eigenen Webserver

Wir hatten bei den Grundlagenbegriffen besprochen, dass ein Server im eigentlichen Sinn nur ein Programm ist, das für Kunden (Klienten oder engl. clients) Anfragen beantwortet. Er ist damit der Diener (lat. servus und engl. server) seiner Kunden. Ein Webserver ist also ein Programm, das Anfragen über das Web beantwortet und die Wünsche der Kunden befriedigt. Als Protokoll muss der Diener http verstehen und der Kunde nutzt ein Dienstprogramm, dem Diener die Anweisungen zu erteilen – das ist der Browser.

Für Joomla! werden Sie als Webserver so gut wie immer **Apache** (http://httpd.apache.org/) einsetzen, obgleich auch andere Webserver wie der IIS möglich sind. Nahezu alle Internetprovider verwenden Apache. Wenn Sie bereits ein Hosting-Angebot mit Apache als Webserver verwenden, werden Sie diesen natürlich nicht mehr einrichten und administrieren müssen. Aber da eine lokale Installation von Joomla! zu Testzwecken in jedem Fall zu empfehlen ist, benötigen Sie dann auch erst einmal einen Apache-Webserver. Sie können diesen natürlich von Hand installieren und einrichten, aber das ist nicht ganz trivial. Zudem ist es damit auch noch nicht getan, um Joomla! zu verwenden. Sie benötigen ja auch noch MySQL und Unterstützung für PHP.

4.2.2.1   XAMPP als Komplettpaket

Deshalb ist es viel einfacher, wenn Sie ein Komplettpaket installieren, das bereits alle Bestandteile enthält. Sehr verbreitet ist **XAMPP** (https://www.apachefriends.org/de/ (Abb. 4.1)), aber es gibt natürlich Alternativen. Beachten Sie, dass sich der Aufbau der Webseite des XAMPP-Projekts immer wieder ändert. Allerdings werden die Links zum Download der Software grundsätzlich hervorgehoben auf der Webseite zu finden sein.

XAMPP versteht sich als eine kostenlose, leicht zu installierende Apache-Distribution, die MySQL, PHP und Perl enthält. Das XAMPP-Paket wurde für eine ganz einfache Installation und Nutzung eingerichtet. XAMPP steht für die Betriebssysteme Windows, Mac OS X und Linux zur Verfügung. Beachten Sie, dass die meisten Provider Linux verwenden und deshalb in dem Buch auch immer wieder auf die Besonderheiten von Linux

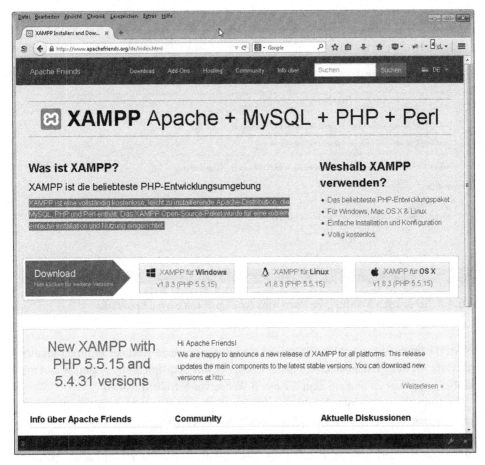

Abb. 4.1 Homepage der Apache-Friends

hingewiesen wird, obwohl das hauptsächliche Referenzsystem für den lokalen Einsatz bei den meisten Lesern vermutlich Windows ist. In der Praxis im Internet werden Sie dann aber mit sehr großer Wahrscheinlichkeit einen Apache-Server auf Basis von Linux verwenden. Für den Betrieb eines Joomla!-Systems spielt das Betriebssystem des Servers sowieso keine Rolle.

In dem Bezeichner XAMPP steht das
- A für **A**pache
- M für **M**ySQL
- P für **P**HP und
- P für **P**erl.

Bleibt noch das X. Das ist ein Platzhalter, der historische Ursachen hat. Ursprünglich gab es die Apache-Distribution nur für Linux und ohne Perl. Das nannten die Apache-Friends LAMP. Dann kam ein Paket für Windows dazu (WAMP). Das Betriebssystem wurde dann irgendwann durch den Platzhalter X ersetzt und das zweite P für Perl hinzugefügt, als auch dafür Unterstützung integriert wurde. Den Bezeichner *lampp* finden Sie heute noch als Name für das standardmäßige Installationsverzeichnis des Systems unter Linux.

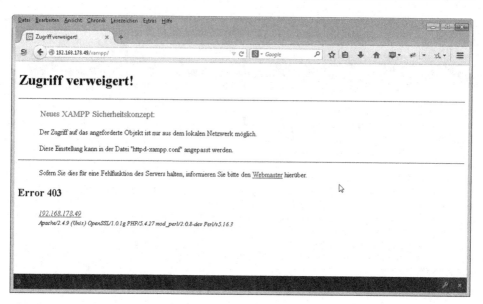

Abb. 4.2 Bei neueren XAMPP-Versionen wird der Zugriff erst einmal beschränkt

XAMPP können Sie sowohl auf Ihrem lokalen Rechner, einen Rechner in Ihrem lokalen Netzwerk als auch einem Rechner installieren, der mit dem Internet verbunden und nur darüber erreichbar ist und auf dem Sie einen Webserver betreiben wollen.

Das kann ein sogenannter **V-Server** (virtueller Server) oder auch ein vollständiger Server sein, den Sie bei vielen Providern mieten können[3]. Die grundsätzliche Installation ist vollkommen gleich, wobei Sie beachten sollten, dass XAMPP das gesamte System einfach konfiguriert hat, um bequem ein Testsystem zur Verfügung zu haben. Für den rauen Einsatz im Internet sind die Konfigurationseinstellungen nicht gedacht. Bei neuen Versionen von XAMPP wird das System sicherer konfiguriert als früher (so funktioniert etwa in der Grundeinstellung der Zugriff auf das Web-Interface für die Administration von XAMPP nur aus einem lokalen Netzwerk), aber es ist und bleibt im Grunde ein lokales Testsystem (Abb. 4.2).

▶ **Hinweis** Wir schauen uns erst einmal die lokale Installation zu Testzwecken genauer an. Eine Installation für das Internet samt der notwendigen Administration und Konfiguration samt einer Härtung für den Praxisbetrieb sprengt den Rahmen als auch das Thema des Buchs. Aber grundsätzlich läuft die Installation gleich ab, weshalb an den relevanten Stellen entsprechende Hinweise gegeben werden. Auf einige Besonderheiten gehen wir noch gesondert ein (siehe Abschn. 4.3.3.9).

4.2.2.2 Lokale Installation von XAMPP

Laden Sie sich zuerst die neueste Version von XAMPP von der Webseite des Projekts auf den Rechner, auf dem Sie den Webserver installieren und betreiben wollen. Sie können ent-

---

[3] Darauf gehen wir wie gesagt gleich noch ein (siehe Abschn. 4.4.3).

weder direkt die empfohlenen Standardvarianten von XAMPP zum Download auswählen (wenn diese auf der Einstiegsseite angezeigt wird) oder Sie wählen gezielt eine bestimmte Version für XAMPP aus. Je nach Aufbau der Webseite des XAMPP-Projekts finden Sie dazu eine entsprechend benannte Schaltfläche oder einen Hyperlink. Der Download sollte automatisch starten und Sie werden zusätzlich zu einer Webseite beim SourceForge-Projekt geleitet, wo weitere Versionen von XAMPP bereitgestellt werden (Abb. 4.3).

Wenn der Download startet, wählen Sie den Link zum Speichern und speichern Sie die Datei auf Ihrer Festplatte.

Auf der Landingpage des XAMPP-Projekts steht auch der Link *Download – Hier klicken für weitere Versionen*. Wenn Sie keine der Standardzusammenstellungen, die in den parallelen Links auf der Landingpage des Projekts direkt zum Download zu wählen sind, wünschen, klicken Sie auf diesen Link, um zur Seite mit den Download-Varian-

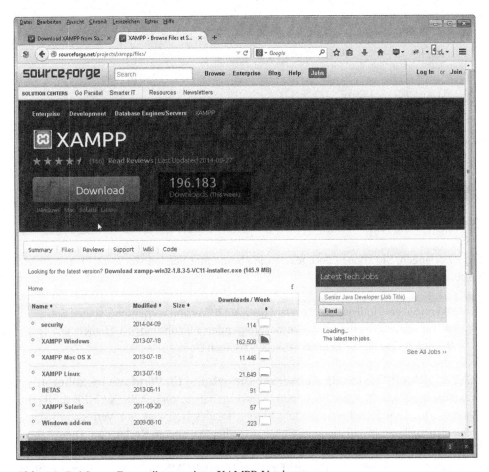

Abb. 4.3 Bei SourceForge gibt es weitere XAMPP-Versionen

Abb. 4.4 Weitere Versionen von XAMPP direkt auf der Homepage der Apache-Friends

ten zu gelangen. Sie können dort gezielt eine bestimmte Version von XAMPP auswählen
(Abb. 4.4).

▶   Wenn Sie eine individuelle Auswahl der XAMPP-Version vornehmen, sollten Sie
    einen **Installer** verwenden. Die nachfolgenden Ausführungen beziehen sich
    auf solch einen Installer unter Windows als auch Linux.

4.2.2.3   XAMPP als lokale Webserver-Umgebung für Windows installieren

Wenn Sie das XAMPP-Paket für Windows geladen haben, können Sie XAMPP auf Ihrem
Windows-Rechner installieren. Sollten Sie ein lokales Netzwerk zur Verfügung haben,
bietet sich auch die Installation auf einem ausgedienten, älteren Rechner an. Dann haben
Sie später bereits lokal genau die gleiche Situation vorliegen, die in der Praxis im Internet auftritt: Sie werden für den Zugriff auf das Joomla!-CMS auf einen anderen Rechner
zugreifen, nur eben im lokalen Netzwerk. Aber letztendlich spielt es keine Rolle, ob der
Zugriff auf den Server später auf dem gleichen oder einem anderen Rechner erfolgt (das

behandeln wir gleich noch genauer – siehe Abschn. 4.2.3). Erst einmal installieren wir endlich XAMPP. Dazu gehen Sie beispielsweise wie folgt vor:

1. Öffnen Sie auf dem Installationsrechner den Windows-Explorer oder den Arbeitsplatz.
2. Wechseln Sie in den Ordner, in dem Sie XAMPP beim Download gespeichert haben.
3. Führen Sie einen Doppelklick auf die heruntergeladene XAMPP-Datei aus.

Die Installation von XAMPP sollte nun starten.

▶ Wenn Sie Windows 7, 8 oder 10 im Einsatz haben, erscheinen wahrscheinlich vor und während der Installation eine oder mehrere Sicherheitswarnung(en). So können aktivierte Virenscanner zu einer Meldung führen (Abb. 4.5) und das Installationsprogramm warnt etwa davor, XAMPP in den Ordner *C:\Program Files (x86)* zu installieren (Abb. 4.6), da es hier wegen fehlender Ordner-Schreibberechtigungen zu einer eingeschränkten Funktionalität von XAMPP kommen kann. Falls Sie solche Meldungen erhalten, ignorieren Sie die Warnungen und bestätigen Sie diese Meldungen alle mit OK. Falls Sie die Meldung zu fehlenden Schreibberechtigungen erhalten, sollten Sie XAMPP in ein eigenes Hauptverzeichnis auf Ihrer Festplatte installieren, zum Beispiel *C:\xampp*.

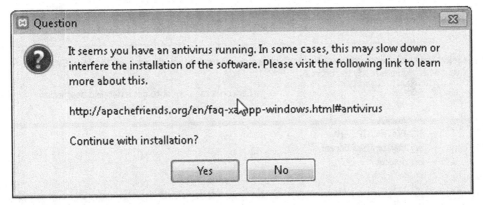

Abb. 4.5 Es kann einige Warnungen bei der Installation geben, die Sie aber ignorieren können – hier wegen eines Antivirenprogramms

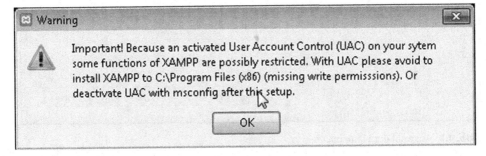

Abb. 4.6 Auch UAC-Warnungen können Sie meist ignorieren

In den Folgeschritten werden Sie nach verschiedenen Konfigurationen der zu installierenden XAMPP-Version gefragt, zum Beispiel welche Bestandteile von XAMPP zu installieren sind (Abb. 4.7). Bleiben Sie bei allen Dialogen des Assistenten bei den Vorgabe-
einstellungen (bis gegebenenfalls auf das oben genannte Problem mit dem Installationsverzeichnis). Hierdurch werden alle benötigten Komponenten, wie zum Beispiel PHP und
MySQL, installiert und es wird ein XAMPP-Startmenü-Eintrag sowie eine Verknüpfung
zu XAMPP auf dem Desktop erstellt.

Der Installationsvorgang kann einige Minuten dauern. Sobald die Installation beendet
ist, erscheint hierzu eine Meldung. Zum Beenden der Installation klicken Sie auf *Finish*
beziehungsweise *Fertig stellen*.

Bestätigen Sie die anschließend eingeblendete Frage mit Ja, wenn Sie das XAMPP
Control Panel starten wollen (Abb. 4.8). Nach der erfolgreichen Installation von XAMPP
auf Ihrem Rechner können Sie gleich ausprobieren, ob Sie auch die Webserver-Kompo-
nenten problemlos aufrufen können.

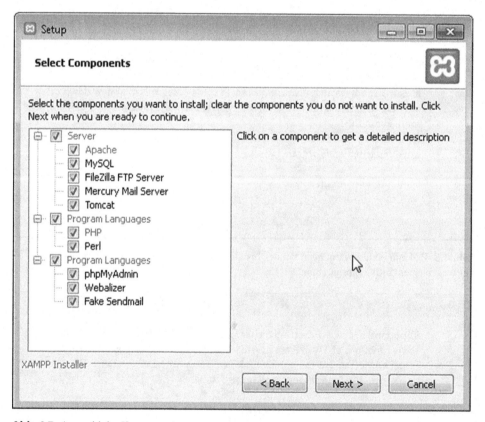

Abb. 4.7 Auswahl der Komponenten

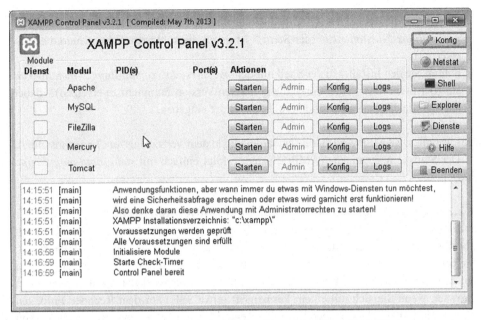

Abb. 4.8 So oder ähnlich (je nach Version) sieht das Control Panel von XAMPP aus

Dazu müssen noch die Webserver-Software Apache (die auch PHP bereitstellt) und das Datenbankmanagementsystem MySQL gestartet werden. Das müssen Sie immer erst machen, wenn Sie den Webserver und letztendlich Joomla! ausführen wollen.

- Betätigen Sie neben dem Eintrag *Apache* die Schaltfläche *Starten*, um die Webserver-Software zu starten.
- Klicken Sie ebenso neben dem Eintrag *MySQL* auf *Starten*, um das DBMS zu starten.

▶   **Hinweis** In einigen Versionen von XAMPP sind die Programme FileZilla (FTP-Server), Mercury (Mailserver) und Tomcat (HTTP-Server mit Java-Laufzeitumgebung) zwar dabei, werden jedoch für die Installation und den Betrieb von Joomla! nicht benötigt. Sie müssen daher auch nicht gestartet werden.

4.2.2.4   XAMPP als lokale Webserver-Umgebung für Linux installieren

Schauen wir uns noch schnell an, wie die Installation von Joomla! grundsätzlich unter Linux abläuft. Die Installation von XAMPP unter Linux ist noch einfacher als unter Windows, wobei dazu etwas mehr Kenntnisse zum Betriebssystem vorausgesetzt werden. Insbesondere arbeiten Sie hier am besten in einer Konsole beziehungsweise Shell. Das sollten Linux-Anwender allerdings beherrschen.

1. Öffnen Sie eine Konsole beziehungsweise Shell.
2. Wechseln Sie in das Verzeichnis, in dem Sie die Installationsdatei von XAMPP gespeichert haben (meist das Verzeichnis *Downloads* im Home-Verzeichnis des Anwenders).

3. Ändern Sie die Rechte des XAMPP-Installers in einer Shell mit dem Befehl *chmod 755 xampp-linux-*-installer.run* (der Stern * ist durch die konkreten Versionsnummern zu ersetzen).

4. Führen Sie den Installer in der Shell mit dem Befehl *sudo ./xampp-linux-*-installer.run* aus (der Stern * ist wieder durch die konkreten Versionsnummern zu ersetzen) – dabei müssen Sie das Passwort für den root-Anwender eingeben.

Das war alles. XAMPP wird damit standardmäßig in dem Verzeichnis */opt/lampp* installiert.

Der Start vom gesamten XAMPP-System erfolgt einfach mit *sudo /opt/lampp/lampp start*.

4.2.2.5   Installation von XAMPP auf einem entfernten Rechner

Prinzipiell unterscheidet sich die Installation auf einem entfernten Rechner wie gesagt überhaupt nicht von der Installation auf dem gleichen Rechner, an dem Sie gerade sitzen. Sie benötigen nur die notwendigen Rechte für den Zugriff, müssen die Installationsdatei auf den entfernten Rechner kopieren (etwa mit FTP) oder Sie laden sie dort über einen Browser, wenn Sie sich mit einem Fernzugriff (etwa SSH) auf dem Rechner einloggen (Abb. 4.9). Prinzipiell benötigen Sie aber so einen Fernzugriff, um den Rechner auch von Ihrem Computer aus fernsteuern zu können.

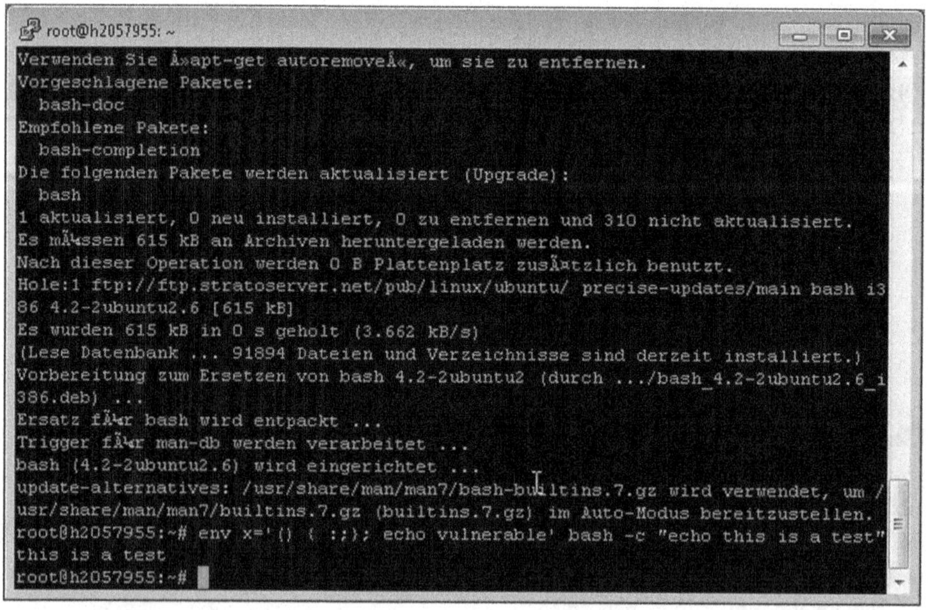

Abb. 4.9 Fernzugriff auf einen Serverrechner im Internet per SSH

Abb. 4.10 Bildschirmübertragen per VNC zum grafischen Fernzugriff auf einen Serverrechner

Dieser Fernzugriff ist jedoch meistens rein konsolenbasiert und damit nicht ganz trivial, obgleich es auch grafische Fernsteuerungsprogramme und -techniken wie VNC gibt (Abb. 4.10).

Grundsätzlich erfordert die Installation eines Webservers auf einem entfernten Rechner jedoch einige erweiterte Kenntnisse im Betriebssystem, der Administration und Internet-Techniken wie dem Dateiupload und vor allen Dingen Fernzugriffen. Die tiefere Behandlung des Themas sprengt damit unseren Rahmen und ist auch für die meisten Fälle bei einer Installation eines Joomla!-CMS nicht notwendig.

4.2.3   Zugriff auf den lokalen Webserver

Wenn die Webserver-Software auf einem Rechner läuft, können Sie diesen Webserver von jedem Browser aus ansprechen, der den Server-Rechner erreichen kann. Sie brauchen im Browser bloß die URL von dem Server-Rechner eingeben. Dabei ist es vollkommen gleichgültig, ob Sie damit einen Rechner im Internet oder im lokalen Netzwerk adressieren. Ebenso ist es vollkommen gleichgültig, ob Sie einen (DNS-) Namen von dem Server-Rechner oder dessen IP-Adresse eingeben. Sollten Sie allerdings mit einem Namen arbeiten, muss sichergestellt sein, dass dieser in die IP-Adresse aufgelöst werden kann.

4.2.3.1   Zugriff auf einen Webserver im lokalen Netzwerk

In einem lokalen Netzwerk gibt man deshalb in der Regel für den Zugriff auf einen Webserver im Browser die IP-Adresse direkt ein (etwa 192.168.178.49 (Abb. 4.11)), während man im Internet meist die DNS-Namen von einem Webserver verwendet (etwa www. joomla.org).

4.2.3.2   localhost – Loop back

Wenn nun der Webserver und der Browser auf dem gleichen Rechner ausgeführt werden, liegt eine besondere Situation vor. Im Grunde kann jedes Betriebssystem mehrere Programme gleichzeitig ausführen und das ist in keiner Weise bemerkenswert. Aber die beiden Programme sollen ja miteinander reden! Und das auch noch über http. Dabei muss zwingend die Adresse der Gegenstelle angegeben werden, auch wenn die sich auf dem gleichen Rechner befindet.

Sie können im Grunde die IP-Adresse Ihres Rechners ermitteln (etwa mit dem Befehl *ipconfig* unter Windows oder *ifconfig* unter Linux) und diese dann im Browser eingeben, aber das ist unnötig. Es gibt eine Netzwerkadresse 127.0.0.1[4] (Abb. 4.13, 4.14), die für eine symbolische beziehungsweise virtuelle Netzwerkverbindung steht und nicht einmal einen physikalischen Netzwerkadapter notwendig macht beziehungsweise verwendet. Man spricht in diesem Zusammenhang von localhost (Abb. 4.12) als Adresse oder ***Loop Back*** als Zugriffsverfahren (einem virtuellen Netzwerkadapter). Damit können Sie etwa aus dem Browser heraus den eigenen Rechner ansprechen und den Webserver aufrufen, der auf dem gleichen Rechner ausgeführt wird.

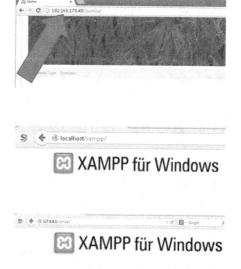

Abb. 4.11 Zugriff auf einen anderen Rechner im lokalen Netzwerk über die IP-Adresse

Abb. 4.12 Zugriff auf den gleichen Rechner über die Eingabe von localhost

Abb. 4.13 Zugriff auf den gleichen Rechner über die Eingabe von 127.0.0.1

---

[4] Genau genommen kann man alle IP-Nummern von 127.0.0.1 bis 127.0.0.254 dafür verwenden.

Abb. 4.14 Vollkommen analog gehen auch andere Zahlen
im letzten Bestandteil der IP-
Adresse – hier 127.0.0.222

4.2.4   Das öffentliche Verzeichnis eines Webservers

Wenn ein Computer einen Webserver bereitstellt, sollte natürlich auf keinen Fall das gesamte Dateisystem des Rechners für den Zugriff von fremden Personen über den Webserver geöffnet werden. Das Bereitstellen von Daten über den Webserver erfolgt bei allen
Webservern über ein spezielles „öffentliches" Verzeichnis.

Dieses ist das **Wurzelverzeichnis** aller Zugriffe über den Webserver. Oder mit anderen
Worten: Wenn ein Anwender die Adresse des Webservers ohne weitere Verzeichnis- oder
Dateiangaben angibt, bekommt er den Inhalt dieses Verzeichnisses beziehungsweise die
Vorgabedatei darin angezeigt – sofern der Webserver diese Anzeige nicht deaktiviert hat.

Wurzelverzeichnis eines Webservers bedeutet aber darüber hinaus ebenso, dass sämtliche Verzeichnisangaben beim Zugriff aus einem Browser auf einen Host von diesem
Verzeichnis aus gesehen werden. Der Webserver darf in der Regel keinesfalls Zugang zu
Verzeichnisstrukturen auf dem Host geben, die nicht innerhalb des Wurzelverzeichnisses
liegen.

4.2.4.1   htdocs – das öffentliche Verzeichnis bei Apache

Ihre Webseiten veröffentlichen Sie bei Apache in der Regel im Unterverzeichnis *htdocs*
des Installationsverzeichnisses von XAMPP beziehungsweise Apache (Abb. 4.15).

▶   Bei Pfadangaben unter Apache ist in der Regel die Groß- und Kleinschreibung
relevant. Und Windows-Anwender sollten beachten, dass man zum Trennen
von Ebenen im Internet keinen Backslash, sondern den Slash verwendet! Und
das gilt natürlich auch beim Zugriff auf einen eigenen Webserver.

Wenn Sie Joomla! über das Hosting-Angebot eines Providers installieren, der mit Apache
arbeitet, werden Sie keinen direkten Zugriff auf *htdocs* und schon gar nicht höhere im
Dateisystem befindliche Verzeichnisse bekommen, sondern nur Zugriff auf Ihr Webver-
zeichnis haben, das ein Unterverzeichnis von *htdocs* ist.

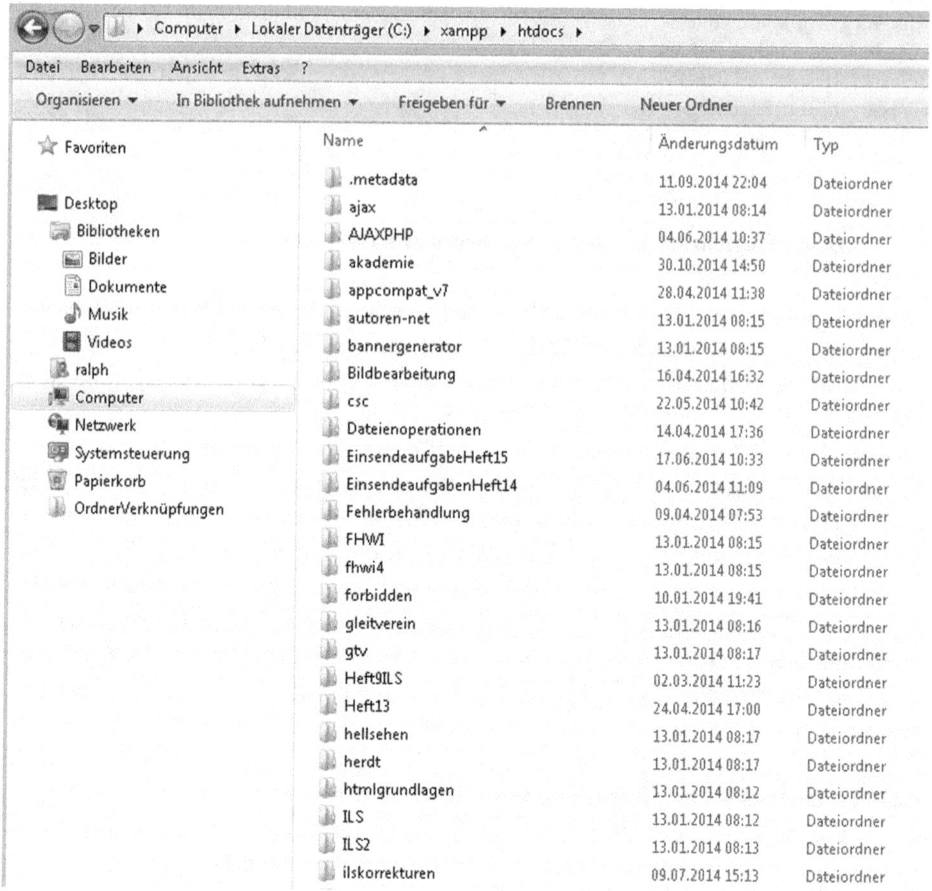

Abb. 4.15 Das Verzeichnis htdocs beinhaltet bei Apache in der Regel die Webseiten

4.3 Download von Joomla!

Die Joomla!-Varianten, die die hauptsächliche Basis dieses Buchs darstellen, sind die Versionen 3.4.x beziehungsweise allgemein die sogenannte Serie 3. Die Serie 3 wurde mit Joomla! 3.0 im September 2012 begonnen und wird permanent aktualisiert (kleinere Updates erscheinen fast monatlich). Ebenso behalten wir aber die Joomla!- Versionen der Serie 2.5.x im Blick, da die Joomla!-Ausführungen der Serie 3 PHP-Versionen voraussetzen, die nicht auf allen Webservern bereitstehen. Viele Provider stellen insbesondere bei günstigen Hosting-Angeboten nicht die aktuellsten Versionen von PHP bereit und damit können Sie da unter Umständen kein Joomla! der Serie 3 installieren. Das wurde ja schon mehrfach angedeutet.

4.3.1   Unterschiede zwischen Joomla! 2.5.x und 3.x

Da wir also möglicherweise zwei Joomla!-Schienen beachten müssen, soll hier kurz ein Überblick über die Unterschiede der beiden Serien gegeben werden.

Um es noch einmal deutlich zu betonen: Auch die Serie 2.5.x wird durch den Langzeit-Support von der Joomla!-Gemeinschaft immer noch weiterentwickelt und gepflegt (gerade was Sicherheitspatches angeht)[5]. Es gibt nur funktionale Unterschiede, die sich auf Grund der geringeren Voraussetzungen zum Betrieb von Joomla! 2.5 ergeben.

Bei der nachfolgenden Auflistung der wichtigsten Unterschiede der beiden Serien soll bewusst in Kauf genommen werden, dass Sie im Moment möglicherweise mit einigen technischen Begriffen teils noch nichts anfangen können. Machen Sie sich deswegen bloß keine Sorgen – im Laufe des Buchs wird das alles noch erklärt.

a.   Neue Versionierungsstrategie: Mit Einführung der Joomla! 3-Serie hat das Joomla!-Projekt die vorherige Veröffentlichungsstrategie aus Langzeit- (**LTS** – Long Time Support) und Kurzzeit-Support-Versionen (**STS** – Short Time Support) aufgegeben und den Entwicklungszyklus verändert. Bis zur Serie 3 wurden immer nur einzelne Versionen herausgehoben, für die eine Pflege über einen langen Zeitraum garantiert wurde (LTS). So ein LTS gibt es für die Version 1.5 und die Version 2.5. Die Anpassung soll neben einer Verschlankung des CMS-Kerns eine flexiblere Entwicklung und Implementierung neuer Features und eine harmonische Weiterentwicklung von Joomla! ermöglichen, die teils in wöchentlichen Mini-Updates gipfelt.

b.   Die Version 3.x hat gestiegene Anforderungen an die PHP-Version: Für Joomla! 2.5.x genügen minimal PHP 5.2.4 und MySQL 5.0.4 sowie Apache in der Version 2.x. Die Serie 3 verlangt neuere Versionen der Software. Allerdings wurden die PHP-Versionen, die zur Ausführung von aktuellen Joomla!-Versionen notwendig sind, sogar während der Joomla! 3-Serie noch einmal angehoben. Zu Beginn der Joomla! 3-Serie verlangte das CMS mindestens nach PHP 5.3.1. Mit der Zeit wurden jedoch weitere signifikante Verbesserungen und Fortschritte in den kryptografischen Fähigkeiten von PHP 5.3.x erzielt und eine Reihe schwerwiegender Fehler behoben. Unter diesem Aspekt wurde die benötigte PHP-Mindestversion noch weiter angehoben, mit Erscheinen von Joomla! 3.3 auf PHP Version 5.3.10. Joomla! 3.2.x-Versionen laufen aber weiterhin mit älteren PHP-Versionen (5.3.0–5.3.9) und die noch älteren Versionen mit noch niedrigeren PHP-Varianten (welche durchaus noch bei einigen Providern im Einsatz sind). Insbesondere die Joomla!-Version 2.5 wird über das Jahr 2014 hinaus parallel gepflegt. Damit sollen ältere Joomla!-Installationen weiter mit Updates versorgt werden, die nicht auf die Joomla! 3-Serie umgestellt werden sollen oder können. Ebenso kann damit eine Joomla!-Version mit aktuellen Sicherheitsbe-

---

[5] 2015 soll die permanente Pflege aber sukzessive eingestellt werden, was aber nicht bedeutet, dass man Joomla! 2.5 nach dem Jahr 2015 nicht mehr betreiben kann. Denken Sie daran, wie viele Anwender noch Windows XP nutzen, obwohl das System seit zig Jahren überholt ist.

reinigungen bei Providern betrieben werden, die PHP noch nicht auf dem neuesten Stand haben. Seit Joomla! 3.2.2 überprüft das CMS im Installations- und Updateprozess die verwendete PHP-Version und informiert mittels Post-Install-Hinweis, falls die eingesetzte Version NICHT 5.3.10 oder höher ist. Es ist sehr wahrscheinlich, dass neuere Versionen von Joomla! immer wieder dieser gewählten Strategie folgen und Neuerungen und Verbesserungen in PHP berücksichtigen und diese PHP-Basis dann erzwingen. Sollte ein Provider diese PHP-Versionen dann nicht zeitnah bereitstellen, müssen Sie entweder noch eine Zeitlang bei älteren Versionen von Joomla! bleiben oder den Provider wechseln.

c.   In der Serie 3 wurde neu das CSS-Framework **Bootstrap** integriert, was für Joomla!-Seiten ein flexibles und modernes Layout gestattet.

d.   Non-Responsive vs. Responsive: Allgemein bedeutet ein **Responsive Design** der Webseite die Anpassung einer Oberfläche an die Gegebenheiten beim aufrufenden Client. Mit Hilfe von Bootstrap unterstützt Joomla! ab der Version 3.0 offiziell *Responsive Design* und ist somit auch "mobile ready". Das bedeutet, dass Joomla!-Webseiten für mobile Geräte mit kleinen Bildschirmen, aber auch anderen Besonderheiten geeignet sind und sich automatisch anpassen. Sowohl für das Frontend als auch das Backend kann der Benutzer so die Joomla!-Oberfläche verwenden.

e.   In der Serie 3 kann man in Templates **LESS CSS** einsetzen. LESS ist eine dynamische Stylesheet-Sprache zur schnelleren Front-End-Entwicklung und Cross-Browser-Kompatibilität.

f.   Es gibt eine Joomla!-JUI-Bibliothek mit Tools, auf die Entwickler zugreifen können, um sauberen Code und eine aufgeräumte Benutzeroberfläche zu erhalten. Zusätzlich wird die Ladezeit von Joomla! erheblich verbessert.

g.   Die Serie 3 zeichnet gegenüber den Vorgängerversionen eine erheblich verkürzte Installation aus, bei der der Browser diverse Einstellungen bei einem Anwender automatisch erkennt.

h.   Die Oberfläche im Backend wurde komplett neu überarbeitet. Gerade im Bereich des Artikelmanagers gibt es viele Veränderungen wie den neuen Artikelfilter.

i.   In Joomla! der Serie 3 gibt es standardmäßig eine neue Benutzergruppe *Gast* beziehungsweise *guest*.

j.   Mit der Serie 3 wurde eine Reihe an neuen Responsive Frontend-Templates bereitgestellt.

k.   Mit Bootstrap kommt auch ein neues Admin-Template für eine neue Administrationsoberfläche (das Backend) — Isis.

l.   Joomla! setzt in der Serie 3 explizit auf das JavaScript-Framework jQuery. MooTools, das davor verwendet wurde, wird optional noch unterstützt, um die Abwärtskompatibilität zu gewährleisten.

m.   Eine bessere User Experience wird durch die Drag & Drop-Funktion in der Artikelverwaltung erreicht.

n.   Simple Pie (RSS Feed Parser) ist seit der Version 1.5 Kernbestandteil von Joomla! gewesen. Aber aufgrund von Problemen wurde Simple Pie durch **JFeed** ersetzt.

o.   In den alten Versionen unterstützte Joomla! als Datenbanksysteme nur MySQL und Microsoft SQL-Server. Mit der Version 3.x kommt nun auch Unterstützung für **PostgreSQL** hinzu.

p.   Ab Joomla! 3.0 dürfen Benutzer leere Artikel (also ohne Inhalt) abspeichern. Damit kann man schon einmal einen Beitrag vorbereiten und später erst ausarbeiten.

4.3.2   Der konkrete Download von Joomla!

In der Regel gilt, dass man immer die neueste Version einer Software verwenden sollte. Aber auf Grund der oben angedeuteten Probleme und Voraussetzungen bei einigen Internetprovidern, aber auch Ihrem eigenen Server, kann es sein, dass Sie für den Betrieb von Joomla! im Internet die Version 2.5.x oder eine ältere Version der Serie 3 benötigen. Informieren Sie sich gegebenenfalls bei Ihrem Provider (sofern Sie einen solchen haben – siehe Abschn. 4.4.3), damit Sie nicht lokal eine neuere Version testen und Sie dann bei der Übertragung zu Ihrem Provider Probleme bekommen. Natürlich müssen Sie aber auch darauf achten, dass auf Ihrem Server nicht veraltete Voraussetzungen vorliegen, wenn Sie einen solchen selbst betreiben.

▶   Sollte Ihr Provider (siehe Abschn. 4.4.3) nicht einmal die minimalen Voraussetzungen zum Betrieb von Joomla! 2.5 bereitstellen (PHP 5.2.4+, MySQL 5.0.4+, Apache 2.x+ mit mod_mysql, mod_xml und mod_zlib), dann sollten Sie unbedingt auf ein anderes Angebot wechseln. Eine ältere Joomla!-Version ist nicht nur wegen der heutzutage nicht mehr ausreichenden Features und mangelnder Unterstützung von Techniken des modernen Webs, sondern auch aus Sicherheitsgründen keinesfalls mehr akzeptabel.

4.3.2.1   Welche Version laden – deutsch oder englisch?

Wenn Sie sich darüber im Klaren sind, welche Version von Joomla! Sie benötigen, können Sie diese über die Webseite http://www.joomla.org/download.html laden. Auf der offiziellen Joomla!-Webseite wird die jeweils aktuelle englische Basisversion von Joomla! zum Download angeboten. Die Basisversion kann dann mit dem zusätzlich erhältlichen deutschen Sprachpaket ergänzt werden, damit Joomla! im Administrationsbereich die deutsche Benutzeroberfläche erhält.

Unter http://www.jgerman.de und zahlreichen anderen Quellen im Internet können Sie aber auch gleich eine deutsche Komplettversion von Joomla! in einer Datei herunterladen. Diese Webseite ist allerdings kein offizieller Bestandteil der Joomla!-Community. Das bedeutet, dass der Download hinsichtlich möglicher Fehler oder Beeinträchtigungen auf eigene Verantwortung geschieht.

Der Vorteil der deutschen Komplettversion ist, dass die Installation direkt in deutscher Sprache startet und keine separate Datei für das deutsche Sprachpaket mehr heruntergeladen muss oder Spracheinstellungen umgestellt werden müssen. Die Originalquellen sind dagegen oft aktueller und besser gepflegt. Sie können zudem von zahlreichen Quellen das deutsche Sprachpaket (und auch andere Sprachpakete) zusätzlich laden und dann in einem bestehenden Joomla! nachinstallieren.

Obwohl die Installation der deutschen Komplettversion also viel bequemer ist, ist es aufgrund der Aktualität und besseren Qualität oft zu empfehlen die Originalversion zu installieren und dann zusätzlich die deutschen (oder andere) Sprachdateien zu installieren, wenn Sie mit den englischen Befehlen nicht arbeiten wollen oder können.

Wir werden die Nachinstallation eines Sprachpakets behandeln, wenn die Voraussetzungen mit der Bedienung des Backends vorhanden sind. Sie können also für die folgenden Installationsschritte sowohl das deutsche Komplettpaket als auch die englische Originalversion verwenden.

▶   Die folgenden Ausführen laufen in der englischen Originalversion als auch in der
    deutschen Komplettversion vollkommen analog ab. Allerdings gibt es kleinere
    Abweichungen zwischen der Installation unter Windows oder Linux und ein paar
    anderen Konstellationen. Ebenso kann es immer wieder zu einem kleinerem
    Sprachmischmasch kommen – gerade wenn eine ganz neue Version von Joomla!
    veröffentlicht und noch nicht alle Sprachdateien angepasst wurden. Das ist aber
    irrelevant für die konkrete Installation. Aber auch wenn Sie eine ältere Version
    von Joomla! (2.5.x) installieren und die einzelnen Einstellungen in etwas anderer Reihenfolge und mit mehr Dialogen vorgenommen werden, im Endeffekt
    kommt das gleiche – ein fertiges Joomla!-CMS – heraus und Sie müssen bloß die
    einzelnen Eingaben ein bisschen suchen. Das kann natürlich auch immer wieder
    in neueren Versionen von Joomla! vorkommen und ist eigentlich kein Problem.

Laden Sie also entweder die aktuelle deutsche Joomla!-Version von der Webseite oder die englische Originalversion als ZIP-Datei herunter. Wählen Sie auf jeden Fall eine Datei für eine **Neuinstallation** aus, wenn dort eine Option angegeben wird.

▶   Unter http://developer.joomla.org/cms-packages/ gibt es für *Entwickler* auch
    Betaausführungen von zukünftigen Joomla!-Versionen zum Download. Die
    sollten aber nicht in der Praxis eingesetzt werden.

4.3.3   Die Joomla!-Installation vorbereiten

Da Joomla! für die Installation und den späteren Betrieb eine Webserver-Umgebung benötigt, wurde das XAMPP-Paket installiert. Damit XAMPP auch für Joomla! unmittelbar diese Webserver-Umgebung bereitstellen kann, müssen alle Programme, die eine solche Umgebung benötigen, in einen von XAMPP bereits eingerichteten Ordner installiert werden. Der vorgegebene Pfad hierzu lautet: *C:\xampp\htdocs*, wenn Sie XAMPP in dem Ordner *C:\xampp* installiert haben. Bei Linux ist das dann */opt/lamp/htdocs*, wenn Sie die Vorgaben eingehalten haben.

4.3.3.1   Installationsordner erstellen

Damit die heruntergeladene Joomla!-ZIP-Datei entpackt werden kann, sollte ein eigener Unterordner im XAMPP-Verzeichnis und dort dem Unterverzeichnis *htdocs* angelegt werden. Den Ordner wollen wir *myjoomla* nennen. Das Ausrufezeichen, das sonst im Namen des CMS auftaucht (Joomla!), sollten Sie explizit vermeiden. Es macht Probleme.

4.3.3.2   Joomla! entpacken

Entpacken Sie nun die gezippte Joomla!-Installationsdatei in den neuen Ordner *myjoomla*. Die ursprüngliche ZIP-Datei benötigen Sie dann nicht mehr. Wir wollen Sie dennoch erst einmal aufheben, denn wir wollen nachher noch eine erneute Installation durchführen (Abschn. 4.3.3.10). Der Ordner *myjoomla* sollte danach eine große Anzahl an Unterordnern und vor allen Dingen Dateien enthalten (Abb. 4.16).

▶ Um den Installationsprozess möglichst fehlerfrei ablaufen zu lassen und überflüssige PHP-Fehlermeldungen zu unterdrücken, kann es sinnvoll sein, dass Sie in der PHP-Konfigurationsdatei *php.ini* die Einstellung *error_reporting = E_ALL | E_STRICT* in *error_reporting = E_ALL & ~E_DEPRECATED & ~E_NOTICE* verändern. Diese sollte sich in einer unveränderten Konfigurationsdatei bei XAMPP zwischen den Zeilen 500 und 550 herum befinden und legt fest, welche Fehler bei PHP-Aktionen berichtet werden. In neuen XAMPP-Versionen wird der Eintrag in der Regel aber bereits wie gewünscht voreingestellt.

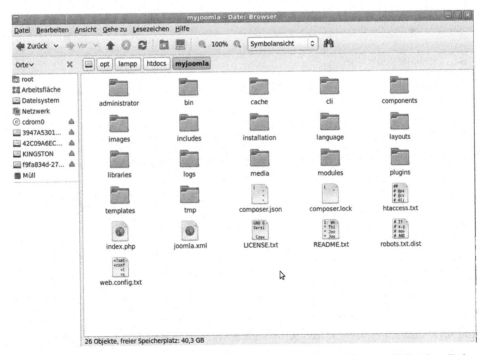

Abb. 4.16 Das Verzeichnis *myjoomla* (hier unter Linux) beinhaltet vor der eigentlichen Installation bereits viele Dateien und Ordner

4.3.3.3 Joomla! installieren und konfigurieren

Um die Joomla!-Installation zu starten, stellen Sie zuerst sicher, dass Apache und MySQL laufen. Öffnen Sie dann einen Browser und geben in der Adresszeile entweder http://localhost/myjoomla ein (lokal) oder Sie ersetzen *localhost* durch die Adresse des Rechners, auf dem Sie Joomla! installieren wollen (beispielsweise http://192.168.178.49/ myjoomla (Abb. 4.17)). Falls Sie einen anderen Namen als *myjoomla* für den Installationsordner der Joomla!-Dateien vergeben haben, müssen Sie den Verzeichnisnamen natürlich durch den von Ihnen vergebenen Namen in der Adresszeile des Browsers ersetzen. Sie gelangen automatisch in ein Unterverzeichnis *installation*.

Im Vergleich zu den älteren Versionen hat sich die Installation des CMS der Joomla! 3-Serie stark verändert, was die Installation noch schneller, kompakter und einfacher macht. So gibt es nur noch drei bis vier Installationsschritte mit Benutzereingaben und einen Abschlussschritt, wohingegen früher die Installation auf mehrere Dialoge verteilt war.

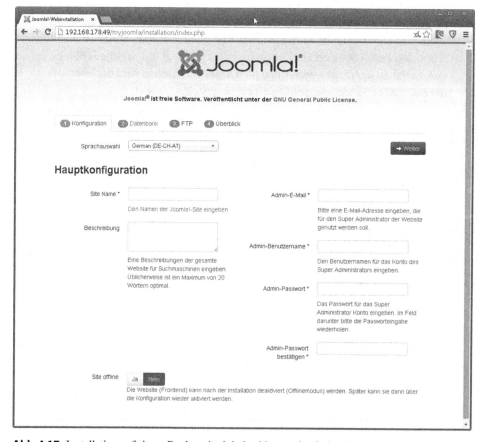

Abb. 4.17 Installation auf einem Rechner im lokalen Netzwerk mit der IP-Nummer 192.168.178.49

4.3.3.4   Installationsschritt 1 – Wichtige Daten wie die Sprache auswählen

Der Beginn der Installation erfolgt mit dem Startbildschirm. Sie geben nun bereits auf diesem Startbildschirm zentrale Eckdaten Ihrer Joomla!-Installation an. Im Gegensatz zu früher werden die wichtigsten Eigenschaften der neuen Joomla!-Installation also bereits im ersten Schritt eingerichtet.

- Unter *Sprachauswahl* legen Sie die Sprache fest. Wählen Sie für die deutsche Version als Sprache German (DE-CH-AT) aus, wenn das nicht sowieso schon vorbelegt wurde.
- Im Bereich *Name der Website* beziehungsweise *Site Name* legen Sie den öffentlich sichtbaren Namen der Internetpräsenz fest. Geben Sie in das Feld einen aussagekräftigen Namen ein. Im Beispiel wird als Name *Autoren-net.de* verwendet.
- Tragen Sie im Feld *Admin E-Mail* Ihre E-Mail-Adresse ein. Diese E-Mail-Adresse wird im Verwaltungsbereich von Joomla! dazu benutzt, Systemmeldungen, Kontaktnachrichten und interne Mitteilungen an Sie als Administrator zu versenden.
- Im Feld *Admin-Benutzername* geben Sie den Benutzernamen für den wichtigsten Verwalter des Systems ein – den Administrator. Bei Joomla! hat sich der Name *admin* als Benutzername für den Administrator des Systems etabliert. Es ist auf Grund der Etablierung sinnvoll, diesen Namen beizubehalten. Andererseits ist dieser Standardname Hackern natürlich auch bekannt und aus Sicherheitsgründen kann es also zu empfehlen sein, dass Sie für ein Joomla!-CMS im Internet einen anderen Namen wählen. Für das Buch und die Testinstallation im lokalen System soll *admin* beibehalten werden.
- Geben Sie in das Feld *Admin-Passwort* ein sicheres Passwort ein. Wiederholen Sie die verdeckte Eingabe zur Sicherheit nochmals in dem darunter befindlichen Eingabefeld. Groß- und Kleinschreibung müssen hierbei beachtet werden! Das Administrator-Passwort ist zusammen mit dem Admin-Benutzernamen die wichtigste Information, um Zugang zu allen Joomla!-Bereichen zu erhalten. Merken Sie sich diese Einträge gut, denn ein Verlust dieser Information ist mit sehr großen Problemen bei der Wiederbeschaffung verbunden.
- Bei Beschreibung können Sie eine allgemeine Beschreibung der Internetpräsenz eintragen.
- Bei der Einstellung *Site offline* können Sie festlegen, ob die Website (Frontend) nach der Installation deaktiviert (Offlinemodus) ist. Später kann sie dann über die Konfiguration wieder aktiviert werden. Wählen Sie die Einstellung *Nein*, damit die Seite nach der Installation im Onlinemodus ist.
- Klicken Sie auf *Weiter*, um zum nächsten Installationsschritt zu gelangen.

4.3.3.5   Installationsschritt 2 – Datenbankanbindung konfigurieren

Die Grundeinstellungen für die Datenbank werden in der Joomla! 3-Serie bereits im Installationsschritt 2 gesetzt (Abb. 4.18). Sollten Sie Joomla! nicht auf einem lokalen Web-

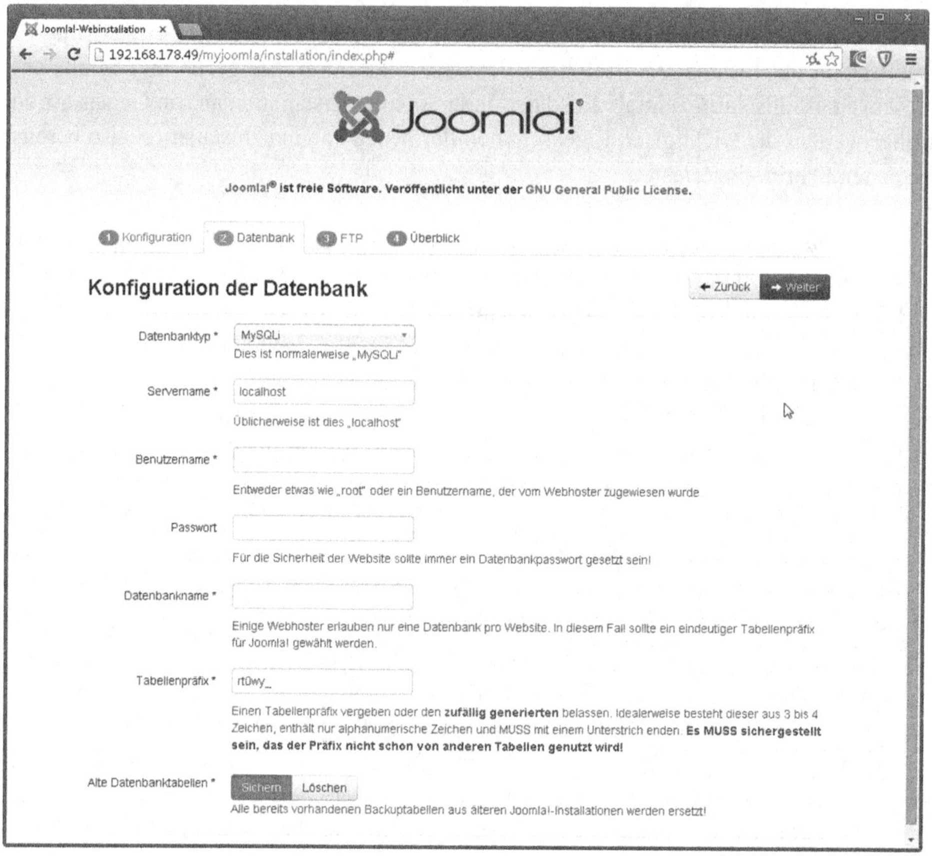

Abb. 4.18 Datenbankeinstellungen angeben

server mittels XAMPP installieren, sondern auf einem Webserver Ihres Providers, dann erhalten Sie diese Daten für den Datenbankzugriff von Ihrem Provider.

- Wählen Sie im Listenfeld *Datenbanktyp* den Eintrag MySQLi aus. Das ist eine neuere, objektorientierte Art, auf die Datenbank zuzugreifen. Die anderen Einstellungen sind höchstens für alte MySQL- und PHP-Versionen sinnvoll, aber die wollen wir nicht mehr berücksichtigen.
- Geben Sie im Feld *Servername localhost* ein. Vorsicht – auch wenn Sie Joomla! auf einem entfernten Rechner installieren, ist das meist *localhost*, denn aus Sicht vom Webserver läuft der MySQL-Server in vielen Fällen auf dem gleichen Rechner (gerade wenn Sie XAMPP in einem lokalen Netzwerk auf einem entfernten Rechner betreiben). Nur wenn Sie bei einem Provider installieren (siehe Abschn. 4.4.3), kann hier eine andere Angabe notwendig sein. Dann läuft MySQL vermutlich nicht auf dem gleichen Rechner wie Apache.

- Ins Feld *Benutzername* geben Sie *root* ein. Bei der Installation auf einem Providerrechner mit einem vorgegebenen Hosting-Angebot (siehe Abschn. 4.4.3) erhalten Sie die dort notwendige Angabe vom Provider.
- Das Passwortfeld bleibt leer. XAMPP legt in der Vorgabeinstallation für den Benutzer *root* kein Passwort an. In der Praxis oder bei einer Installation bei einem Provider werden Sie hier mit einem Passwort arbeiten. Bei der Installation auf einem Providerrechner erhalten Sie auch diese Angabe vom Provider.
- Im Feld *Datenbankname* geben Sie *myjoomla* ein. Diese Bezeichnung ist nicht zwingend identisch mit dem Verzeichnisnamen unserer Installation, aber damit wird die Zuordnung einfach. Wenn Sie bei einem Provider Joomla! installieren, können Sie bei den meisten Hosting-Angeboten selbst keine Datenbank anlegen. Sie erhalten den Namen der Datenbank, die Sie verwenden dürfen, aber ebenfalls vom Provider.
- Nun gibt es noch einen *Tabellenpräfix*, der bei Joomla! allen Tabellen in der Datenbank vorangestellt wird. Das ist insbesondere dann sehr sinnvoll, wenn Sie nur eine Datenbank zur Verfügung haben und damit mehrere Webseiten verwalten. So etwas ist bei vielen preiswerten Hosting-Angeboten der Fall. Die Installationsroutine von Joomla! generiert einen zufälligen Präfix, den Sie entweder übernehmen oder selbst einen Präfix vergeben. Idealerweise besteht dieser aus drei bis vier Zeichen, enthält nur alphanumerische Zeichen und **muss** mit einem Unterstrich enden. Es muss ebenfalls sichergestellt sein, dass der Präfix nicht schon von anderen Tabellen genutzt wird – sofern Sie nicht eine bestehende Installation überschreiben wollen! Merken Sie sich auf jeden Fall den Präfix, wenn Sie später direkt in der Datenbank Änderungen vornehmen wollen.
- Sollten Sie keine Neuinstallation vornehmen und eine bestehende Installation überschreiben wollen, können Sie alle alten Datenbankeinträge sichern.
- Klicken Sie auf *Weiter*, um zum nächsten Installationsschritt zu gelangen.

4.3.3.6   Der optionale FTP-Schritt

In einigen Versionen von Joomla! gibt es nun den Schritt zur Einrichtung der FTP-Daten (gerade unter Linux). In dem Buch wird nicht darauf eingegangen. Sollten Sie eine Version verwenden, die nun eine Einrichtung von FTP-Daten verlangt, behalten Sie einfach die Vorgabewerte bei (keine Einrichtung von FTP (Abb. 4.19)) und gehen zum nächsten Installationsschritt.

4.3.3.7   Zusammenfassung und Beispieldaten

Im dem folgenden Installationsschritt bekommen Sie noch einmal alle zentralen Daten zu Ihrer Installation angezeigt (Abb. 4.20). Sie können die Konfiguration auch per E-Mail an die Adresse senden lassen, die Sie für den Administrator angegeben haben. Ebenso können Sie Beispieldaten installieren. Anfängern wird offiziell empfohlen, diese Beispieldaten auf jeden Fall zu installieren, denn ohne Beispieldaten soll die Funktionsweise von Joomla! schwieriger nachzuvollziehen sein.

Ich persönlich teile nicht ganz diese Ansicht, denn die Beispieldateien sorgen für ein bereits „gefülltes" CMS, das eher unübersichtlich sein kann und sich schwerer nachvoll-

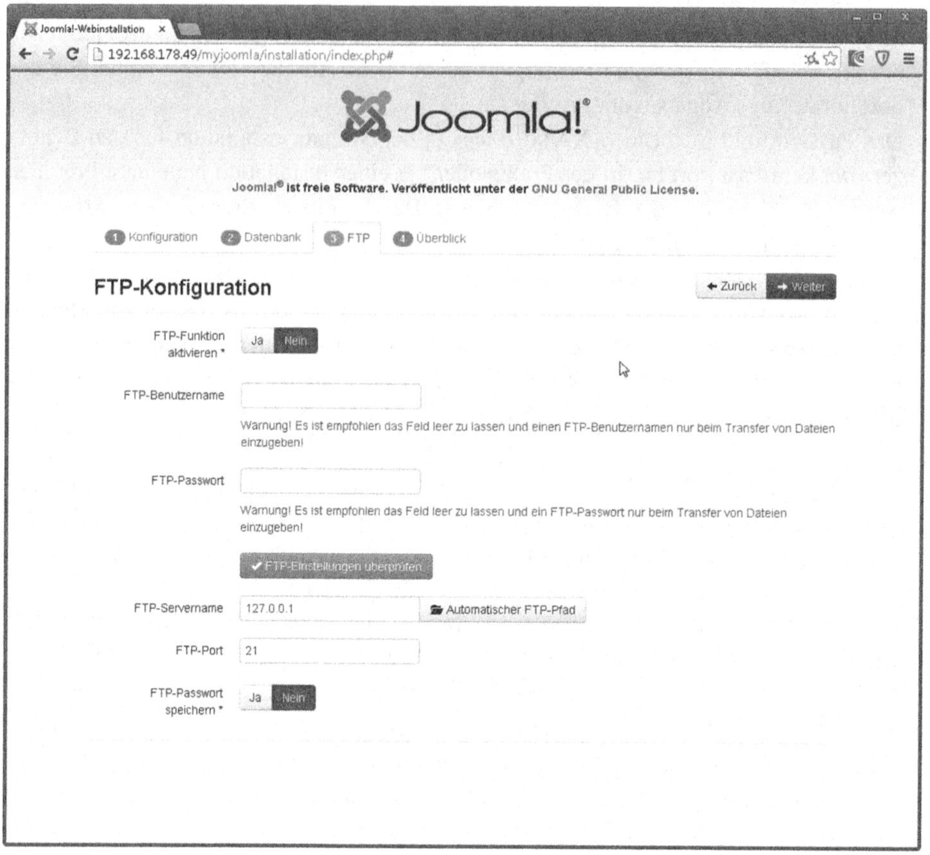

Abb. 4.19 Kein FTP aktivieren

ziehen lässt, was genau eine bestimmte Einstellung oder Eintragung in Joomla! nun bewirkt. Gerade wenn Sie beim Lernen von Joomla! geführt werden (wie in dem Buch),
ist es meines Erachtens sinnvoller, wenn nicht zu viele Dinge automatisch eingerichtet
werden und dann den Blick auf das Wesentliche verstellen. Beim Aufbau des gesamten
Systems von Grund auf an lernt man auch mehr.

Um dieser unterschiedlichen Auffassung Rechnung zu tragen, kann man ganz einfach
vorgehen – wir nutzen **zwei** Joomla!-Installationen im Buch. Einmal eine Installation **mit**
Beispieldaten und einmal eine leere Installation **ohne** Beispieldaten, die wir hauptsächlich
verwenden wollen.

Für den aktuellen Installationsvorgang installieren Sie die Beispieldaten bitte mit.

- Klicken Sie auf die Optionsschaltfläche, um die englischen Standardbeispieldaten zu
  installieren. Dabei sind die deutschen Beispieldaten sicher leichter verständlich und im
  Grunde auch logisch, da Sie auch Ihre eigenen Beiträge vermutlich in Deutsch erstellen
  werden. Allerdings sind immer wieder Fälle bekannt, in denen die deutschen Beispiel-

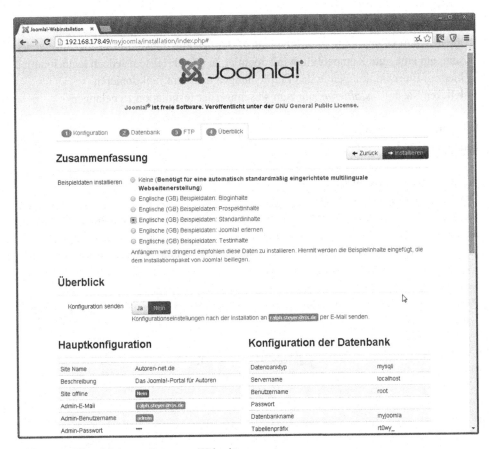

Abb. 4.20 Die wichtigsten Daten zur Webseite

daten nicht korrekt installiert wurden. Ebenso sind sie meistens nicht so vollständig wie die Originalbeispieldateien in englischer Sprache (gerade in Joomla!-Versionen der Serie 3) und bestehen oft aus einem seltsamen Mischmasch aus deutschen und englischen Bezeichnern. Im Buch wird deshalb mit englischen Beispieldaten gearbeitet und darauf verwiesen, wenn das relevant ist. Die konkreten Inhalte der Beispieldaten spielen sowieso keine Rolle, weshalb die Sprache der Beispieldaten keine Bedeutung hat (Sie müssen also kein Englisch beherrschen) und auch eine Mischung mit eigenen Beiträgen in deutscher Sprache kein Problem ist. Es kommt ausschließlich auf die Struktur an und die kann mit den englischen Beispielbeiträgen gewährleistet werden. Die Beispieldaten werden in Joomla! importiert und in die Datenbank eingetragen. Das kann einen Moment dauern.

- Lassen Sie sich bei Bedarf die Konfigurationsdaten per E-Mail zusenden, wenn Sie bei der Installation Ihre reale E-Mail-Adresse angegeben haben. Sie können dabei auch das Passwort mitsenden lassen, aber das ist aus Sicherheitsgründen bei einer Installation auf einem Webserver im Internet dringend zu vermeiden.

- Im unteren Bereich der Webseite für diesen Installationsschritt sehen Sie Angaben, um die Installation zu prüfen. Es sollten in dem Bereich alle Punkte mit Ja gekennzeichnet sein, um eine gute Kompatibilität mit Joomla! zu gewährleisten. Jedoch kann Joomla! hier mit Einschränkungen in den Empfehlungen trotzdem funktionieren.
- Klicken Sie auf *Installieren*, um zum Abschluss der Installation zu gelangen.

Im letzten Installationsschritt wird die eigentliche Installation entsprechend Ihrer Vorgaben vorgenommen (Abb. 4.21).

4.3.3.8 Das Installationsverzeichnis löschen

Um sich gegen Hacker-Angriffe zu schützen und Datenverlusten vorzubeugen, wurde auf der Seite, die nach der Installation angezeigt wird, eine Sicherheitsfunktion integriert, die das bei der Installation automatisch erzeugte Joomla!-Installationsverzeichnis löscht. Solange dieses Verzeichnis noch existiert, kann Joomla! nicht aufgerufen werden. Sollte

Abb. 4.21 Joomla! ist installiert

das nicht aus der Webseite heraus funktionieren, müssen Sie das Verzeichnis am Rechner selbst löschen. Vorher kann das CMS nicht angezeigt werden.

Mit einem Klick auf *Website* kann die derzeitige Installation mit den Beispieldaten besucht werden, so wie in Zukunft auch alle anderen Besucher der Internetpräsenz die Seite sehen (Abb. 4.22).

Durch Klicken auf *Administrator* wird der Anmeldebereich geöffnet, bei dem durch Eingabe des Admin-Namens und des Administrator-Passwortes der Zugang zum internen Verwaltungsbereich von Joomla! gestattet wird (Abb. 4.23).

4.3.3.9   Löschen des Joomla!-CMS

Sollten Sie eine Joomla!-Installation wieder löschen wollen, ist das ganz einfach. Sie brauchen bloß das Verzeichnis zu löschen, das von der Installationsroutine angelegt wurde (in unserem Fall *myjoomla*). Das können Sie mit FTP machen (entfernter Rechner) oder dem Arbeitsplatz.

Abb. 4.22 So sieht das Joomla!-Frontend erst einmal aus

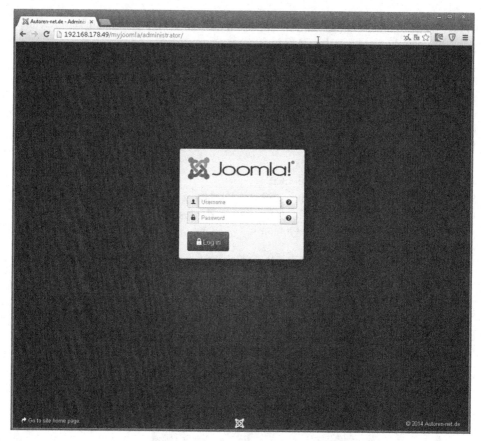

Abb. 4.23 Anmeldung zum Backend

In der Datenbank bleiben allerdings dann noch alle Tabellen zurück, die von Joomla! angelegt wurden. Haben Sie eine eigene Datenbank für das Joomla!-CMS angelegt, dann löschen Sie einfach die gesamte Datenbank. Haben Sie in einer Datenbank aber noch weitere Tabellen, dann suchen Sie alle Tabellen, die mit dem Präfix anfangen, das bei der Installation festgelegt wurde. Löschen Sie dann nur diese Tabellen.

Ich habe bewusst an der Stelle verschwiegen, wie das Löschen konkret geht. Wir werden in dem Buch an späterer Stelle ein Tool *phpMyAdmin* vorstellen, das von XAMPP mit installiert wird. Mit diesem können Sie MySQL-Datenbanken verwalten. Wenn Sie sich damit (oder MySQL selbst) schon auskennen, dann wissen Sie was zu tun wäre. Kennen Sie sich damit noch nicht aus, möchte ich um Geduld bitten, um nicht zu weit in spezielle Situationen abzuschweifen.

4.3.3.10 Eine alternative Joomla!-Installation ohne Beispieldaten

Oben wurde ja angedeutet, dass die Installation von Beispieldaten Vor- als auch Nachteile hat, wenn man sich die Funktion von Joomla! erschließen möchte. Gerade wenn man

Joomla! besser beherrscht, sind die Beispieldaten und die damit verbundenen Vorkonfigurationen des CMS eher im Weg.

Aus dem Grund machen wir das Beste aus den unterschiedlichen Sichtweisen und erstellen einfach eine zweite, alternative Installation von Joomla!. Das hat den zusätzlichen Nutzen, dass wir noch einmal die Installation üben können, was einen zusätzlichen Lerneffekt bedeutet.

Es ist kein Problem, dass Sie auf einem Webserver mehrere Webseiten bereitstellen. Sie benötigen bei Apache nur verschiedene Verzeichnisse unter *htdocs*. Für die Tabellen unter MySQL müssen Sie bloß darauf achten, dass die weitere Joomla!-Installation einen anderen Tabellen-Präfix als die Installation unter *myjoomla* verwendet, sofern Sie die gleiche Datenbank wie bei der ersten Joomla!-Installation verwenden (nutzen Sie eine andere Datenbank, ist das nicht zwingend). Oder Sie installieren unser zweites Joomla! auf einem anderen Rechner, wenn Sie ein lokales Netzwerk zur Verfügung haben.

Erstellen Sie also im Verzeichnis *htdocs* einen Ordner *yourjoomla* und entpacken Sie wieder die gezippte Joomla!-Installationsdatei in den neuen Ordner *yourjoomla*. Die ursprüngliche ZIP-Datei benötigen wir dann wirklich nicht mehr und wenn Sie Platzprobleme auf Ihrem Rechner haben, dann können Sie diese löschen.

Öffnen Sie dann wieder einen Browser und geben in die Adresszeile entweder http:// localhost/yourjoomla ein (lokal) oder ersetzen Sie *localhost* durch die Adresse des Rechners, auf dem Sie Joomla! installieren wollen. Führen Sie die Installation wie besprochen aus und achten Sie auf die unterschiedlichen Tabellen-Präfixe (was aber bei Generierung durch die Installationsroutine von Joomla! sowieso der Fall sein sollte). Wenn Sie eine andere Datenbank erstellen können, dann nennen Sie diese *yourjoomla* und lassen sich trotzdem das Tabellenpräfix generieren.

Bei der abschließenden Zusammenfassung ist es wichtig, dass wir dieses Mal **keine Beispieldaten** installieren wollen (Abb. 4.24).

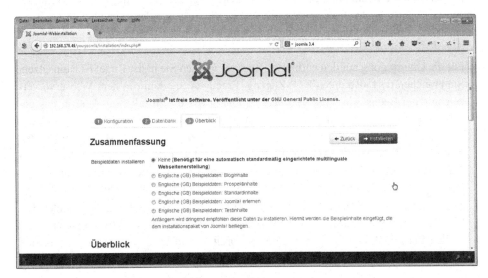

Abb. 4.24 Dieses Mal keine Beispieldaten auswählen

Abb. 4.25 Das Joomla!-Frontend sieht jetzt ganz leer und reduziert aus

Nun muss wieder das Installationsverzeichnis gelöscht werden und wir sind fertig. Mit einem Klick auf *Website* kann die derzeitige Installation ohne die Beispieldaten besucht werden, so wie in Zukunft auch alle anderen Besucher der Internetpräsenz die Seite sehen. Sie werden sehen, dass wir nun nur eine ganz rudimentäre Webseite erstellt haben (Abb. 4.25).

4.3.3.11 Noch ein paar Hinweise zur Installation auf einem entfernten Webserver

Wir haben bei der Installation ja schon darauf geachtet, dass sowohl eine lokale Installation als auch die Installation auf einem entfernten Rechner behandelt wurde. Wenn der entfernte Rechner nicht in Ihrem lokalen Netzwerk steht, sondern nur über Internet erreichbar ist, sollten noch ein paar Dinge beachtet werden.

- Für die Übertragung auf den entfernten Rechner werden Sie in der Regel FTP einsetzen. Sie brauchen dort also einen FTP-Zugang. Erzeugen Sie damit in dem Webserververzeichnis bei Bedarf ein Unterverzeichnis. Laden Sie die Installationsdatei in das gewünschte Verzeichnis auf dem Webserver. Entpacken Sie mit der Web-FTP-Anwendung des Administrationsbereichs des Webservers die gezippte Joomla!-Installationsdatei, wenn Ihnen diese Möglichkeit zur Verfügung steht. Das geht aber nicht immer. In dem Fall können Sie auch die gepackte Joomla!-Installationsdatei bereits auf Ihrem lokalen Rechner entpacken und die entpackten Dateien und Verzeichnisse auf dem Webserver per FTP übertragen. Damit dauert die Übertragung zwar deutlich länger, vermeidet aber Probleme, wenn Sie auf dem Webserver eine ZIP-Datei nicht extrahieren können.
- Stellen Sie mit Ihrem FTP-Programm die Ordner- und Dateiberechtigungen für den Installationsordner von Joomla! so ein, dass für diesen Ordner und für alle Unterordner

sowie die darin befindlichen Dateien ausreichende Zugriffsrechte bestehen. Fragen Sie im Zweifel hierzu bei Ihrem Provider nach, welche Einstellungen dieser empfiehlt.

- Rufen Sie das Joomla!-Installationsprogramm im Webbrowser auf, indem Sie die Adresse von dem CMS aufrufen. Folgen Sie den Anweisungen des Installationsprogramms und stellen Sie sicher, dass Sie am Ende der Installation das Installationsverzeichnis löschen. Der Ablauf entspricht dem der lokalen Installation.
- Achten Sie bei einer Installation auf einem öffentlichen, über das Internet erreichbaren Webserver unbedingt darauf, dass für den MySQL-Benutzer ein sicheres Passwort (mindestens acht Zeichen lang mit Zahlen und Sonderzeichen) eingerichtet wurde. Sie können dies üblicherweise im Konfigurationsbereich des Webservers ändern. Wenn Sie eine vorgegebene MySQL-Installation bei einem Provider verwenden, wurde für Sie dort sowieso in der Regel ein eigener MySQL-Benutzer eingerichtet. Dessen Zugangsdaten stellt Ihnen der Provider zur Verfügung.

4.3.3.12   Fehlerbereinigung

Es kann leider sein, dass die im Grunde sehr einfache Installation von Joomla! dennoch ein paar Probleme macht.

- Recht häufig tritt das Problem auf, dass die Installation einfach hängen bleibt. In diversen Internet-Foren zu Joomla! gibt es dazu Posts. Eine oft genannte Lösung im Zusammenhang mit XAMPP ist, dass man *nicht* die aktuellste Version von XAMPP verwenden sollte. Gerade wenn in dem Paket eine neue PHP-Version eingesetzt wird, kann es sein, dass bestimmte Schritte bei der Installation einer bestimmten Joomla!-Version nicht funktionieren. Unter Berücksichtigung der Minimalanforderung bei PHP und MySQL sollten Sie im Problemfall eine ältere XAMPP-Version testen. Das geht natürlich nur dann, wenn Sie den Server unter Kontrolle haben (etwa bei einer lokalen Installation). Die sicherste Wahl ist, wenn Sie eine PHP-Version verwenden, die sich nicht wesentlich von der geforderten Minimalversion unterscheidet.
- Sollte es nach dem Löschen von dem Installationsverzeichnis zu dem der Fehlermeldung *„No configuration file found and no installation code available. Exiting..."* kommen, dann konnte Joomla! nach der Installation keine Datei *configuration.php* anlegen. Das liegt meist an fehlenden Schreibrechten und geht meist auch damit einher, dass aus der Webseite heraus das Installationsverzeichnis gelöscht werden konnte. Wenn Sie mit Fernzugriff oder FTP auf das Installationsverzeichnis von Joomla! zugreifen können und die entsprechenden Rechte haben, sollten Sie die Schreibrechte der Verzeichnisse und Dateien innerhalb des Installationsverzeichnisses erweitern. Allerdings schwächen Sie damit auch das Sicherheitskonzept von Joomla! beziehungsweise dem Webserver. Sie sollten dann wirklich genau wissen, was Sie da tun.
- Weitere Tipps zur Beseitigung von Fehlern betreffen Veränderungen von Einstellungen in den Dateien *php.ini* und *joomla.sql*, was hier zu weit führt und bei einem Provider erst recht nicht möglich ist. Aber dennoch sind das zentrale Stellen, bei denen man im Fehlerfall oft fündig wird.

4.4   Eine Auswahlhilfe für die Basis von einem Joomla!-CMS

Wir haben in dem Kapitel die Installation von einem Webserver samt MySQL und PHP behandelt und uns dabei auf ein XAMPP-System konzentriert. Dabei wurde aber betont, dass so eine lokale XAMPP-Einrichtung im Wesentlichen zu Testzwecken genutzt werden soll. Im weiteren Verlauf des Buchs nutzen wir auch diese Voraussetzung. Irgendwann wollen Sie aber ein Joomla!-CMS vermutlich auch im Internet veröffentlichen. Dann installieren Sie entweder ein CMS komplett neu oder exportieren das lokal eingerichtete und getestete CMS auf einen Webserver, der im Internet erreichbar ist (wie das geht, besprechen wir).

An der Stelle möchte ich aber schon einmal die verschiedenen sinnvollen Wege darlegen, wie Sie das Joomla!-CMS letztendlich im Internet „freischalten" können und welche Vor- und Nachteile die einzelnen Optionen haben.

4.4.1   Einen lokalen Rechner aus dem Internet erreichbar machen

Wenn Sie mit dem Internet verbunden sind, hat Ihr Computer eine IP-Nummer. Damit können Sie über die Verbindung nicht nur Daten aus dem Internet laden. Wenn Sie auf Ihrem Rechner einen Server bereitstellen, kann jedermann aus dem Internet von diesem Server eine Dienstleistung oder Daten anfordern. Das ist ja auch das Wesen von vielen **Trojanern**. Das sind meist kleine Serverprogramme, die sich unbemerkt auf einem fremden Rechner installieren und dann im Hintergrund „nach Hause telefonieren", wenn dieser Rechner im Internet ist. Der Trojaner kann beispielsweise die Internetadresse des befallenen Computers an seinen Meister schicken und dieser dann unter Umständen den Rechner einfach unbemerkt übernehmen.

Ich möchte jetzt keine Paranoia wecken, aber der Unterschied zwischen einem Server und einem Trojaner besteht im Kern oft nur darin, dass der Betreiber von einem Computer vom Laufen des Servers Kenntnis haben sollte und der Trojaner sich versteckt.

Um nicht zu weit abzuschweifen: Wenn Sie Apache beziehungsweise XAMPP auf Ihrem Rechner gestartet haben und dort ein Joomla!-CMS bereitstellen, ist das aus dem Internet zugänglich, sobald Sie online sind.

Ist das gewünscht?

Manchmal.

Meist nicht.

Aber wie und warum ist das der Fall? Genau genommen kommt es ebenfalls darauf an, ob Sie direkt mit Ihrem Rechner ins Internet gehen oder ein sogenannter **Router** dazwischen geschaltet ist. Wenn Sie einen Router verwenden (das ist mittlerweile der Regelfall – etwa bei DSL), ist erst einmal nur der Router im Internet erreichbar und Ihr Rechner nur indirekt über den Router. Der Router fungiert in dem Fall als eine sogenannte **Firewall**, da der direkte Zugriff auf einen Computer hinter dem Router verhindert wird (zumindest ist das ein Teil eines Firewall-Konzepts) (Abb. 4.26).

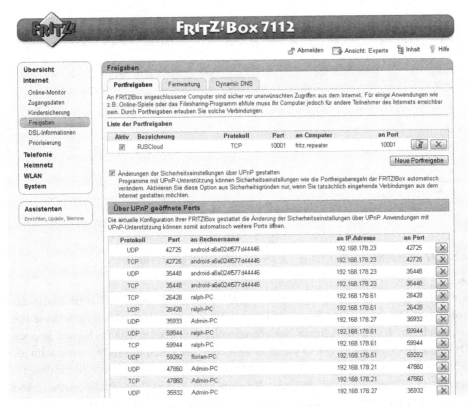

Abb. 4.26 Freigabe von Rechnern hinter der Firewall bei einer Fritz!Box

Da nun der Webserver auf dem Computer und nicht dem Router läuft, muss man für einen Zugriff auf den Webserver erst einmal auf dem Router einen Durchgriff einrichten. Das kann man in den meisten Administrationsprogrammen von Routern machen. Das nennt sich dann zum Beispiel Portfreigabe, Port Forwarding, IP Forwarding, Network Address Translation (NAT) oder so ähnlich. Wenn Sie das nicht machen, ist Ihr lokales Joomla! nicht für Besucher erreichbar. Das ist aber auch gut so, denn es gibt ja nicht nur das Joomla!-CMS auf dem Rechner.

Im Fall von einem Joomla!-CMS schalten Sie aktiv einen Durchgriff auf Ihren Rechner beziehungsweise den Webserver frei (über den Port von http), aber die anderen Programme und Dateien auf Ihrem Rechner sollten sicher nicht von außen so frei zugänglich sein.

Dazu gibt es noch ein weiteres Problem für potentielle Besucher Ihres Webservers[6]. Wenn Sie einen Internetprovider haben, werden Sie in der Regel eine dynamische IP-Nummer zugewiesen bekommen. Das bedeutet, dass Sie für Ihren Computer immer wieder andere Adressen bekommen, wenn Sie neu online gehen. Besucher werden Sie also nur ganz schwer finden können und wenn Sie einmal da waren, werden Sie sie mit der

---

[6] Sie wollen ja welche haben – deshalb veröffentlichen Sie ein Joomla!-CMS im Internet.

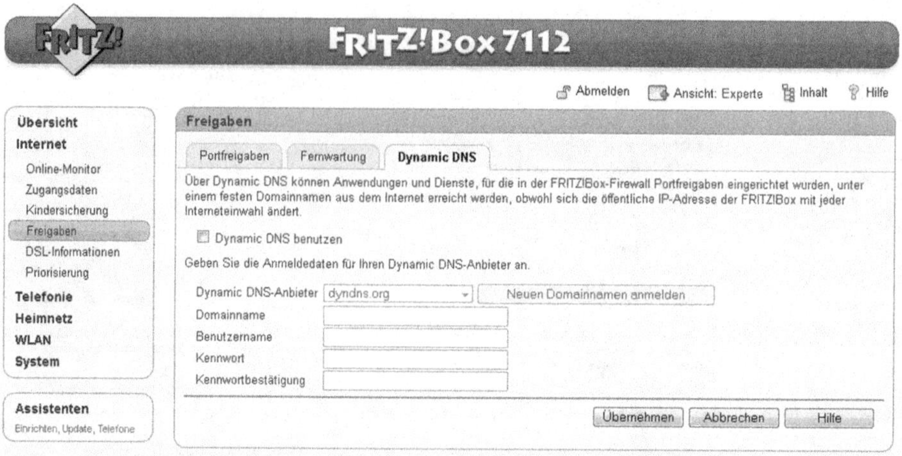

Abb. 4.27 Einrichten der Benutzung von Dynamic DNS bei einer Fritz!Box

dann bekannten IP-Adresse beim nächsten geplanten Besuch nicht wiederfinden. Um das Problem zu lösen, brauchen Sie einen Dienst, der Ihre jeweils dynamische Adresse mit einer anderen, festen IP-Adresse beziehungsweise einen festem DNS-Namen koppelt (**Dynamic DNS**). Etwa DynDNS (http://de.dyn.com/dns/), Selfhost (http://www.selfhost. de/), No-IP (http://www.noip.com/managed-dns) oder DNS Exit (http://www.dnsexit. com/Direct.sv?cmd=freeSub). In vielen Routern können Sie übrigens die Nutzung von solchen Diensten direkt einrichten (Abb. 4.27). Einige dieser Dienste sind kostenfrei, aber andere kosten auch Geld.

4.4.1.1   Vor- und Nachteile

Kommen wir zu den Vor- und Nachteilen dieser Lösung. Was wären denn die Vorteile, wenn Sie einen eigenen Rechner ins Internet bringen und dort permanent einen Webserver samt Joomla!-CMS laufen lassen?

- Keine Kosten für ein Hosting von Webseiten oder Kosten für einen gemieteten Server.
- Der Rechner ist vor Ort und damit physikalisch zugänglich.
- Volle Kontrolle über den gesamten Rechner.
- Man lernt eine Menge und es kann Spaß machen.

Es gibt auch Nachteile dieser Lösung – und das nicht zu knapp:

- Sie brauchen die Hardware. Gut, einen Computer haben Sie zwar und vielleicht auch noch einen ausgedienten Rechner, den Sie ausschließlich dafür verwenden könnten. Oder Sie besorgen sich für ganz kleines Geld noch einen Computer. Zudem kann durch den dauerhaften Betrieb der Rechner schneller kaputt gehen. Sie müssen Reparatur- kosten einkalkulieren.

- Durch die Umleitung von einem Dienst zur Umwandlung Ihrer dynamischen IP-Adresse auf eine feste Adresse geht Geschwindigkeit verloren. Ihre Webseiten sind langsam. Zudem sind nicht alle Dienste kostenfrei – je besser sie sind, desto wahrscheinlicher kosten die auch Geld.
- Stromkosten! Wenn ein Rechner rund um die Uhr läuft, kommen mehrere EUR/Monat zusammen. Das sollte man keinesfalls unterschätzen.
- **Große** potentielle Sicherheitsprobleme. Ihr Rechner muss sehr professionell abgesichert und permanent auf dem aktuellen Stand gehalten werden. Vom Schutz vor Viren und Trojanern über eine Firewall bis hin zu regelmäßigen Backups auf externen Datenträgern nach einer ausgefeilten Backupstrategie. Sollten Sie keinen eigenen Rechner nur für den Webserver und Joomla! bereitstellen, werden fremde Leute auf Ihren Rechner zugreifen, auf dem Sie möglicherweise Ihre Buchhaltung machen, private Fotos vorhalten oder Onlinebanking betreiben. Zwar kann man mit virtuellen Maschinen hier etwas Sicherheit erreichen, aber dennoch ist das nicht gerade beruhigend, finde ich zumindest.
- Sie haben die vollständige Verantwortung für die Sicherheit und Administration des Servers beziehungsweise des gesamten Rechners. Sie müssen die Erreichbarkeit sicherstellen, sind aber auch juristisch haftbar, wenn Ihr Rechner gekapert und für illegale Dinge missbraucht wird. Und Sie haben keinerlei Hilfe, wenn Sie ein Problem haben.
- Sie müssen im Grunde jeden Tag den Rechner kontrollieren – mehrfach.
- Sie benötigen tiefgehende Betriebssystem- und Administrationskenntnisse oder müssen diese für einen Betrieb sich aneignen.
- Sie benötigen einen zusätzlichen DNS-Namen, wenn Ihr Angebot populär werden soll. Wenn Sie keinen wirklich aussagekräftigen und Ihnen eindeutig zuzuordnenden DNS-Namen haben, werden Sie kaum Besucher erhalten und auch Suchmaschinen werden Ihre Seite im Ranking ganz schlecht bewerten. Ein Name bei dem Dynamic DNS-Dienst ist eine Notlösung, die aber auf Dauer nicht ausreicht. Wenn Sie so einen DNS-Namen haben (kostet natürlich auch zusätzliches Geld), müssen Sie den aber noch auf die Adresse des dynamischen DNS-Dienstes umleiten und das kostet weitere Performance.

Ich persönlich administriere schon seit zig Jahren Server (zugegeben weitgehend nur als Programmierer und überwiegend zu Testzwecken), kenne mich ebenfalls ganz gut mit Sicherheitsfragen aus und bin eben nicht zuletzt als Programmierer sehr tief in der Materie. Ich traue mich nicht, einen meiner Rechner im Netzwerk dauerhaft und vor allen Dingen unbeobachtet ins Internet zu bringen. Das ist mir zu gefährlich, zu aufwendig und letztendlich auch viel zu teuer. Beginnend bei Stromkosten, die deutlich über den Kosten eines einfachen Providervertrags liegen, zu den Hardwarekosten und letztendlich vor allen Dingen den Kosten, die die immense Arbeit indirekt verursacht.

Sie merken, ich rate davon ab, diesen Weg zu gehen. Wenn Sie es aber versuchen, nutzen Sie auf jeden Fall einen eigenständigen Rechner nur für den Zweck und dort am besten ein sogenanntes Live-System, das Sie von einer DVD oder CD starten (so gut wie immer Linux – da gibt es auch Varianten mit bereits vorinstalliertem XAMPP). Speichern Sie Daten dann auf einem USB-Stick oder einer SD-Karte.

Recht sinnvoll ist auch ein Mini-Computer wie der Raspberry Pi, der vollständig von einer SD-Karte aus läuft. Der kann im Fall einer Attacke oder Übernahme schnell wieder neu aufgesetzt werden und braucht auch zudem kaum Strom, was die Kosten reduziert.

4.4.2 Einen Server mieten

Für fortgeschrittene Leser kann es ganz interessant sein einen eigenen Server im Internet zu mieten. Dabei werden Sie wahrscheinlich einen physischen Rechner mieten, der dann in einer sogenannten Serverfarm (ein Rechenzentrum) des Providers steht und den Sie vermutlich nie physikalisch sehen werden. Sie greifen auf diesen nur per Fernzugriff zu und kümmern sich vollständig um Installationen und Administration. In der Regel wird der Rechner jedoch beim Abschluss eines Mietvertrags bereits mit einem gewünschten Betriebssystem eingerichtet und Sie erhalten meist auch schon eine Installation von Standardsoftware. Das umfasst in der Regel einen Webserver und eine Datenbank sowie Server für den Fernzugriff und Dateiupload. Oft werden Sicherungstools vorkonfiguriert und ein automatisches Backup auf der Serverfarm mit eingerichtet.

Beim Mieten eines Servers werden Sie dann in der Regel auch einen DNS-Namen mieten, denn ein Zugriff auf ein Joomla!-CMS über die IP-Adresse (die Sie vom Provider erhalten) ist für die Praxis unbrauchbar. Für die Popularität und Suchmaschinen ist es sehr wichtig, dass Ihr Joomla!-CMS unter einem guten, aussagekräftigen DNS-Namen erreichbar ist.

Wenn Sie bei der Servermiete darauf achten, dass Apache mit PHP, MySQL und ein FTP-Zugriff bereits vorkonfiguriert ist, können Sie sofort loslegen und Joomla! installieren. Sie können natürlich auch eine andere Kombination aus Webserver und Datenbank wählen, die Joomla! unterstützt (etwa ein Windows Server mit IIS und MS SQL-Server). Ein solcher Sever ist sicher die professionellste Lösung, wenn Sie ein Joomla!-CMS betreiben.

4.4.2.1 Vor- und Nachteile
Vorteile:

- volle Kontrolle über den gesamten Rechner,
- hohe Leistungsfähigkeit.,
- hohe Flexibilität,
- bei Bedarf gibt es in der Regel Hilfe durch den Provider.

Nachteile:

- Kosten für die Miete. Eigenständige Server samt DNS-Namen beginnen so bei 20 EUR/Monat (nach oben fast offen);
- hoher Kenntnisstand bei der Administration notwendig,

- Verantwortung für den Server, wobei der Provider Unterstützung bei Problemen gibt (eventuell kostenpflichtig) und Sicherungsmaßnahmen oft vorbereitet,
- für ein normales Joomla!-CMS oft überdimensioniert.

4.4.2.2   V-Server

Wem die Kosten für die Miete von einem vollständigen (dedizierten) Server zu hoch sind, der kann einen **V-Server** (virtuellen Server) mieten[7]. Dabei werden auf einem Rechner in virtuellen Maschinen mehrere Betriebssystem installiert und parallel ausgeführt. Mehrere Benutzer teilen sich also einen physikalischen Rechner, aber die eigentlichen Server sind streng getrennt und nicht gegenseitig zugänglich (sie haben auch jeweils eigene DNS-Namen). Wir haben bei einem V-Server auch wieder die Situation, dass das Konzept nur dann verstanden werden kann, wenn man den Server als eine virtuelle Maschine (und damit **Software**) versteht und **nicht** mit Hardware gleichsetzt.

Ein V-Server bietet alle Vorteile (aber auch Nachteile) eines echten Servers, nur ist ein V-Server meist erheblich günstiger. Dafür ist die Leistungsfähigkeit durch die Aufteilung der physikalischen Ressourcen geringer. Zum Betrieb eines normal frequentierten CMS genügt diese aber dennoch.

4.4.3   Ein passendes Hosting-Paket bei einem Provider mieten

Für die meisten Leser ist das Mieten eines passenden Hosting-Pakets bei einem Provider vermutlich die beste Lösung für den Betrieb eines Joomla!-CMS im Internet. Wir hatten ja bereits die Möglichkeiten gesehen, wie Sie beim Joomla!-Projekt ein Demo-Joomla! aufsetzen können und dieses können Sie auch in ein dauerhaftes, reales Joomla!-CMS überführen. Das müssen Sie dann aber kostenpflichtig mieten. Von diesen vorgefertigten und bereits voll eingerichteten Joomla!-CMS abgesehen, kann man ein CMS auch bei einem normalen Internetprovider unter einem Hosting-Paket selbst installieren, was ja auch schon angerissen wurde.

Ich selbst habe seit etwa 1996 solch ein Hosting-Paket, auf dem ich mehrere Webseiten hoste (zusätzlich zu Seiten auf meinem V-Server). Teils sind die Webseiten dort selbst programmiert, teils mit WordPress und teils mit Joomla! erstellt. Sie müssen nur sicherstellen, dass der Provider alle genannten Voraussetzungen für Joomla! sowie einen FTP-Zugang zur Verfügung stellt. Bei MySQL benötigen Sie nur eine Datenbank. Aber wenn Sie mehr haben, ist das natürlich besser, wenn Sie mehrere Webseiten bereitstellen wollen. Natürlich sollten und werden Sie beim Mieten eines Hosting-Pakets für den Zugriff auf den Webspace einen guten, aussagekräftigen DNS-Namen einschließen.

---

[7] Ich habe einen V-Server zum Beispiel gemietet.

4.4.3.1   Vor- und Nachteile

Die Vorteile eines passenden Hosting-Pakets bei einem Provider sind folgende:

- preisgünstigste Lösung,
- geringste Verantwortung,
- nur wenige Kenntnisse notwendig. Sie brauchen vor allen Dingen keine Erfahrungen in Serveradministration;
- sehr sicher, denn die Provider kümmern sich darum, sowohl um die Absicherung gegen Angriffe, Viren und Trojaner, aber auch um Datensicherungen. Dort gibt es vor allen Dingen neben der Software und den Tools sowie den automatischen Abläufen entsprechendes Wissen;
- kein Aufwand für den Betrieb des Rechners oder des Servers. Sie können sich ausschließlich auf das CMS konzentrieren.

Nachteile:

- kaum Flexibilität,
- vorgefertigte Konfigurationen,
- eingeschränkte Möglichkeiten,
- unter Umständen geringe Leistungsfähigkeit.

Frontend und Backend – von außen und von innen

Was die Besucher sehen und was der Administrator sieht

5.1 Was behandeln wir in diesem Kapitel?

Sie verfügen ja mittlerweile über einiges an Basiswissen zu Joomla! inklusive der Fähigkeit zur Installation des CMS auf einem lokalen als auch entfernten Rechner. Nachdem Joomla! auf einem Computer installiert wurde, gibt es in dem CMS ein **Frontend** und ein **Backend**, die beide sofort einsatzbereit sind. In diesem Kapitel erfahren Sie nun, was das Frontend und das Backend eines CMS sind und wie Sie beide zentralen Bestandteile einer Joomla!-Webseite aufrufen können. Das sogenannte Frontend ist der öffentliche Bereich eines CMS, den die Besucher Ihrer Webseite zu sehen bekommen, wenn die Webseite aufgerufen wird. Das Backend ist dagegen der Verwaltungsbereich in Joomla!, der nur für autorisierte Personen zugänglich ist. Wir werfen aber in diesem Kapitel nur einen ersten kurzen Blick auf diese beiden Welten.

5.2 Das Frontend

Wenn Sie den Webserver und MySQL gestartet haben und die Adresse von dem installierten Joomla!-CMS im Browser aufrufen (etwa mit http://localhost/myjoomla/, aber auch jede erreichbare Adresse in einem lokalen Netzwerk oder im Internet), dann wird Ihnen das Frontend angezeigt (Abb. 5.1).

© Springer Fachmedien Wiesbaden 2015
R. Steyer, *Joomla!*, DOI 10.1007/978-3-658-08878-1_5

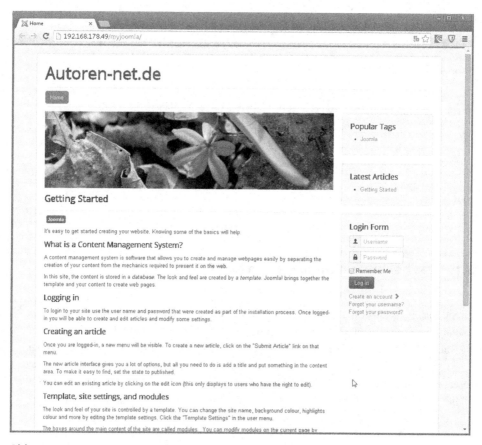

Abb. 5.1   Ein Joomla!-Frontend

Das konkrete Aussehen des Frontends – und damit der konkreten Webseite – hängt von verschiedenen Faktoren ab (Abb. 5.2):

- der Version von Joomla!,
- ganz entscheidend von dem sogenannten Template (einer Vorlage),
- verschiedenen Einstellungen in Joomla! selbst,
- den verfügbaren Daten (insbesondere auch den Beispieldaten – wir haben insbesondere diese Abhängigkeit ja durch die zwei Installationen unter *myjoomla* und *yourjoomla* gesehen),
- der Hardware bzw. dem System des Besuchers – insbesondere wirkt es sich aus, ob der Besucher ein mobiles Gerät verwendet. Aber auch die Bildschirmauflösung von dem Besucher oder die Größe des Browserfensters wirkt sich unter Umständen aus (Responsive Design ist dazu das Schlagwort);
- in geringerem Maß von dem Browser des Besuchers (bei modernen Browsern kaum, aber bei älteren Browsern kann das eine Rolle spielen).

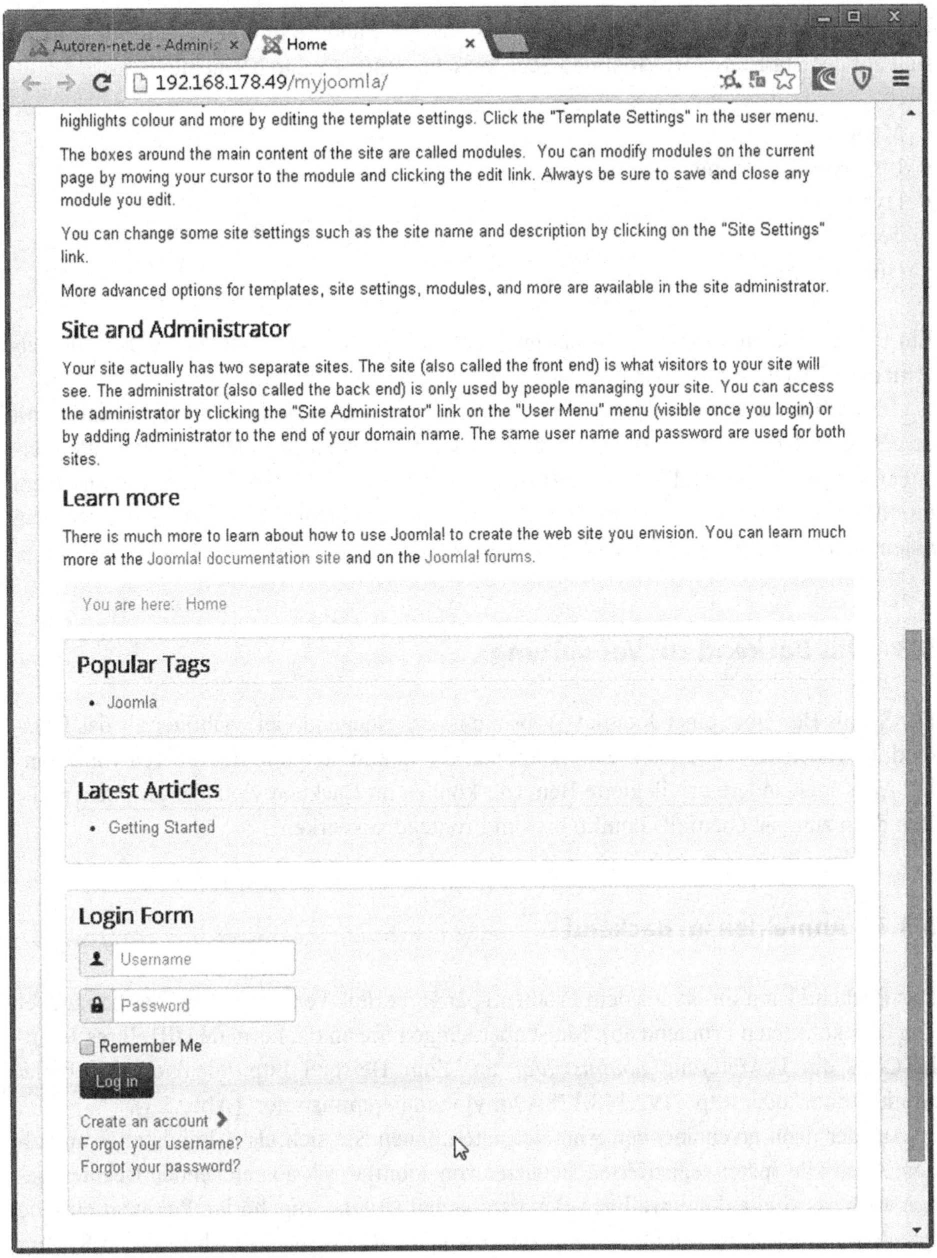
Autoren-net.de - Admini
Home
192.168.178.49/myjoomla/
highlights colour and more by editing the template settings. Click the "Template Settings" in the user menu.
The boxes around the main content of the site are called modules. You can modify modules on the current page by moving your cursor to the module and clicking the edit link. Always be sure to save and close any module you edit.
You can change some site settings such as the site name and description by clicking on the "Site Settings" link.
More advanced options for templates, site settings, modules, and more are available in the site administrator.
Site and Administrator
Your site actually has two separate sites. The site (also called the front end) is what visitors to your site will see. The administrator (also called the back end) is only used by people managing your site. You can access the administrator by clicking the "Site Administrator" link on the "User Menu" menu (visible once you login) or by adding /administrator to the end of your domain name. The same user name and password are used for both sites.
Learn more
There is much more to learn about how to use Joomla! to create the web site you envision. You can learn much more at the Joomla! documentation site and on the Joomla! forums.
You are here: Home
Popular Tags
Joomla
Latest Articles
Getting Started
Login Form
Username
Password
Remember Me
Log in
Create an account
Forgot your username?
Forgot your password?

Abb. 5.2 Ein gleiches Joomla!-Frontend bei geringerer Breite des Browserfensters – durch das Responsive Design wurden die Formularelemente ans Ende der Webseite verschoben

Das Frontend sieht auf den ersten Blick aus wie viele andere Internetseiten. So befinden sich auf der Startseite Ihrer Joomla!-Seite verschiedene gängige Elemente:

- Menüs
- Interaktionselemente wie Formulare
- Hyperlinks
- Textbeiträge
- Bildelemente

Ein Besucher kann sich wie gewohnt im Frontend bewegen und zum Navigieren die verschiedenen Menüs und Links benutzen.

Testen Sie Ihr Frontend ruhig selbst intensiv aus (am besten bei der Installation mit den Beispieldaten – also *myjoomla* oder das Joomla!-System Ihres Demo-Accounts). Verändern Sie auch einmal die Breite des Browserfensters und laden Sie die Seite mit einem mobilen Endgerät, wenn Sie darüber verfügen und es Zugang zum Server hat (etwa in einem lokalen Netzwerk über W-LAN).

5.3   Das Backend zur Verwaltung

Für Sie als Betreiber einer Joomla!-Webseite ist das Backend viel wichtiger als das Frontend. Im Backend verwalten Sie als Administrator alle Inhalte und Ressourcen von Joomla!. Aber auch andere privilegierte Benutzer können im Backend viele Dinge machen, die sich dann zumeist ebenfalls unmittelbar im Frontend auswirken.

5.3.1   Anmelden im Backend

Das Backend kann direkt aus dem Frontend per Hyperlink verfügbar sein (das hängt aber von dem konkreten Frontend ab). Meist aber hängen Sie an die normale URL Ihres Joomla!-CMS die Erweiterung/*administrator* an. Zum Beispiel http://localhost/myjoomla/administrator/ oder http://192.168.178.49/myjoomla/administrator/ (Abb. 5.3).

Auf der dann erscheinenden Anmeldeseite können Sie sich als Administrator anmelden. Auch alle später registrierten Benutzer von Joomla! mit ausreichenden Rechten geben an dieser Stelle den jeweiligen Benutzernamen und das zugehörige Passwort ein. Sie erhalten – sofern berechtigt – Zugang zum Backend, das aber – je nach Rolle im System – dann unterschiedlich aussehen wird.

Sie geben also im Feld *Benutzername* bzw. *Usernamen* den Benutzernamen ein, den Sie bei der Installation für den Administrator angegeben haben. Wir haben für die Testinstallation im Buch *admin* gewählt. Im anderen Feld geben Sie das Passwort ein, das Sie bei der Installation angegeben haben. Bei einigen Joomla!-CMS bzw. –Konfigurationen kann es sein, dass Sie auch noch eine gewünschte Sprache auswählen können (dazu müssen aber auch mehrere Sprachen installiert sein – siehe dazu Abschn. 5.3.3).

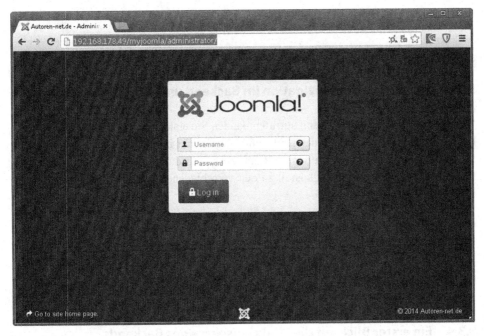

Abb. 5.3 Die Anmeldeseite

Abb. 5.4 Abmelden vom Backend

Wenn Sie die Anmeldung bestätigen, gelangen Sie in das Backend, sofern die Anmel-
dedaten korrekt waren und die Anmeldung erfolgreich.

5.3.2   Abmeldung vom Backend

Ebenso ist es wichtig zu wissen, wie Sie sich wieder aus dem Backend abmelden können.
Dazu finden Sie ganz rechts oben im Browserfenster eine passende Schaltfläche, die bei
einem Klick ein entsprechendes Menü anzeigt (Abb. 5.4).

Abb. 5.5 Hier geht es immer
wieder zum Kontrollzentrum

5.3.3   Grundsätzliche Navigation im Backend und das Kontrollzentrum

Wenn Sie in Joomla! das Backend aufrufen, landen Sie erst einmal im **Kontrollzentrum**. Dieses ist mehr oder weniger der Dreh- und Angelpunkt im Backend. Von da gelangen Sie mit Befehlen in Menüs am oberen Rand, aber auch durch direkte Links und Schaltflächen in der Seite (Werkzeugleiste), zu den verschiedenen Funktionen und Strukturen von Joomla!.

5.3.3.1   Zurück zum Kontrollzentrum

Wenn Sie sich im Backend von Joomla! bewegen, ist der Rücksprung zum Kontrollzentrum immer wieder notwendig. Am einfachsten geht das mit dem Klick auf das Symbol des Kontrollzentrums (Abb. 5.5), das Sie ganz links oben in der Menüleiste finden.

5.3.4   Ein erster Blick auf die Funktionsweise des Backends

Auch das konkrete Aussehen des Backends hängt von den oben beschriebenen Faktoren (Abb. 5.6, 5.7) und zudem stark von der gewählten Sprachversion ab. Auf der Startseite sehen Sie bei den meisten Templates in der linken Hälfte, dem besagten **Kontrollzentrum**, eine mit Symbolen visualisierte Zusammenstellung der wichtigsten Joomla!-Befehle. In der rechten Fensterhälfte erscheint in der Regel die Schnellübersicht. Dort erhalten Sie einen Überblick über die letzten Aktivitäten in Joomla!, zum Beispiel die letzten hinzugefügten Beiträge.

Wenn Sie das Backend laden, sehen Sie also in der Regel an ganz zentraler Stelle das Kontrollzentrum (Control Panel). Über das Kontrollzentrum im Backend können Sie einfach und schnell in alle Joomla!-Verwaltungsbereiche gelangen und zum Beispiel neue Textbeiträge erstellen oder Veränderungen an den Menüs vornehmen. Und Sie können dort Sprachpakete für das CMS installieren und die Sprache einstellen. Das wollen wir als erstes besprechen und damit als Beispiel eine erste Aktion über das Backend durchführen.

5.3.5   Neue Sprachpakete für das CMS installieren

Sollten Sie mit einer englischen Originalversion von Joomla! arbeiten, können Sie diese nachträglich auf Deutsch oder auch eine andere Sprache umstellen. Ebenso können Sie weitere Sprachen hinzufügen, wenn Sie bereits mit der deutschen Version arbeiten.

Abb. 5.6 Das Backend

Dazu benötigen Sie nur ein passendes Sprachpaket, das Sie von verschiedenen Unterstützungsseiten von Joomla! wie http://www.joomla.org oder http://www.joomla.de laden können. Ebenso ist die Webseite http://www.joomla.ch/ meist sehr aktuell. Unter dem Downloadbereich erhalten Sie zum Beispiel die deutschen Sprachdateien für verschiedenste Versionen von Joomla!. Sie erhalten eine ZIP-Datei mit den gepackten Sprachdateien für das Frontend als auch vor allen Dingen das Backend.

▶   Die Version des Sprachpakets muss nicht vollständig mit der Joomla!-Version
    übereinstimmen, die Sie verwenden. Fast immer funktioniert auch eine etwas
    ältere Version des Sprachpakets, wenn es für eine neue Joomla!-Version noch
    kein aktuelles Sprachpaket gibt. Es kann nur sein, dass dann einzelne Bestand-
    teile der Oberfläche nicht übersetzt sind.

Um nun ein deutsches Sprachpaket zur Nachinstallation auszuwählen, melden Sie sich im Kontrollzentrum an und wählen unter Extensions (bisher englische Spracheinstellung) den Eintrag Extension Manager.

Nun müssen Sie die Spracherweiterung auf den Server laden und installieren. Dazu gibt es verschiedene Möglichkeiten. Sie finden im Extension Manager unter anderem einen passenden Bereich, über den Sie eine lokal gespeicherte Datei auf den Server hochladen können (Abb. 5.8).

Abb. 5.7 Das Backend mit einer geringeren Bildschirmbreite, wie sie etwa bei mobilen Geräten vorkommt

Wählen Sie die heruntergeladene Datei auf Ihrem Rechner aus und klicken Sie anschließend auf Upload & Install (Abb. 5.9).

▶   Damit die Installation der Sprachdateien funktioniert, braucht Joomla! ausreichend Schreibrechte auf dem Server im Installationsverzeichnis von Joomla!. Das gilt nicht nur für die nachträgliche Installation von Sprachen, sondern auch für jede Art an Erweiterungen und Mediendateien, die per Backend auf den Server übertragen werden sollen. Sie können sich schon jetzt merken, dass die Installationen von Erweiterungen jeder Art in Joomla! der Serie 3 komplett vereinheitlicht wurden und gegenüber den Vorgängerversionen viel konsistenter sind. Anders ausgedrückt: Können Sie eine Sprache installieren, können Sie vermutlich auch ohne weitere Erklärungen intuitiv ein Modul, ein Plug-in oder eine Komponente installieren.

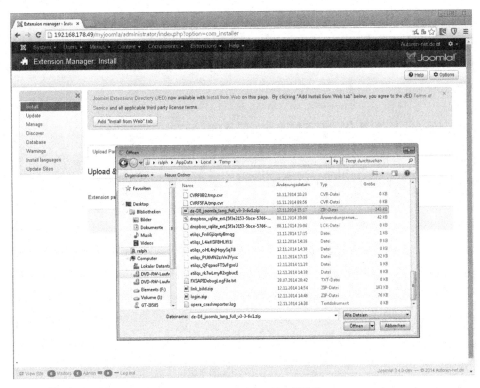

Abb. 5.8 Upload einer lokal gespeicherten Sprachdatei im ZIP-Format

▶ Sie können über das Backend von Joomla! die Sprachdatei auch direkt aus dem
Internet installieren, wenn Sie die URL der ZIP-Datei kennen (Abb. 5.10). Ebenso
können Sie die Datei bereits lokal extrahieren und dann aus dem lokal extrahierten Verzeichnis installieren.

5.3.6 Die Sprache umstellen

Nach einer erfolgreichen Installation müssen Sie die Sprache noch sichtbar schalten.
Wechseln Sie dazu in den *Language Manager* unter *Extensions*. Dazu können Sie im
Backend links oben das Joomla!-Symbol anklicken und dann den Link auswählen. Hier
haben Sie dann einen Überblick über sämtliche installierte Sprachen und können diese
wechseln. Beachten Sie, dass Sie die Sprachen unabhängig für das Frontend und das Backend einstellen können.

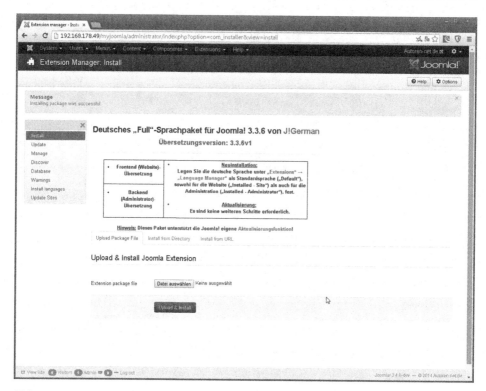

Abb. 5.9 Ein Sprachpaket wurde auf den Server geladen und installiert

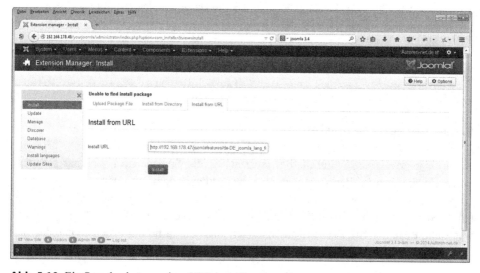

Abb. 5.10 Ein Sprachpaket von einer URL installieren

Abb. 5.11 Auswahl der Sprache für das Frontend

Abb. 5.12 Verschiedene Stellen im Frontend sind nun nicht mehr auf Englisch, sondern Deutsch

5.3.6.1 Die Sprache vom Frontend

Standardmäßig kommen Sie zuerst zur Spracheinstellung für das Frontend, aber das sehen Sie auch in der Auswahl auf der linken Seite. Die Auswahl der Sprache für das Frontend zeigt sich in verschiedenen Standardelementen von Joomla!, wirkt sich aber natürlich nicht auf die Sprache der Beiträge aus (Abb. 5.11).

Klicken Sie bei *German (Germany-Switzerland-Austria)* auf den Stern, um die Sprache als Standardsprache für das Frontend auszuwählen (Abb. 5.13).

5.3.6.2 Die Sprache im Backend

Um die deutsche Sprache auch im Backend zu aktivieren, klicken Sie im Language Manager links auf *Installed – Administrator* (Abb. 5.13). Auch hier müssen Sie wieder auf den Stern bei der deutschen Sprache klicken, um so die Sprache als Standardsprache für das Backend zu setzen.

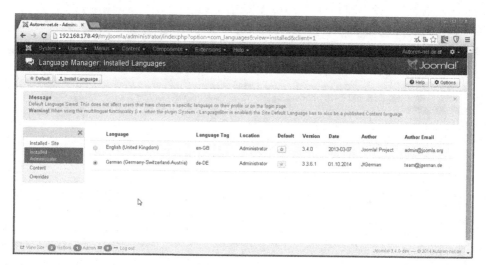

Abb. 5.13 Festlegen der Standardsprache für das Backend

Damit die Sprachumstellung im Backend wirksam wird, sollten Sie sich einmal von Joomla! ab- und wieder neu anmelden (rechts oben). Die Sprache sollte nun umgestellt sein (Abb. 5.14).

5.3.7 Laufende Aktualisierungen

In den neuen Versionen von Joomla! kann das CMS automatisch aktualisiert werden. Man sollte sein System permanent auf dem möglichst aktuellen Stand halten (aber nie mit Betaversionen arbeiten). Dabei sind es nicht einmal nur die großen Versionssprünge, die wichtig sind. Auch die laufenden kleinen Updates sind von Bedeutung, weil damit oft Sicherheitslücken geschlossen und Stabilitätsprobleme beseitigt werden.

Standardmäßig sehen Sie als Administrator im Kontrollzentrum, wenn es eine neue Version von Joomla! gibt (Abb. 5.15).

Wenn Sie die Aktualisierung auswählen, werden Ihnen die aktuelle und die verfügbare Version angezeigt (Abb. 5.16). Ebenso können Sie die Art der Aktualisierung auswählen.

Wenn Sie das direkte Schreiben der zu aktualisierenden Dateien auswählen, läuft die Aktualisierung ganz automatisch ab und Sie brauchen nichts weiter zu tun (Abb. 5.17).

Abb. 5.14 Das Backend ist
nun auf Deutsch eingestellt

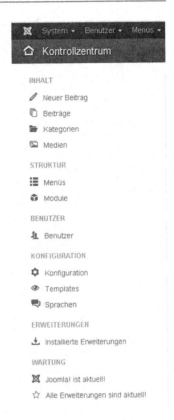

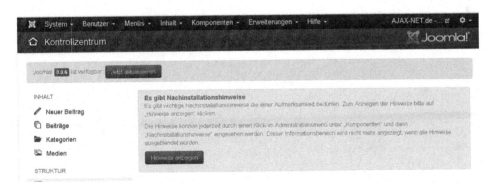

Abb. 5.15 Im Backend sieht ein Administrator, dass es eine neue Version gibt

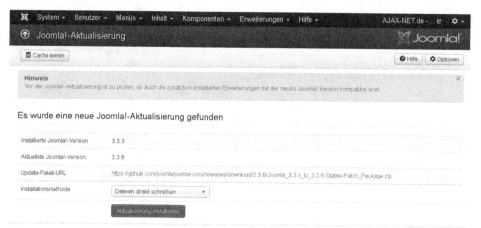

Abb. 5.16 Vorhanden versus verfügbar

Abb. 5.17 Die Aktualisierung läuft

Inhalte einsortieren – Kategorien zur Einsortierung von Inhalt

6

Inhalte ablegen und wiederfinden

6.1 Was behandeln wir in diesem Kapitel?

Woher hat ein Content-Management-System seinen Namen? Weil **Inhalte** damit verwaltet werden. Und diese Inhalte werden in einem CMS im Wesentlichen über Beiträge (meist in formatierter Textform) bereitgestellt. Dazu kann man Inhalte noch über multimediale Ressourcen wie Bilder, Videos, Musik etc. bereitstellen, die aber überwiegend in Beiträge eingefügt werden. Wir werden also in dem Kapitel Beiträge betrachten. Aber vorher zeige ich Ihnen, wie Sie diese ablegen und auch wiederfinden können. Eine Besonderheit von CMS wie Joomla! ist, dass Inhalte in **Kategorien** einsortiert werden können. Kategorien sind in Joomla! das Ordnungssystem, mit dessen Hilfe die Benutzer schnell und komfortabel alle Beiträge verwalten können. Damit werden wir uns in dem Kapitel im Schwerpunkt beschäftigen, denn durch die Verquickung von Beiträgen und Kategorien kann man Inhalte nicht isoliert von deren Einsortierung in Kategorien betrachten. Nun kann man aber die Beiträge als Besucher der Webseite in der Regel immer noch nicht sehen, denn ein Weg zu einem Beitrag muss dazu noch irgendwie bereitgestellt werden. Das macht man in Joomla! weitgehend über **Menüs**, die als drittes Thema in diesem Kapitel – aber nur kurz – angerissen werden.

© Springer Fachmedien Wiesbaden 2015
R. Steyer, *Joomla!*, DOI 10.1007/978-3-658-08878-1_6

6.2   Entdeckungstour zu Inhalten und deren Struktur

Bis zu dieser Stelle haben wir ja bereits mehrere Joomla!-Systeme zur Verfügung. Da gibt es einmal das Demo-Joomla! in der Cloud bei https://demo.joomla.org, aber auch die beiden selbst aufgesetzten Joomla!-CMS mit dem eigenen Webserver – einmal mit Beispieldaten und einmal ohne Beispieldaten.

Wir wollen uns zuerst einmal über die Frontends der Seiten einen ersten Eindruck verschaffen, was Beiträge, Kategorien und Menüs im Sinne von Joomla! bedeuten.

6.2.1   Ein Menü

Betrachten wir zuerst einmal das Frontend, das wir bei dem lokalen Projekt unter *yourjoomla* sehen. Da sollte es keine vorinstallierten Beispieldaten geben und damit ist es ziemlich rudimentär. Aber man sieht gerade deshalb auch gut, was ein **Menü** darstellt.

Sie finden auf der Webseite (Abb. 6.1) gleich zwei Stellen (1), an denen ein Menü zur Startseite der Web-Präsenz auftaucht. Das ist im Grunde ein Hyperlink, der aber eine besondere Behandlung in Joomla! erfährt. An gewissen Stellen im Frontend (2) kann man sogar durch eine entsprechende Auszeichnung explizit sehen, dass hier ein Menü vorliegt – wenn man das als Betreiber der Webseite möchte. Menüs spielen bei Joomla! eine Schlüsselrolle und haben mit den konventionellen Menüs von Desktopanwendungen nur auf den ersten Blick Ähnlichkeit. Die Vielseitigkeit eines Joomla!-Menüs reicht vom einfachen Aufrufen einer neuen Seite bis hin zu komplexen Aufgaben wie dem automati-

Abb. 6.1 Ein Menü im Joomla!-Frontend

schen Anzeigen und Verwalten komplexer Strukturen. Sie sind damit eine Art Zwitter zwischen konventionellen Hyperlinks und Menüs bei Desktopanwendungen.

6.2.2 Ein Beitrag

Nun zeigt aber die bisher noch ziemlich leere Joomla!-Seite *yourjoomla* nicht sonderlich deutlich, was **Beiträge** in einem CMS sind. Aber das sehen wir im Frontend in *myjoomla* ziemlich gut.

Wenn Sie diese Seite laden, sehen Sie auch wieder das Menü (Abb. 6.2), jedoch nur an einer Stelle (1). Aber die Webseite zeigt ziemlich viel Beispielinhalt an (2). Das ist ein Beitrag in Joomla!. In dem Fall sogar ein besonderer Beitrag – ein Hauptinhalt. Aber das soll im Moment keine Rolle spielen.

Ein Frontend kann auch ganz anders aussehen, was von verschiedenen Faktoren abhängt. Das wurde schon kurz angedeutet und wird natürlich noch genauer vertieft. Aber

Abb. 6.2 Ein Beitrag im Joomla!-Frontend

Abb. 6.3 Ein Demo-Joomla!-Frontend bei demo.joomla.org

wenn man eine Demoinstallation ansieht, wie man sie etwa bei https://demo.joomla.org/ anlegen kann (Abb. 6.3), dann sieht man auch da wieder die Strukturen mit Beiträgen und Menüs.

Auch hier sieht man wieder das Menü (1) und einen Beitrag (2). In diesem sind aber Videos (3) und Bilder (4) als zusätzliche multimediale Inhaltstypen eingefügt.

Werfen wir noch einen Blick auf die Seite https://demo.joomla.org/ selbst. Denn die wird natürlich selbst mit Joomla! gemacht (Abb. 6.4).

Hier ist vor allen Dingen das etwas umfangreichere Menü (1) interessant. Denn Menüs bieten in der Regel Zugang zu mehreren Inhalten.

Sie haben nun also einen (flüchtigen) Eindruck von Beiträgen und Menüs in Joomla! bekommen. Doch wie kommen jetzt Kategorien ins Spiel? Die Antwort werden wir direkt umfangreicher angehen, denn Kategorien sind in gewisser Weise die Ausgangsstruktur, in der sich Beiträge und Menüs verankern.

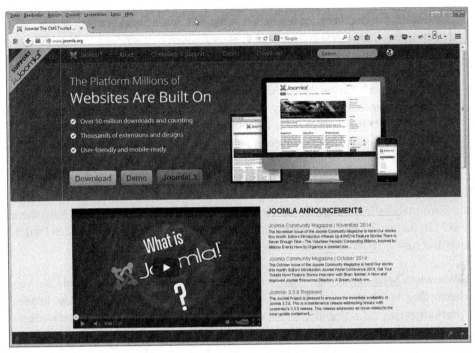

Abb. 6.4 Das Joomla!-Frontend von demo.joomla.org selbst

▶ **Hinweis** Bei Kategorien sehen Sie erstmals viele Strukturen und Konzeptionen
   von Joomla!, die auch an anderen Stellen im Backend immer wieder auftauchen werden. Deshalb werden sie anhand der Kategorien auch sehr ausführlich
   besprochen. Sie lernen daran bereits Konzepte kennen, die Sie dann in Joomla!
   immer wieder übertragen können. Dementsprechend können wir in der Folge
   verwandte Konzepte kompakter behandeln.

6.3   Kategorien

Wenn in Joomla! Inhalte wie Texte oder Bilder als Beiträge gespeichert werden, werden
diese in einer gewissen Weise **katalogisiert**. Auch andere Dinge in Joomla! werden so
erfasst. Das macht man in hierarchisch aufgebauten Kategorien, wobei man dazu nicht ge-
zwungen wird. Es gibt in Joomla! auch die Möglichkeit, Beiträge nicht in einer Kategorie
einzusortieren, wobei dies streng genommen schon eine Zuordnung zu einer Kategorie
darstellt – der Kategorie *Uncategorised* oder *Unkategorisiert*[1]. Das ist eine Standardkategorie, in die alle Beiträge und andere Dinge fallen, die man nicht explizit katalogisieren
will oder kann.

---

[1] Was streng genommen einen Widerspruch darstellt.

▶   **Hinweis** Kategorien haben von der Logik her eine große Ähnlichkeit mit einem Dateisystem, das aus verschachtelten Verzeichnissen besteht. Sie können sich Kategorien ähnlich vorstellen: eine hierarchische Struktur zur Einsortierung von Ressourcen. Was nicht katalogisiert wird, landet in einer Art Wurzelverzeichnis (*Uncategorised*). Solche Baumstrukturen findet man aber nicht nur bei Joomla!-Kategorien und Verzeichnissystemen, sondern in der Webseitenerstellung etwa beim DOM-Konzept oder der objektorientierten Programmierung bei Paketstrukturen. Allgemein erweisen sich hierarchische Ordnungsstrukturen in vielen Zusammenhängen als sinnvoll.

Kategorien sind in Joomla! das Ordnungssystem, mit dessen Hilfe die Benutzer schnell und komfortabel alle Beiträge, Bilder etc. verwalten können. Dabei helfen die Kategorien sowohl Besuchern im Frontend beim Auffinden von Informationen, aber vor allen Dingen auch dem Anwender im Backend bei der Verwaltung von Informationen.

▶ Wie schon beschrieben, sind Kategorien in Joomla! hierarchisch. Das erlaubt die Verschachtelung von Kategorien. Muss eine Kategorie feiner strukturiert werden, können **Unterkategorien** zur Kategorie, der sogenannten **Hauptkategorie**, eingerichtet werden.

6.3.1 Kategorien verwalten

Damit wir in Joomla! mit Kategorien arbeiten können, müssen diese angelegt werden. Sind vor dem Erstellen eines Beitrages in Joomla! bereits die Kategorien vorhanden, ist es einfach, den Beitrag dort einzusortieren. Andernfalls landet ein Beitrag in dem „Auffangbecken" aller nicht katalogisierten Beiträge – der bereits angesprochenen „Kategorie" *Uncategorised*. Diese wird bei jeder Installation von Joomla! auf jeden Fall automatisch angelegt[2].

Kategorien werden in Joomla! im Backend angelegt und verwaltet. Sie sollten sich also zum Nachvollziehen der folgenden Schritte ins Backend Ihres Joomla!-Systems begeben.

Wir verwenden im Buch für die folgenden Schritte unser Projekt *yourjoomla* ohne Beispieldaten.

6.3.1.1 Die Kategorienübersicht

Unter dem Menüpunkt *Inhalt* finden Sie im Backend die Verwaltung der Kategorien über den Eintrag *Kategorien* (Abb. 6.5).

Aber auch über die Startseite des Backends kommen Sie auf der linken Seite (Standardkonfiguration) zu den Kategorien (Abb. 6.6).

Beim Klicken auf den Befehl bekommen Sie in beiden Fällen eine Übersicht der bereits im System vorhandenen Kategorien angezeigt (Abb. 6.7).

---

[2] Wenn Sie Joomla! mit Beispieldaten installieren, können auch schon andere Kategorien vorhanden sein.

Abb. 6.5 Über das Menü im Backend kommen Sie zu den Kategorien

Abb. 6.6 Das Joomla!-
Backend zeigt beim Laden
auch den Zugang zur Kategorienverwaltung an

INHALT

✏ Neuer Beitrag

▢ Beiträge

📂 Kategorien

🖼 Medien

Bei einer leeren Joomla!-Installation werden Sie da noch keine Kategorien sehen –
außer der Standardkategorie *Uncategorised*.

Die als Tabelle aufgebaute **Kategorienübersicht** zeigt eine Vielzahl von Informationen an, deren Art und Aufbau sich über die verschiedenen Versionen von Joomla! aber
immer wieder verändert.

Grundsätzlich ist die gesamte Kategorienübersicht dynamisch. Sie kann vielfältig angepasst werden. Allgemein sollen die interaktiven Spalten, Eingabefelder und Schaltflächen **bei einer großen Anzahl an vorhandenen** Kategorien eine schnelle Sortierung und
Filterung von Kategorien ermöglichen.

Sie können die **Spaltentitel** anklicken, um eine Sortierung danach zu erreichen, und
Sie können die **Formularelemente**, die gerade in der Serie 3 von Joomla! über der Tabelle
teils dynamisch ein- und ausgeblendet werden können, zum Sortieren, Suchen und Filtern
nutzen. Das sind im Grunde die klassischen Bedienelemente in typischen Datenbankap-
plikationen – nur sehr intuitiv aufgebaut. Wenn Sie auch an Suchmaschinen und deren
erweiterte Suchmöglichkeiten denken, werden Sie vermutlich instinktiv mit dem System
zurechtkommen.

Betrachten wir die Details etwas genauer.

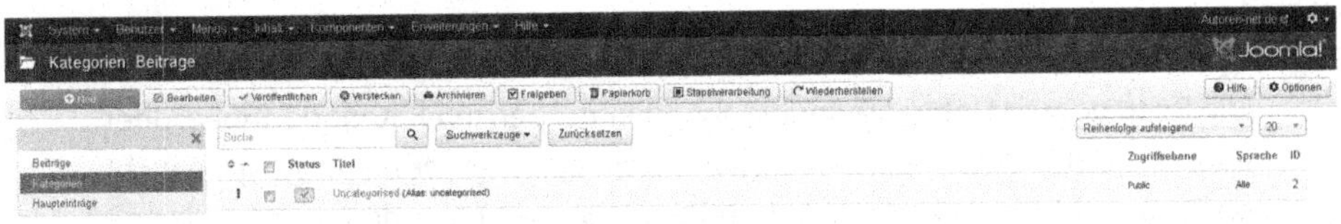

Abb. 6.7 Die Kategorienübersicht

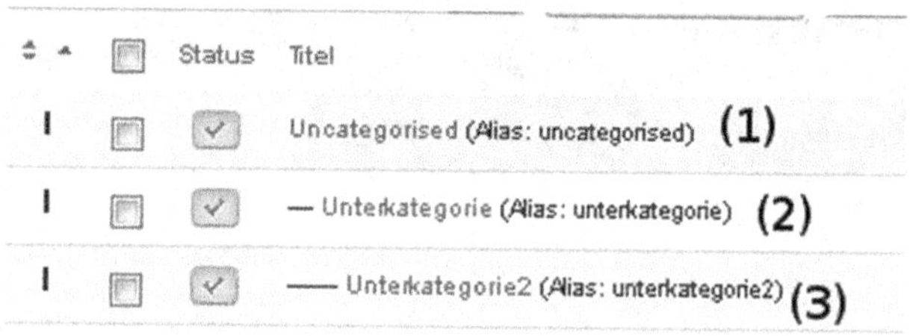

Abb. 6.8 Haupt- und
Unterkategorien

6.3.1.1.1   Die Spalte *Titel*

Die Spalte *Titel* zeigt in der Tabelle den **Namen** der Kategorie an und lässt erkennen, ob es sich um eine **Haupt-** oder **Unterkategorie** handelt. Diese Spalte zeigt meist die wichtigste Information zur Identifizierung einer Kategorie an:

- Bei einer **Hauptkategorie** sind vor dem Namen **keine** grauen Liniensymbole (Minuszeichen) zu sehen.
- Bei einer **Unterkategorie** sehen Sie solche vorangestellten grauen Linien vor dem Namen der Kategorie. Die Anzahl der Linien zeigt die Ebene der Unterkategorie an.

Um das zu verdeutlichen, soll ein Beispiel-Screenshot einer komplexeren Joomla!-Installation mit mehreren Kategorien herangezogen werden (Abb. 6.8).

- Die Kategorie *Uncategorised* ist eine **Hauptkategorie** (1).
- Die Kategorie *Unterkategorie* (2) hat vor dem Namen ein graues Linien-Symbol (ein Minuszeichen), das anzeigt, dass diese Kategorie *Unterkategorie* eine direkte **Unterkategorie** der Hauptkategorie *Uncategorised* ist.
- Die Kategorie *Unterkategorie2* (3) ist eine noch tiefer verschachtelte Unterkategorie der Kategorie *Unterkategorie*. Deshalb werden vor dem Namen zwei graue Minuszeichen angezeigt.
- Für jede nächsttiefere Kategorie würde ein weiteres Minuszeichen angezeigt.

6.3.1.1.2   Die Spalte *Status*

Die Spalte *Status* zeigt an, ob die jeweilige Kategorie mit allen ihr zugeordneten Beiträgen im Frontend freigegeben (also sichtbar im Frontend) ist oder nicht. Wenn ein Symbol mit einem grünen Haken angezeigt wird, ist die Kategorie freigegeben. Sehen Sie ein rotes Kreissymbol, ist die Kategorie gesperrt. Beachten Sie, dass das jeweilige Symbol eine Schaltfläche darstellt, mit der ein berechtigter Anwender den Status umschalten kann (Abb. 6.9).

▶   Alle Beiträge und Unterkategorien, die einer gesperrten Kategorie zugeordnet sind, sind dann im Frontend auch nicht mehr zu sehen beziehungsweise nicht mehr zugänglich, auch wenn diese selbst freigegeben wurden.

Abb. 6.9 Eine Kategorie ist
gesperrt – alle anderen sind im
Frontend sichtbar

⇕ ▲	☐	Status	Titel
⋮	☐	✔	🔒 Uncategorised (Alias: uncategorised)
⋮	☐	✔	Webseite (Alias: webseite)
⋮	☐	✔	Videotraining (Alias: videotraining)
⋮	☐	⊗	Buch (Alias: buch)
⋮	☐	✔	JavaFX (Alias: javafx)

6.3.1.1.3 Die Spalte *Reihenfolge*

Ganz vorne in der Tabelle finden Sie die Spalte *Reihenfolge*. Diese wird nicht mit Text
entsprechend beschriftet (zumindest nicht in der Joomla!-Version, die im Buch als Basis
dient), sondern über Symbole zur Sortierung betitelt. Über diese kann man die Anordnung
der (Unter-)Kategorien verändern. Solch eine Änderung hat in der Kategorienübersicht
und auch bei den Menüs Auswirkungen auf die Reihenfolge (zum Beispiel in der Kategorienliste einer Menüdarstellung im Frontend). Diese Spalte ist auch standardmäßig das
Kriterium, nach dem die Kategorienübersicht in Joomla! sortiert wird.

6.3.1.1.4 Die Spalte *Zugriffsebene*

Die Spalte *Zugriffsebene* zeigt, welche Art von Benutzern die Kategorien und damit auch
deren Inhalte sehen dürfen. Mögliche Auswahlkriterien sind unter anderem folgende:

- *Öffentlich* (*public*)
- *Gast* (*guest*)
- *Registriert* (*registered*)
- *Super Benutzer* (*Super User*)
- *Spezial* (*special*)

▶ Beachten Sie, dass sich die Zugriffsebenen über verschiedene Versionen von
  Joomla! ändern können. In den bisherigen Wechseln der Hauptversionen gab
  es immer massive Änderungen, die mit den Anpassungen des sogenannten
  Rollensystems in Joomla! zusammenhängen. So ist die Rolle *Gast* erst in der
  Serie 3 neu eingeführt worden, während Sie in der Version 2.5 (die wir ja im
  Buch auch beachten) nicht vorhanden ist.
  Ebenso hängen die Benennungen der Zugriffsebenen von der Spracheinstel-
  lung ab. Das ändert aber nicht die Zugriffsebene selbst. *Gast* oder *guest* ist
  identisch.

6.3.1.1.5   Die Spalte *Sprache*

In Joomla! kann man Inhalt mehrsprachig (multilingual) verwalten. Das wirkt sich auch auf Kategorien aus. In der Spalte *Sprache* ist zu sehen, welche Sprache den jeweiligen Kategorien zugewiesen wurde.

6.3.1.1.6   Die *ID*-Spalte

Die letzte Spalte in der Tabelle zeigt indirekt an, in welcher Reihenfolge die Kategorien erstellt wurden. Die Zahl 1 bedeutet hier beispielsweise, dass diese Kategorie als erste erstellt wurde. Jede weitere Kategorie erhält bei der Erstellung automatisch eine um eins höhere fortlaufende Nummer. In der Reihe der IDs können auch Lücken auftauchen, wenn Kategorien gelöscht wurden. Im Grunde ist das aber einfach nur ein Schlüssel für die eindeutige Zuordnung in Joomla! und ist für Sie als Anwender vollkommen irrelevant.

6.3.1.2   Suchen und filtern

Oberhalb der Tabelle mit den Kategorien befindet sich als Teil eines Formulars der **Listenfilter**, mit dessen Hilfe Sie sich durch sogenannte Filter bei zu vielen angezeigten Kategorien nur noch die für Sie relevanten Kategorien anzeigen lassen können.

Dabei ist der Zugangsweg zu dem Filter abhängig von der Joomla!-Version. In der Serie 3 wird der Filter standardmäßig **nicht** eingeblendet und muss mit einem Klick auf die *Suchwerkzeuge*-Schaltfläche erst sichtbar gemacht werden, während er in der Serie 2 noch permanent direkt oberhalb der Kategorien-Tabelle angezeigt wurde (Abb. 6.10).

Zum Filtern gibt es verschiedene Möglichkeiten:

* Mit dem Listenfeld *Max. Ebenen wählen* filtern Sie Kategorien nach Ebenen. Sie geben damit die Anzahl der maximal anzuzeigenden Ebenen an.
* Mit dem Listenfeld *Status* können Sie Kategorien nach Status filtern. Sie können wählen zwischen *Freigegeben, Gesperrt, Archiviert, Papierkorb* und *Alle*.
* Mit dem Listenfeld *Zugriffsebene* filtern Sie Kategorien nach Zugriffsebene.
* Mit dem Listenfeld *Sprache* filtern Sie Kategorien nach der Sprache.
* Mit *Schlagwort wählen* können Sie einen sogenannten Tag wählen, der mit der Kategorie verbunden ist. Das ist ein Schlagwort, das an die Kategorie als Metainformation gebunden wird.

▶   Der Filter wird erst dann angewendet, wenn Sie auf die Schaltfläche für das Symbol *Suchen* (die Lupe) klicken.

Um den Filter auszuschalten und wieder alle Kategorien anzuzeigen, klicken Sie auf die Schaltfläche *Zurücksetzen*.

Abb. 6.10 Die Suchfilter können in der Serie 3.x von Joomla! ein- und ausgeblendet werden

Abb. 6.11 Mit *Schlagwort wählen* würde der einzelne Filter deselektiert

▶ Wenn Sie Filter verwenden, sollten Sie darauf achten, nach der Betrachtung des Ergebnisses den Filter wieder auszuschalten, da Filter aktiviert bleiben und somit die Anzeige gefiltert bleibt und nicht alle Einträge angezeigt werden.

Ganz wichtig ist auch zu wissen, wie Sie einen einzelnen Filter wieder deaktivieren. Sie wählen dazu den Eintrag im expandierten Listenfeld aus, der ursprünglich als Beschriftung zu sehen war (Abb. 6.11).

6.3.2 Grundsätzliches zum Erstellen von Kategorien

Da in unseren frisch angelegten Joomla!-CMS noch keine Kategorien außer der Standardkategorie vorhanden sind, sollen wollen wir gleich einige Kategorien erstellen. Vorher betrachten wir aber, wie das grundsätzlich geht und was Sie zu beachten haben. Sie haben zwei sinnvolle, effektive Möglichkeiten, in Joomla! eine neue Kategorie zu erstellen:

• Eine Kategorie können Sie über das **Menü** erstellen. Das erfolgt im Joomla!-Backend über den Menüpunkt *Inhalt* und dort unter dem Eintrag *Kategorien*. Hier finden Sie den Befehl *Neue Kategorie*.
• Eine Kategorie kann auch mit der Werkzeugleiste erstellt werden, wenn Sie sich bereits in der *Kategorienübersicht* befinden. Sie finden dort die Schaltfläche *Neu...*

In beiden Fällen wird im Browser die gleiche neue Seite geöffnet, auf der Sie die neue Kategorie einrichten können (Abb. 6.12).

▶ **Hinweis** Diese neue Seite zum Anlegen einer Kategorie enthält diverse Elemente von Joomla!, die auch an anderen Stellen wieder auftauchen werden (insbesondere auch bei Beiträgen). Wie bereits einleitend angedeutet, werden sie deshalb anhand der Kategorien auch sehr ausführlich besprochen.

Abb. 6.12 Eine neue Kategorie erstellen

6.3.2.1   Titel der Kategorie und der Alias

Die wichtigste Information ist der Titel der neuen Kategorie (5). In dem Feld *Alias* (6) kann eine ausführlichere Beschreibung der Kategorie eingetragen werden, um die Kategorie suchmaschinenfreundlicher zu machen. Erfolgt keine Eingabe im Feld *Alias*, erstellt Joomla! automatisch aus dem Titel ein Alias.

6.3.2.2   Speichern oder nicht

Zum Anlegen der Kategorie können Sie über die Schaltflächen am oberen Rand (4) des Fensters

1. Ihre Eingaben speichern (den bisherigen Stand speichern, aber man bleibt auf der Seite),
2. Ihre Eingaben speichern und schließen (den bisherigen Stand speichern, aber man verlässt die Seite nach dem Speichern),
3. Ihre Eingaben speichern und gleich eine neue Kategorie anlegen und
4. die Erstellung abbrechen (verlässt die Seite ohne speichern).

6.3.2.3   Der Editor

Sie sehen nun auf der angezeigten Seite zur Erstellung einer Kategorie insbesondere erstmal den typischen **Editorbereich** von Joomla! (1) zum Erstellen von Inhalten unterschiedlichster Art. Das ist eine Art integriertes Textverarbeitungssystem, über das Sie Inhalte eingeben, aber auch formatieren können. Der Standardeditor von Joomla![3] verfügt über einen WYSIWYG-Modus als auch über einen reinen Klartextmodus, zwischen denen Sie mit der Schaltfläche am unteren rechten Ende des Editorbereichs hin und her wechseln

---

[3] Sie können auch andere Editoren in Joomla! verwenden.

können (8). Im Klartextmodus, in dem Sie beispielsweise auch HTML-Tags direkt notieren können, sehen Sie keine Symbolleiste mit Schaltflächen, während im WYSIWYG-Modus die typischen Symbole und Menüs einer Textverarbeitung angezeigt werden.

▶ WYSIWYG ist ein Akronym für „What You See Is What You Get" (englisch für „Was du siehst, ist [das,] was du bekommst."). Bei einem Editor bedeutet das, dass ein Dokument während der Bearbeitung am Bildschirm genauso angezeigt wird, wie es letztendlich bei der Ausgabe (auch über ein anderes Gerät wie ein Drucker) aussehen soll.

Dieser Editor ist fast so leistungsfähig wie ein MS Word oder LibreOffice Writer. Sie können hier sogar Bilder oder bereits vorhandene andere Beiträge einfügen (2). Diese Fähigkeit ist bei Joomla! auch heute deshalb bemerkenswert, weil der gesamte Editor als Teil einer Webseite bereitgestellt wird. Hier wird ein typischer Desktopeditor über HTML-Formularelemente, CSS und vor allen Dingen JavaScript als RIA nachgebildet[4].

Nun können Sie in dem Editorbereich (1) und den verbundenen Feldern für Metainformationen (3) alle relevanten Informationen zu der neu zu erstellenden Kategorie eingeben.

6.3.2.4 Die zentralen Metainformationen zu einer Kategorie

Die Eingabe der folgenden **Metainformationen** sind bei einer Kategorie direkt auf der Einstiegsseite möglich. (Tab. 6.1)

Nun gibt es neben den hauptsächlichen Metainformationen (3) weitere Hintergrundinformationen, die mit einer Kategorie verbunden werden können. In älteren Versionen von Joomla! wurden diese oft noch sehr präsent auf der vorderen Seite der Kategorienerstellung angezeigt. Mittlerweile sind diese erweiterten Metainformationen in Hintergrundregister verlagert worden (7). In den meisten Fällen wird man zu diesen Metainformationen keine expliziten Angaben machen und die Vorgaben von Joomla! beibehalten. Diese Register für die erweiterten Metainformationen können Sie aber jederzeit anklicken und Sie gelangen damit zu diesen zusätzlichen Metainformationen.

6.3.2.5 Das Register Veröffentlichung

In dem eigenständigen Register mit den Veröffentlichungsoptionen können Sie als Administrator der Kategorie eine ganze Reihe an Optionen für die Veröffentlichung auswählen und anpassen (Abb. 6.13).

Dies umfasst das Erstellungsdatum, den Autor oder das Bearbeitungsdatum. Eine Anpassung kann hier sehr interessant sein, wenn Sie eine Kategorie an einem bestimmten Tag erstellen, aber es so aussehen lassen wollen, als sei sie an einem anderen Tag erstellt worden.

Ebenso finden Sie in dem Register die Metaoptionen mit Einstellungen für Suchmaschinen.

---

[4] Wir werden uns dem Editor an anderer Stelle noch genauer widmen.

Tab. 6.1 Zentrale Metainformationen bei Kategorien

Feld	Bedeutung
Notiz	In dem Feld kann der Kategorie ein **Beschreibungstext** als ergänzende Notiz hinzugefügt werden. Wird der Kategorie ein Menüeintrag zugewiesen, wird dieser Beschreibungstext ausgegeben. Diese Ausgabe des Beschreibungs-textes muss dann aber auch in der Werkzeugleiste in den Optionen für die Kategorien aktiviert sein
Schlagwörter	Eine Kategorie kann mit verschiedenen **Schlagwörtern** (Tags) verknüpft (getagged oder auch getaggt) werden, nach denen dann gefiltert oder gesucht werden kann. Sie geben einzelne Schlagwörter ein, die nach der Bestätigung mit der Returntaste als einzelne Schaltflächen angezeigt werden. Die Schalt-flächen werden dabei mit einem x-Symbol zum Löschen versehen werden
Sprache	Hier kann die zugeordnete Sprache ausgewählt werden
Status	Hier kann die Kategorie als **freigegeben** (in Frontend sichtbar) oder gesperrt definiert werden. Ebenso kann hier die Kategorie als **archiviert** oder im **Papierkorb** eingestellt werden
Übergeordnet	Die Angabe, ob eine Kategorie als **Hauptkategorie** oder **Unterkategorie** angelegt werden soll. Wenn es eine Unterkategorie werden soll, gibt man hier die übergeordnete Kategorie an. Das kann selbst wiederum eine Hauptkatego-rie als auch Unterkategorie sein
Versionshinweis	Ein Hinweis zur Version der Kategorie, wenn sich Änderungen an bestehen-den Kategorien ergeben haben
Zugriffsebene	Diese Angabe legt fest, wer die Kategorie sehen darf. Mögliche Einstel-lungen sind von der Version von Joomla! abhängig (Rollensystem) und haben sich in den verschiedenen Hauptversionen immer wieder geändert (Abschn. 6.3.1.1.4)

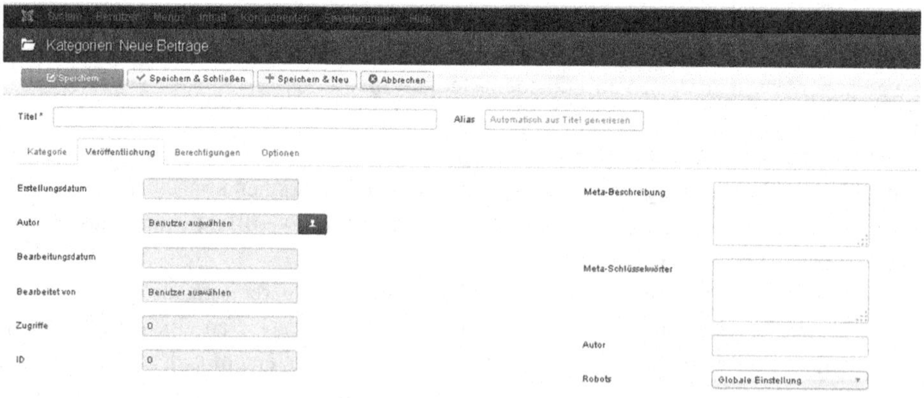

Abb. 6.13 Register Veröffentlichung

6.3.2.6 Das Register Berechtigungen

In diesem Register können Sie festlegen, welcher Benutzer im Joomla!-System was bezüglich einer Kategorie ändern kann (Abb. 6.14). Durch das Rollensystem von Joomla!, das je nach Version von Joomla! immer wieder angepasst wurde und vermutlich auch in Zukunft wird, kann das sehr fein festgelegt werden.

6.3.2.7 Das Register Optionen

In dem Register legen Sie Basisoptionen für eine Kategorie explizit fest, wenn die Vorgaben Ihnen nicht genügen (Abb. 6.15). Sie können hier etwa ein Bild der Kategorie zuweisen und das Layout ändern.

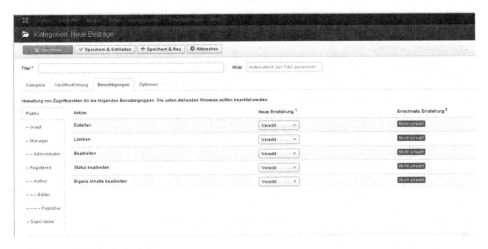

Abb. 6.14 Register Berechtigungen

Abb. 6.15 Erweiterte Optionen

6.3.3   Konkrete Praxis zum Erstellen von Kategorien

Wir wollen nun in dem *ourjoomla*-Projekt mehrere Kategorien anlegen und dabei die verschiedenen Möglichkeiten austesten, die wir eben besprochen haben.

Als erstes benötigen wir eine neue **Hauptkategorie** (Abb. 6.16).

1. Erstellen Sie über das Backend eine neue Kategorie.
2. Geben Sie in das Feld *Titel* die Bezeichnung *Zum Portal* ein.
3. Geben Sie in das Feld *Alias* die Beschreibung *Alles zum Portal selbst* ein.
4. Übernehmen Sie im Listenfeld *Übergeordnet* den Eintrag *Keine übergeordnete Kategorie*, da die neue Kategorie eine Hauptkategorie werden soll.
5. Tragen Sie in dem Editorbereich den folgenden Text ein: *Informationen zum Portal*.
6. Bei *Schlagwörtern* tragen sie Folgendes ein: *Portal* und *Autoren-net.de*.
7. Klicken Sie in der Werkzeugleiste auf die Schaltfläche *Speichern & Schließen*, um Ihre Eingaben zu bestätigen.

Sie gelangen nach der letzten Aktion in die Kategorienübersicht und sehen dort neben der Standardkategorie nun ebenfalls die neu angelegte Kategorie (Abb. 6.17).

Wir werden jetzt noch sechs weitere Kategorien als Unterkategorien der eben erstellen Kategorie anlegen (Abb. 6.18):

- Über uns
- Kontakt

Abb. 6.16 Die erste eigene Kategorie erstellen

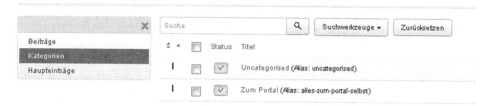

Abb. 6.17 Nun gibt es eine weitere Kategorie

Abb. 6.18 Eine Unterkategorie wird angelegt

- FAQ
- Impressum
- AGBs
- Links

Dabei wollen wir hier auch weitere Einstellungsmöglichkeiten austesten und deshalb einige der Schritte ausführlich besprechen. Achten Sie bitte auf die Details.

1. Erstellen Sie im Backend wieder eine neue Kategorie.
2. Geben Sie in das Feld *Titel* die Bezeichnung *Über uns* ein.
3. Geben Sie dieses Mal aber nichts in das Feld *Alias* ein. Der Wert soll von Joomla! generiert werden.
4. Übernehmen Sie im Listenfeld *Übergeordnet* den Eintrag *Zum Portal*, da die neue Kategorie eine Unterkategorie von dieser Hauptkategorie werden soll.
5. Tragen Sie in dem Editorbereich den folgenden Text ein: *Hintergrundinformationen, wer das Portal betreibt.*
6. Formatieren Sie den Text als Überschrift der Ordnung 1. Sie finden in der Symbolleiste des Editors die entsprechenden Symbole oder aber Sie verwenden das Befehlsmenü des Editorbereichs. Sie werden sehen, dass das einfache Textverarbeitung ist, wie Sie diese von Writer oder Word kennen.
7. Bei *Schlagwörtern* tragen Sie Folgendes ein: *Portal*
8. Bei *Notiz* tragen Sie Folgendes ein: *Die Macher von dem Portal.*
9. Klicken Sie in der Werkzeugleiste auf die Schaltfläche *Speichern & Neu*, um Ihre Eingaben zu bestätigen und gleich in den Dialog für eine weitere neue Kategorie zu gelangen.

1. Sie sind bereits durch den Befehl *Speichern & Neu* im letzten Schritt automatisch in den Bereich zum Anlegen einer neuen Kategorie gelangt. Geben Sie in das Feld *Titel* die Bezeichnung *Kontakt* ein.
2. Geben Sie in das Feld *Alias* den Wert *Ihr Kontakt zu uns* ein.

3. Übernehmen Sie im Listenfeld *Übergeordnet* den Eintrag *Zum Portal*, da auch diese neue Kategorie eine weitere Unterkategorie von dieser Hauptkategorie werden soll.

4. Tragen Sie in dem Editorbereich den folgenden Text ein: *Ihr Kontakt zu uns*.

5. Bei *Schlagwörtern* tragen Sie Folgendes ein: *Portal* und *Kontakt*.

6. Betrachten wir hier auch einmal die erweiterten Optionen für eine Kategorie und fügen ein **Kategorienbild** ein, damit wir auch das einmal testen (Abb. 6.19). Dazu klicken Sie auf die Schaltfläche *Bild* im Register *Optionen*. Sie kommen zu einem Dateiauswahldialog, über den Sie Bilder auswählen können. Es sollte ein Verzeichnis *sampledata/fruitshop* zur Verfügung stehen, in dem Sie die Datei *apple.jpg* auswählen.

7. Bestätigen Sie die Auswahl mit *Einfügen*.

8. Klicken Sie in der Werkzeugleiste auf die Schaltfläche *Speichern & Neu*, um Ihre Eingaben zu bestätigen und gleich wieder in den Dialog für eine weitere neue Kategorie zu gelangen. Ihnen steht die Werkzeugleiste **in jedem der Register** zur Verfügung. Beachten Sie, dass dann aber auch für die neue Kategorie das zuletzt verwendete Register vorausgewählt ist.

9. In dem Bereich zum Anlegen einer neuen Kategorie geben Sie für die nächste Kategorie in das Feld *Titel* die Bezeichnung *FAQ* ein.

10. Lassen Sie das Feld *Alias* hier wieder leer.

11. Übernehmen Sie im Listenfeld *Übergeordnet* den Eintrag *Zum Portal*.

12. Tragen Sie in dem Editorbereich den folgenden Text ein: *Frequently Asked Questions – Eine Zusammenstellung von oft gestellten Fragen und den dazugehörigen Antworten*.

13. Bei *Schlagwörtern* tragen Sie Folgendes ein: *FAQ, Fragen, Antworten* und *Portal*. Ihnen sollte auffallen, dass Joomla! bei der Anzeige der Schlagwörter unter Umständen eine Umsortierung vornimmt, wenn bereits vorher verwendete Schlagwörter eingegeben werden. Das ist aber für die eigentliche Verschlagwortung irrelevant.

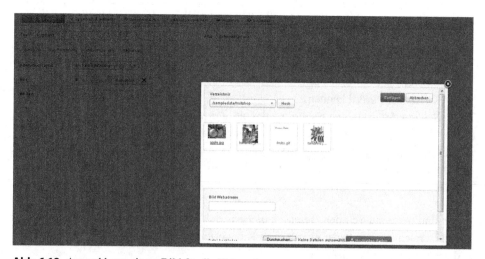

Abb. 6.19 Auswahl von einem Bild für die Kategorie

Abb. 6.20 Nur registrierte Benutzer sollen diese Kategorie sehen

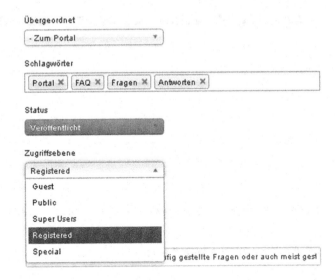

14. Bei dieser Kategorie wollen wir nur **registrierten Benutzern** Zugang zu den Inhalten geben. Wählen Sie deshalb bei *Zugriffsebene* den Eintrag *Registered* (Abb. 6.20).
15. Bei Notiz tragen Sie Folgendes ein: *Frequently Asked Questions sind häufig gestellte Fragen oder auch meist gestellte Fragen.*
16. Klicken Sie in der Werkzeugleiste auf die Schaltfläche *Speichern & Neu*, um Ihre Eingaben zu bestätigen.
17. Entsprechend der besprochenen Vorgehensweisen erstellen Sie noch die Unterkategorien *Impressum*, *AGBs* und *Links*, bei denen Sie außer dem Titel und der Hauptkategorie keine weiteren Eingaben vorzunehmen brauchen (Abb. 6.21).
18. Bei der letzten Kategorie beenden Sie den Vorgang mit *Speichern & Schließen*.

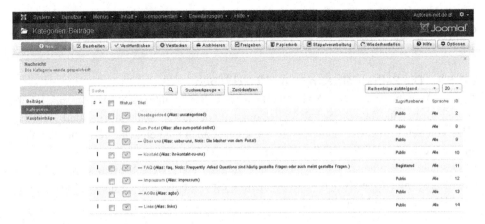

Abb. 6.21 Die bisher angelegten Kategorien

Abb. 6.22 Bearbeiten einer Kategorie

6.3.4   Kategorien bearbeiten

Sie können natürlich eine vorhandene Kategorie bearbeiten. Dazu müssen Sie diese bloß in der Kategorienübersicht anklicken. Der Name der Kategorie ist ein Hyperlink, der die Seite mit dem gleichen Register öffnet, die Sie beim Anlegen einer neuen Kategorie verwendet haben, nur sind alle bereits eingetragenen Daten schon enthalten.

1. Öffnen Sie die Kategorie *AGBs* zur Bearbeitung.
2. Schreiben Sie im Versionshinweis: *Text hinzugefügt.*
3. Schreiben Sie im Editor: *Allgemeine Geschäftsbedingungen* (Abb. 6.22).
4. Beenden Sie den Vorgang mit *Speichern & Schließen.*

6.3.5   Kategorien umsortieren, kopieren, verschieben und löschen

Joomla! bietet auch eine umfangreiche Verwaltung der gesamten Kategorien an. Vorhandene Kategorien lassen sich in der Kategorienübersicht leicht umsortieren, kopieren, verschieben oder löschen.

6.3.5.1   Die Reihenfolge ändern – Verschieben

Aus den Ausführungen zu den Spaltentiteln in der Kategorienübersicht (Abschn. 6.3.1.1.3) wissen wir bereits, dass die Schaltflächen oberhalb der ersten Spalte die gesamte Reihenfolge von den Kategorien ändert. Aber Sie können auch eine einzelne Kategorie an eine andere Stelle verschieben und damit die Reihenfolge ändern.

Das geht in dem neuen Joomla! sogar mit Drag & Drop[5]. Wenn Sie den Mauszeiger bei einer Kategorie auf den Strich in der Reihenfolgespalte bewegen, wird daraus ein Kreuz, wie Sie es von Verschiebeaktionen kennen (Abb. 6.23).

---

[5] Diese Möglichkeit wird mittels jQuery beziehungsweise jQuery UI im Browser ermöglicht.

Abb. 6.23 Verschieben einer Kategorie per Drag & Drop

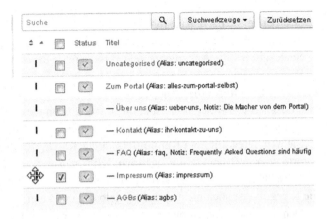

Wenn Sie dann die Maustaste drücken, können Sie die Kategorie verschieben und die Reihenfolge der Kategorien umsortieren, allerdings nur in einer Ebene. Wenn Sie also eine Unterkategorie in eine andere Hauptkategorie verschieben wollen, kommen Sie auf diese Weise nicht weiter.

Flexibler ist es, wenn Sie den Bearbeitungsdialog einer Kategorie durch einen Klick auf den Kategorienamen öffnen und dann bei *Übergeordnet* einfach angeben, wo die Kategorie hin soll. Gegebenenfalls verschieben Sie innerhalb einer Hauptkategorie dann noch die Kategorien.

Wir wollen das in unserer *yourjoomla*-Webseite anhand der Kategorie *Links* machen, die bisher eine Unterkategorie der Kategorie *Zum Portal* ist (Abb. 6.24).

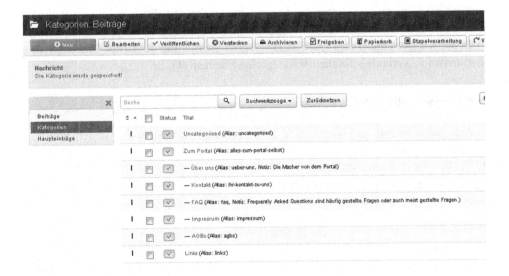

Abb. 6.24 Die Kategorie Links ist nun eine Hauptkategorie

1. Bearbeiten Sie diese Kategorie und wählen Sie unter *Übergeordnet* den Eintrag *Keine übergeordnete Kategorie*.
2. Speichern Sie die Änderungen und verlassen Sie die Seite.

6.3.5.2   Löschen von Kategorien

Das Löschen von Kategorien ist einfach, wobei man dabei zwischen dem Verschieben in den Papierkorb und dem endgültigen Löschen unterscheiden muss.

Sie aktivieren mit dem Kontrollfeld in der Kategorienübersicht die zu löschende Kategorie oder auch mehrere Kategorien. Klicken Sie dann in der Werkzeugleiste auf die Schaltfläche *Papierkorb*. Das verschiebt die Kategorie in eben diesen Papierkorb. Aber die Kategorie ist noch nicht endgültig gelöscht und kann wiederhergestellt werden.

Den Kategorien zugeordnete Beiträge sind im Frontend nicht mehr sichtbar, sobald sich die Kategorie im Papierkorb befindet. Die Beiträge selbst sind aber **nicht** in den Papierkorb verschoben worden. Im Backend bleiben diese Beiträge weiterhin sichtbar und bearbeitbar.

▶   Beachten Sie: Erst wenn alle einer Kategorie zugeordneten Beiträge auch endgültig aus dem Papierkorb gelöscht wurden, kann auch die Kategorie endgültig gelöscht werden. Eine Kategorie muss also vor dem vollständigen Löschen leer sein.

6.3.5.3   Gelöschte Kategorien wiederherstellen

Wenn Sie eine Kategorie nur auf die Weise gelöscht haben, dass sie in den Papierkorb verschoben wurde, können Sie diese einfach wiederherstellen. Die gelöschte Kategorie befindet sich im Joomla!-Papierkorb, der im Grunde genauso arbeitet wie der Papierkorb bei einem Betriebssystem. Erst wenn die gelöschte Kategorie auch aus dem Papierkorb gelöscht wurde, ist eine Wiederherstellung nicht mehr möglich.

Wird die Kategorie wiederhergestellt, sind auch sofort alle ihr zugeordneten Beiträge wieder im Frontend sichtbar.

In der Kategorienübersicht (Abb. 6.25) können Sie mithilfe des Listen-Filters die gelöschten im Papierkorb befindlichen Kategorien anzeigen (1).

1. Wechseln Sie in die Kategorienübersicht.
2. Wählen Sie im Listen-Filter den Eintrag *Papierkorb* aus.
3. Aktivieren Sie mit dem Kontrollfeld in der Kategorienübersicht die wiederherzustellende Kategorie.
4. Klicken Sie in der Werkzeugleiste auf *Freigeben*.
5. Die Kategorie mit gegebenenfalls enthaltenen Unterkategorien ist wiederhergestellt.

Abb. 6.25 Der Listen-Filter mit gewähltem Status-Filter Papierkorb

Sollten Sie eine Kategorie gelöscht haben, die Unterkategorien besitzt, achten Sie darauf, beim Wiederherstellen in der gefilterten Papierkorb-Ansicht die betroffene Hauptkategorie mit dem Kontrollfeld zu aktivieren und nicht nur einen Teil der zugeordneten Unterkategorien.

▶ In der Werkzeugleiste gibt es die Schaltfläche *Wiederherstellen*, die leider leicht missverstanden werden kann. Damit können gelöschte Kategorien **nicht wiederhergestellt** werden. Das Anklicken dieser Schaltfläche baut im Falle einer beschädigten Kategorientabelle diese neu auf und stellt die Kategorienstrukturen wieder her.

Alternativ können Sie auch die Kategorie wie üblich bearbeiten und den Status von *Papierkorb* auf *Veröffentlicht ändern*. Wenn Sie die Kategorie dann speichern, ist sie auch aus dem Papierkorb wiederhergestellt worden (Abb. 6.26).

6.3.5.4   Eine Kategorie kopieren

Oftmals kann es sinnvoll sein, eine vorhandene Kategorie als Vorlage für eine neue Kategorie zu nehmen. Dann erstellt man am besten eine Kopie der vorhandenen Kategorie. Das machen Sie am einfachsten, indem Sie die Bearbeitung der Kategorie aufrufen und dort die Schaltfläche *Als Kopie speichern* anklicken (Abb. 6.27).

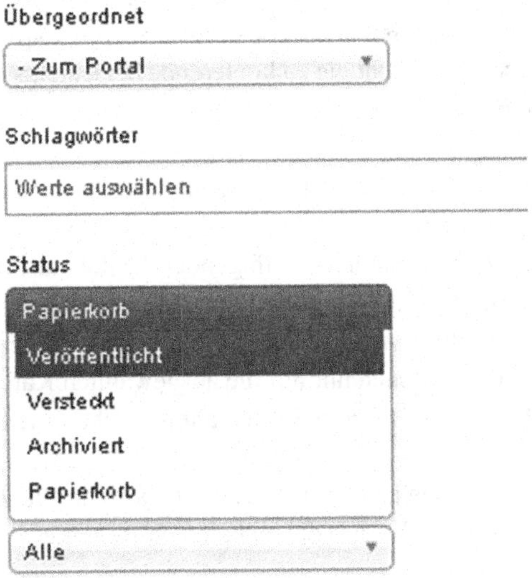

Abb. 6.26 In den Metainformationen einer Kategorie findet man auch den Status, der von *Papierkorb* auf *Veröffentlicht* geändert werden kann

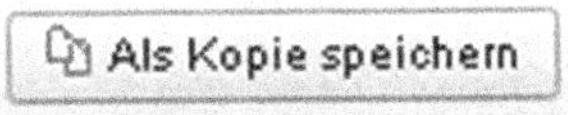

Übergeordnet

- Zum Portal

Schlagwörter

Werte auswählen

Status

Papierkorb
Veröffentlicht
Versteckt
Archiviert
Papierkorb

Alle

Abb. 6.27 Als Kopie speichern

Als Kopie speichern

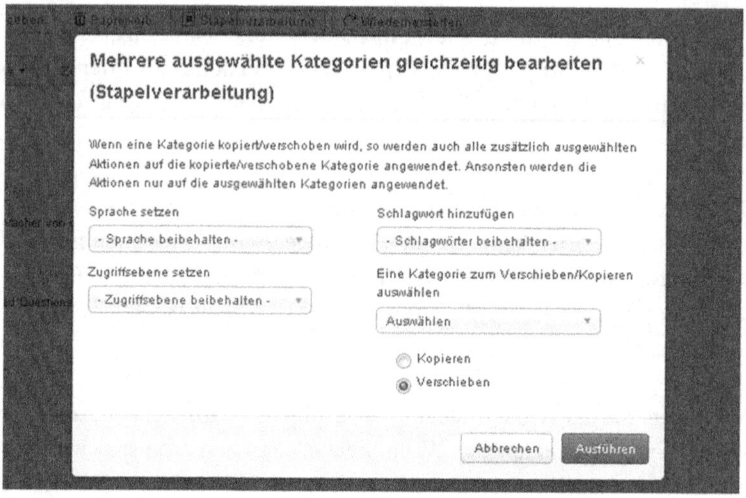

Abb. 6.28 Stapelverarbeitung

6.3.5.5   Die Stapelverarbeitung

Wenn Sie mehrere Kategorien kopieren beziehungsweise verschieben möchten, gibt es ab der Serie 3 von Joomla! ein Feature, das prägnant über die Werkzeugleiste bereitgestellt wird – die **Stapelverarbeitung** (Abb. 6.28). In den älteren Versionen von Joomla![6] mussten Sie in der Kategorienübersicht ganz nach unten scrollen und aus dem Listenfeld die Kategorie auswählen, in die die ausgewählte Kategorie hineinkopiert oder verschoben werden soll. Die Stapelverarbeitung für mehrere Kategorien war hingegen etwas versteckt.

Um die Stapelverarbeitung zu nutzen, aktivieren Sie mit dem Kontrollfeld in der Kategorienübersicht die zu kopierende beziehungsweise zu verschiebende Kategorie oder auch mehrere Kategorien.

1. Sie finden in der Werkzeugleiste eine Schaltfläche *Stapelverarbeitung*. Klicken Sie diese an.
2. Wählen Sie in dem folgenden Dialog aus, ob Sie kopieren oder verschieben möchten. Wenn eine Kategorie kopiert/verschoben wird, werden auch alle zusätzlich ausgewählten Aktionen auf die kopierte/verschobene Kategorie angewendet. Ansonsten werden die Aktionen nur auf die ausgewählten Kategorien angewendet.
3. Klicken Sie zum Starten auf die Schaltfläche *Ausführen*.

Die ausgewählte Kategorie wird jetzt in die Zielkategorie verschoben beziehungsweise kopiert, nicht aber die enthaltenen Beiträge.

---

[6] Das betrifft auch Version 2.5, die wir als Referenz für Altversionen immer im Auge behalten.

Menüs in Joomla! – gezielte Zugriffe auf Inhalte

7

Inhalte im Frontend über Menüs bereitstellen

7.1 Was behandeln wir in diesem Kapitel?

Wir haben bereits im letzten Kapitel angedeutet, dass ein Weg zu einem Beitrag und allgemein zu Inhalten in Joomla! über **Menüs** führt. Das wurde bisher aber nur kurz angerissen. In dem Kapitel werden wir uns ansehen, was genau in Joomla! Menüs und Menüeinträge sind. Kurz gesagt handelt es sich dabei um ein mächtiges und umfangreiches Werkzeug, um einen Besucher im Frontend direkt auf Inhalte zugreifen zu lassen. Menüs können zudem bestimmen, wie diese Inhalte den Benutzern im Frontend angezeigt werden. So gibt es etwa eine einzelne Ansicht, aber auch Listen- oder Spaltenansichten. Insgesamt kann man mit Hilfe von Menüs eine qualifizierte Steuerung vornehmen, was und wie Inhalte einem Besucher einer Webseite angezeigt werden. Um eigenständige Menüs von Grund auf anzulegen, benötigen wir in dem Kapitel aber auch schon einen kleinen Exkurs zu **Modulen**, ohne das Thema an der Stelle schon vollständig zu behandeln.

7.2 Wozu werden Menüs benötigt?

In Joomla! haben Sie mit Kategorien und Unterkategorien ein Ordnungssystem mit Strukturinformationen, die dem Besucher im Frontend angezeigt werden können – selbst wenn noch keine Beiträge in Joomla! erfasst wurden. Das Ordnungssystem stellt ebenso vielfältige Möglichkeiten zum Suchen, Sortieren und Filtern bereit. Aber das langt immer noch nicht, um bequem konkreten Inhalt zu sehen.

© Springer Fachmedien Wiesbaden 2015
R. Steyer, *Joomla!*, DOI 10.1007/978-3-658-08878-1_7

Damit die Besucher der Joomla!-Webseite eine komfortable Möglichkeit haben, auf einzelne Inhalte zuzugreifen, werden meist Menüs mit Menüeinträgen erstellt. In der **Menüverwaltung** von Joomla! können Sie dazu alle vorhandenen Menüs anpassen und neue Menüs erstellen.

Menüs sind in Joomla! alles andere als primitive Aufrufe von Inhalten – sie haben einen großen möglichen Funktionsumfang. Sie können damit die Verknüpfung von Inhalten und ebenso das Layout der verknüpften Inhalte vielfältig steuern. So können Sie mit Menüs beispielsweise ausgewählte Kategorien als Liste (Kategorienliste) oder als mehrspaltiges Blog-Layout (Kategorieblog) darstellen lassen. Die konkrete Darstellung ist abhängig vom gewählten Menüeintragstyp und kann ebenfalls nachträglich wieder geändert werden.

7.3   Die Menüs erstellen und verwalten

Damit wir in einem Joomla!-CMS mit Menüs arbeiten können, müssen diese zuerst einmal angelegt werden – genau wie bei Kategorien. Allerdings gibt es nach der Installation von Joomla! immer bereits ein Standardmenü (das *Main Menu* oder *Hauptmenü*), das bei jeder Installation automatisch angelegt wird und standardmäßig einen Eintrag zur Einstiegsseite in die Webseite enthält (*Home*). Wenn Sie Joomla! mit Beispieldaten installieren, können ebenfalls schon andere Menüs vorhanden sein.

▶   **Hinweis** Sind vor dem Erstellen eines Beitrages in Joomla! bereits Menüs bzw. Menüeinträge (Abschn. 7.3.1) vorhanden, ist es einfach, einen Beitrag damit zu verbinden. Andernfalls müssen Sie erst ein passendes Menü erstellen, um daran einen Beitrag „anzuheften".

Wie Kategorien werden Menüs und deren Menüeinträge in Joomla! im Backend angelegt und verwaltet. Sie sollten sich also zum Nachvollziehen der folgenden Schritte ins Backend Ihres Joomla!-Systems begeben. Wir verwenden im Buch für die folgenden Schritte wieder unser Projekt *yourjoomla* ohne Beispieldaten. Sie werden nach dem Anmelden im Backend zu Beginn wieder direkt im Kontrollzentrum stehen.

7.3.1   Menüs versus Menüeinträge

Ein Menü selbst ist selbst noch keine Verknüpfung zu irgendwelchen Inhalten. Es ist nur eine Ordnungsstruktur, die **Menüeinträge** zusammenfasst und im Frontend an gewissen Positionen angezeigt werden kann. Dabei kann dieser Bereich ein ganz bestimmtes Layout haben und diese Anzeige kann qualifiziert gesteuert werden. Bestimmte Besucher können etwa ein Menü sehen, andere dagegen nicht.

Die eigentliche Verbindung zu den Inhalten erfolgt über **Menüeinträge**, die den Menüs zugeordnet werden und ebenso qualifiziert angezeigt oder weggeblendet werden können.

Abb. 7.1 Die Menüverwaltung im Joomla!-Backend

7.3.2   Die Menüverwaltung

Der Zugang zur Menüverwaltung folgt von der Logik her vollkommen analog dem Zugang zur Verwaltung der Kategorien.

▶   Sie sollten an der Stelle erneut erkennen, dass in neuen Versionen von Joomla! ähnliche Vorgänge und Arbeitsschritte auch vollkommen gleichartig bedient werden, wenn das möglich ist. Das hat für einen Anwender den unschätzbaren Vorteil, dass Erfahrungen und Wissen leicht übertragen werden können.

Es gibt – wie bei der Kategorienverwaltung – zwei sinnvolle und bequeme Wege, wie Sie im Backend zur Verwaltung der Menüs kommen:

- Klicken Sie im Kontrollzentrum auf die Schaltfläche *Menüs*.
- Wählen Sie im Menü des Backends den passenden Menüpunkt (hier allerdings *Menüs*) und dort den gleichnamigen Eintrag *Menüs*.

Die Menüverwaltung (Abb. 7.1) erscheint in einer tabellarischen Auflistung, die Ihnen bekannt vorkommen sollte, auch wenn Sie sie noch nie gesehen haben. Denn die Ähnlichkeit zur Verwaltung von Kategorien ist sehr groß.

Sie sehen vor allen Dingen oberhalb der Tabelle wieder eine **Werkzeugleiste** – ähnlich der Werkzeugleiste in der Kategorienübersicht.

In der Tabelle finden Sie Spalten, die zum Teil interaktiv sind und natürlich wieder ihre spezifischen Bedeutungen haben:

- In der Spalte *Titel*, nach der Sie die Auflistung auch sortieren können, finden Sie die Namen und die Menütypen aller Menüs Ihrer Joomla!-Installation, deren Menüeinträge Sie durch Anklicken von Menüeinträge bearbeiten können.
- Wie viele Menüeinträge ein Menü hat, ist in der dreiteiligen Spalte *Anzahl der Menüeinträge* ersichtlich. Dort sehen Sie aufgeschlüsselt, wie viele der Einträge des Menüs freigegeben bzw. veröffentlicht (also öffentlich sichtbar), gesperrt oder im Papierkorb sind.
- An welcher Layoutposition das Menü im Frontend positioniert ist, erkennen Sie in dem Register Modulzuweisung. Ein Modul ist in Joomla! ein rechteckiger, abgegrenzter

Abb. 7.2 Es gibt nun zwei Menüs

Bereich, der auf der Frontend-Seite an verschiedensten Positionen (oben rechts, unten links etc.) dargestellt werden kann[1].

- Am Ende der Tabelle finden Sie noch die ID, über die Sie die Reihenfolge der Erstellung der Menüs erkennen können. Die Zahlenreihe kann Lücken haben, wenn Menüs gelöscht wurden. Die ID ist für Joomla!-Anwender wieder uninteressant und nur für die interne Verwaltung von Joomla! wichtig.

7.3.3   Ein neues Menü anlegen

In der Werkzeugleiste der Menüverwaltung kann mit der Schaltfläche *Neu* ein neues Menü erzeugt werden (Abb. 7.2). Das geht aber auch direkt mit dem Menüpunkt *Menüs* und dort dem gleichnamigen Eintrag *Menüs → Neues Menü*.

- Tragen Sie als Namen des Menüs *Bonus* und als Menütyp *bonusmenu* ein.
- Speichern und schließen Sie die Erstellung des neuen Menüs.

Nun sollte Ihnen auffallen, dass es zwischen den beiden Menüs, die es jetzt in dem Joomla!-System gibt, neben der Anzahl der Menüeinträge einen weiteren gravierenden Unterschied gibt. Unser neues Menü hat noch kein **zugeordnetes Modul**.

7.3.3.1   Exkurs zu Modulen

Das Modul-Thema werden wir noch genauer ansprechen (Kap. 11), aber um die weitere Anpassung des Menüs zu verstehen, soll zumindest kurz in einem kleinen Exkurs die grundsätzliche Bedeutung eines Moduls erläutert werden. Dazu fassen wir das Thema etwas allgemeiner an, denn es gibt in Joomla! noch weitere verwandte Strukturen.

▶ Eine der Stärken von Joomla! ist seine Erweiterbarkeit. Dazu dienen kleine oder auch umfangreichere Codefragmente, die nach vorgegebenen Regeln erstellt wurden und der eigentlichen Joomla!-Software hinzugefügt werden können. Einige dieser Erweiterungen bekommen Sie in der Basisinstallation gleich mitinstalliert. Andere können Sie nachinstallieren.

---

[1] Zu Modulen folgt gleich ein kleiner Exkurs.

Joomla! kann in Hinsicht auf neue Codestrukturen auf drei verschiedene Arten erweitert werden:
- Module
- Plug-ins
- Komponenten

Alle drei bezeichnen kleine „Zusatzprogramme", die entweder vorhandenen Inhalt verändern, neu aufbereiten oder zusätzliche Informationen auf der Seite ausgeben. Diese Dreiteilung ist ungewöhnlich[2] und in anderen CMS meist nicht der Fall. Die Aufteilung ist etwas schwimmend, kann aber grob so gefasst werden:

- **Module** dienen der **Anzeige** spezieller Inhalte im Front- und im Backend. Sie können im Template positioniert werden und sind nicht Bestandteil des normalen Inhaltsbereichs. In der Regel werden die Elemente, die Sie im Frontend auf der linken und rechten Seite sehen, über Module gesteuert. Sie werden in der Modulverwaltung angepasst. Beispiele dafür sind das Login- und das Suchformular, aber auch Navigationselemente wie eben Menüs.
- **Plug-ins** werden in Joomla! als kleine Programme verstanden, die den **Inhalt einer Seite verändern**, bevor dieser ausgegeben wird.
- **Komponenten** sind komplexere Erweiterungen, die eigene dynamische Inhalte verwalten können. Sie können im Backend und in der Datenbank separate Bereiche haben. Komponenten werden üblicherweise im Frontend direkt im Inhaltsbereich angezeigt. Einige Komponenten verwenden sogar selbst zugeordnete Module oder Plug-ins, um ihre Inhalte anzuzeigen.

Um den Kreis wieder zu schließen: Damit unser neues Menü im Frontend sichtbar wird, müssen wir es dafür einem bestimmten Bereich zuweisen, der in Joomla! als **Position** bezeichnet wird. Und das macht man mit der Auswahl eines Moduls, dem bereits eine bestimmte Position zugewiesen wurde. Diese Position ist von einem Template abhängig, was aber hier noch nicht vertieft wird.

7.3.4   Dem Menü über ein Modul eine Position zuweisen

Klicken Sie in der Menüverwaltung bei dem Eintrag *Bonus* auf *Ein Modul für diesen Menütyp hinzufügen*.

- Sie gelangen zur **Modulverwaltung**, die an der Stelle einfach so hingenommen werden soll (Abb. 7.3).
- Erzeugen Sie einfach mit *Neu* ein neues Modul, sofern Sie nicht schon direkt zur Konfiguration eines Navigationsmenüs gelangen.

---

[2] Nicht wenige Anwender sagen auch „unglücklich".

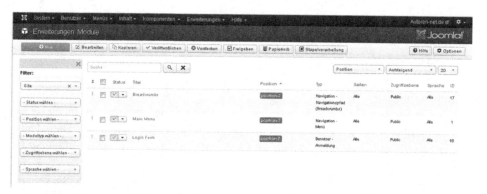

Abb. 7.3 Die Modulverwaltung

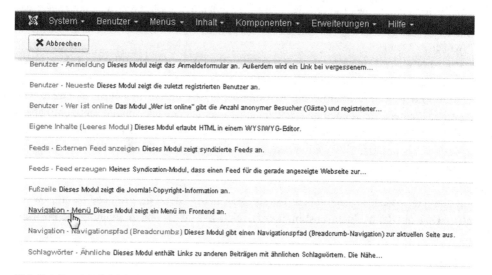

Abb. 7.4 Das Modul für ein Navigationsmenü

- Sie müssen nun den Typ des Moduls wählen. Wir verwenden den Typ *Navigation –
  Menü*. Dieses Modul zeigt ein Menü im Frontend an (Abb. 7.4).

Sie gelangen nun zu einer Möglichkeit zur genaueren Spezifikation des neuen Moduls.
Hier sind im Moment nur zwei Eingaben von Bedeutung:

- Vergeben Sie den Namen *Bonus*.
- Die wichtigste Spezifikation ist die Position. Wählen Sie *[position-7]* aus[3]. Damit legen
  Sie fest, wo das Menü zu sehen sein soll (Abb. 7.5).
- Speichern Sie das Modul und verlassen Sie die Seite.

---
[3] Eine solche Position sollte vorhanden sein.

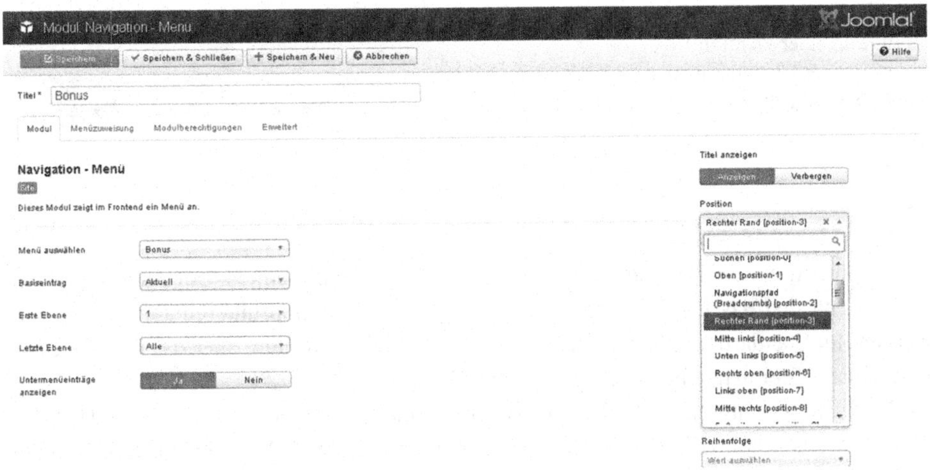

Abb. 7.5 Name und Position für das Modul

Abb. 7.6 Das neue Modul ist eingerichtet

Sie sehen nun in der Modulverwaltung, dass unser neues Menü einer bestimmten Position zugeordnet ist und den gleichen Typ wie das Hauptmenü hat (Abb. 7.6).

▶ Bei den Angaben einer Position tauchen meist auch Hinweise wie „Rechter Rand", „Linker Rand" etc. auf. Das ist manchmal irreführend. Denn wo ein Modul tatsächlich im Frontend zu sehen ist, wird vom Template festgelegt. So kann es sein, dass eine Position mit „Rechter Rand" beschriftet ist, das Template aber dafür sorgt, dass das Modul am linken Rand angezeigt wird.

7.3.4.1   Mehrere Module an einer Position

Wichtig ist, dass an **einer** Position **mehrere** Module angezeigt werden können (Abb. 7.6). Diese werden dann in diesem Bereich einfach untereinander angeordnet. Über das Feld *Reihenfolge* können Sie bei Bedarf diese sequenzielle Anordnung verändern.

Abb. 7.7 Wenn mehrere
Module an einer Position
angezeigt werden, kann man
die Reihenfolge ändern

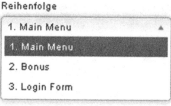

Wir sorgen in dem Beispiel dafür, dass sowohl das Hauptmenü als auch unser eigenen Bonusmenü und das Login-Formular auf der gleichen Position untereinander angezeigt werden. Im Standardtemplate sollte das auf der rechten Seite sein, aber das kann wie gesagt je nach Template auch an einer anderen Stelle sein (Abb. 7.7).

Wechseln Sie zurück in die Menüverwaltung und Sie sehen, dass nun auch das neue Menü wie das schon vorhandene Hauptmenü konfiguriert ist (Abb. 7.8). Nur gibt es noch keine Einträge.

7.3.5 Einen einfachen Menüeintrag erstellen

In dem Menü *Bonus* soll nun ein Eintrag hinzugefügt werden, der auf Joomla.org verlinkt.

- Öffnen Sie die Seite *Menüs: Menüeinträge* des Menüs *Bonus* (Abb. 7.9).
- Klicken Sie in der Werkzeugleiste auf die Schaltfläche *Neu*.
- Sie gelangen auf die Seite *Menüs: Neuer Menüeintrag*. Die Namen der Felder, die ausgefüllt werden müssen, sind mit einem Stern gekennzeichnet (Abb. 7.10).

Die wichtigsten Angaben für einen Menüeintrag bilden

- der *Menüeintragstyp*[4],
- der frei wählbare *Menütitel* und

Abb. 7.8 Das Bonus-Menü ist wie das Hauptmenü konfiguriert

---

[4] In älteren Joomla!-Versionen wurde das noch Menütyp genannt.

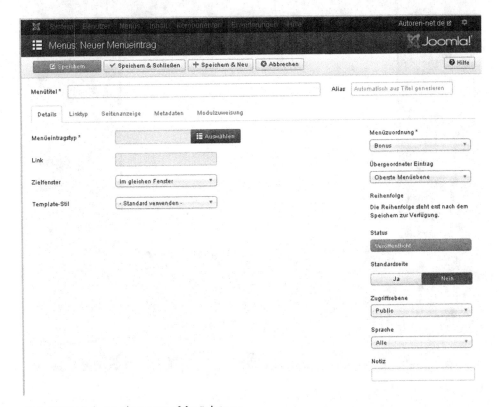

Abb. 7.9 Die Seite *Menüs: Menüeinträge*

Abb. 7.10 Anlegen eines neuen Menüeintrags

- das Feld *Link*, das je nach Menüeintragstyp an unterschiedlichen Stellen erscheinen kann (Abb. 7.11).
- Klicken Sie in das Feld *Menütitel* und notieren Sie da den Eintrag *Joomla.org*.
- Da im Beispiel eine externe Webseite aufgerufen werden soll, wird bei dem *Menüeintragstyp* der Eintrag *Externe URL* eingestellt. Das macht man über ein Auswahlfenster, das sich nach dem Klick auf das Feld Link öffnet. Sie finden die externe URL unter dem Bereich *Systemlinks*.
- Klicken Sie in das Feld *Link* und notieren Sie da die URL in http://www.joomla.org.
- Zum Bestätigen Ihrer Änderungen klicken Sie auf die Schaltfläche *Speichern & Schließen*.

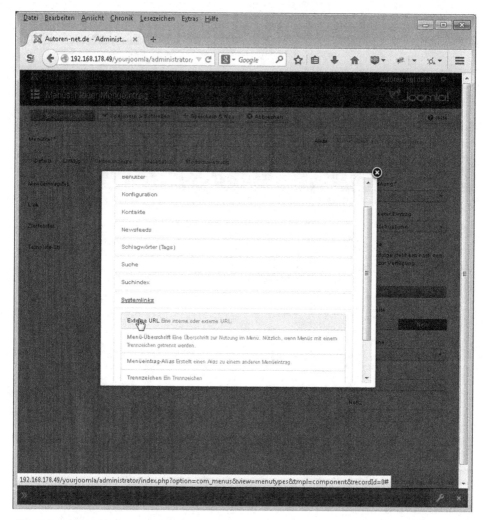

Abb. 7.11 Auswahl eines externen Links

- Sie sind wieder auf der Seite *Menüs: Menüeinträge*, wo Sie das Menü *Bonus* weiter bearbeiten können.

Wir wollen zuerst einmal die Wirkung betrachten, die das Einrichten von unserem neuen Menü und dem ersten Eintrag sowie die Anordnung an einer bestimmten Position hatte.

- Verlassen Sie das Backend und betrachten Sie das neue Frontend der Seite. (Abb. 7.12)

Das Main Menu (1) und das Login-Formular (3) waren schon nach der Installation am rechten Rand des Frontends zu sehen. Aber das neue Formular *Bonus* (2) haben wir manuell hinzugefügt. Dort finden Sie auch den Link auf eine externe Seite, den wir als Menüeintrag dem Menü hinzugefügt haben.

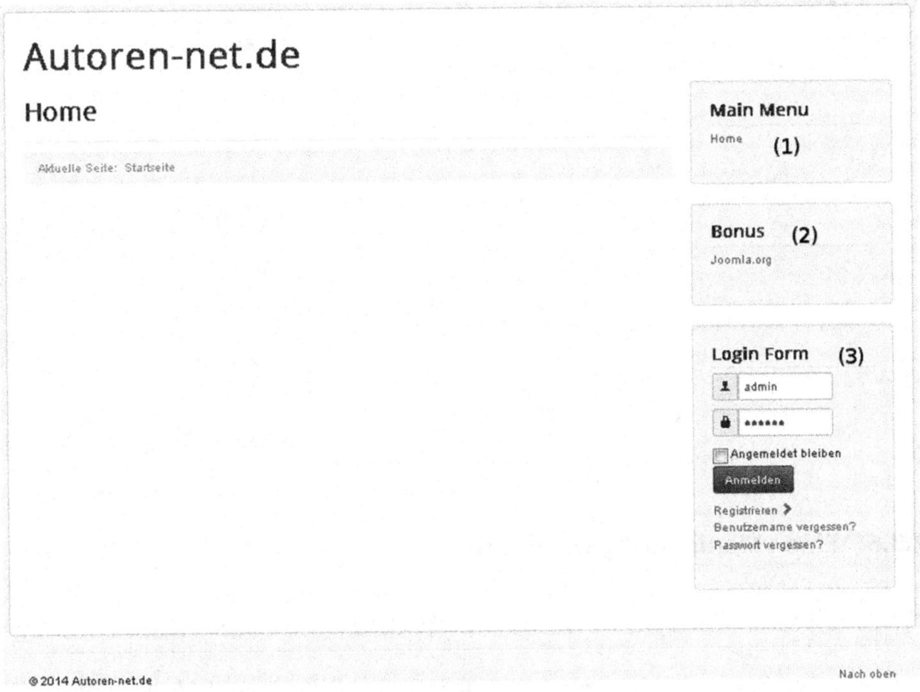

Autoren-net.de

Home

Aktuelle Seite: Startseite

Main Menu

Home   **(1)**

Bonus   **(2)**

Joomla.org

Login Form   **(3)**

👤 admin

🔒 ••••••

☐ Angemeldet bleiben

Anmelden

Registrieren ❯
Benutzername vergessen?
Passwort vergessen?

© 2014 Autoren-net.de   Nach oben

Abb. 7.12 Das neue Frontend mit dem neuen Menü

Abb. 7.13 Die Menüstruktur im Backend

Erstellen Sie nun noch zwei weitere Links in dem Menü *Bonus* in folgender Weise:

- Fügen Sie den Eintrag *Joomlaos.de* hinzu, der auf die URL http://www.joomlaos.de verweisen soll.
- Fügen Sie den Eintrag *Webseitenbetreiber* hinzu, der auf die URL in http://rjs.de verweisen soll (Abb. 7.13, 7.14).

Abb. 7.14 So sieht das erweiterte Menü im Frontend aus

7.3.6   Einen Menüeintrag bearbeiten

Sie können selbstverständlich jeden bereits vorhandenen Menüeintrag wieder bearbeiten.

- Dazu gehen Sie in die Menüverwaltung und dort die Seite *Menüs: Menüeinträge*, auf der Sie die Menüeinträge sehen (Abb. 7.13).
- Klicken Sie auf den zu bearbeitenden Eintrag. Sie gelangen auf die Seite *Menüs: Menüeintrag bearbeiten*. Auf der Seite können Sie alle Einstellungen für den Menüeintrag ändern und ergänzen. Die Seite entspricht der Seite zum Anlegen von einem neuen Menüeintrag.

7.3.7   Noch ein Menü anlegen

Wir wollen nun noch ein Menü anlegen, um die eben behandelten Schritte zu üben. Zudem benötigen wir noch im Frontend für eine vernünftige Arbeit einen Bereich mit speziellen Features für einen angemeldeten Besucher. Dieser soll mit einem eigenständigen Menü verbunden sein, das nur angemeldeten Besuchern angezeigt wird.

7.3.7.1   Ein Benutzermenü
Erstellen wir zunächst ein neues Menü.

- Tragen Sie als Namen des Menüs *Benutzermenü* und als Menütyp *benutzermenu* ein (Abb. 7.15).
- Speichern und Schließen Sie die Erstellung des neuen Menüs.

Abb. 7.15 Das neue Menü wird angelegt

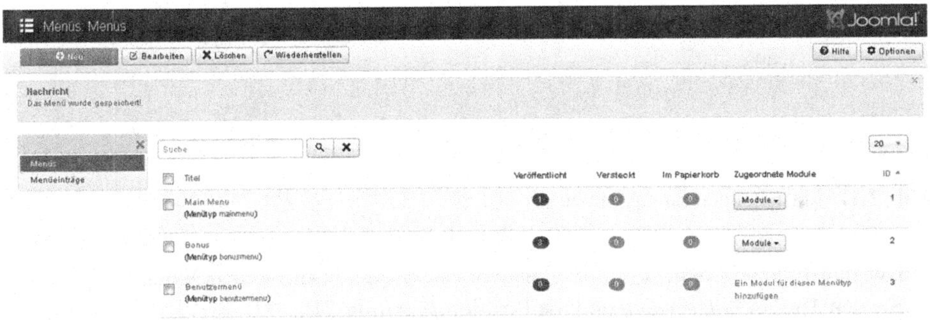

Abb. 7.16 Noch hat das Menü keine zugeordneten Module

Sie erkennen danach wieder, dass das neue Menü noch keine zugeordneten Module hat (Abb. 7.16).

Wir müssen das neue Menü mit der Auswahl eines Moduls wieder einer bestimmten Position zuweisen, damit unser neues Menü im Frontend sichtbar wird (Abb. 7.17).

- Klicken Sie dazu wieder in der Menüverwaltung bei dem Eintrag *Benutzermenü* auf *Ein Modul für diesen Menütyp hinzufügen*. Sie gelangen wieder zur **Modulverwaltung**.
- Normalerweise sollten Sie nun direkt zur Konfiguration eines Navigationsmenüs gelangen. Sollte das nicht der Fall sein, erzeugen Sie ein solches wieder mit einem Zwischenschritt und wählen über *Neu* die Erzeugung von einem neuen Modul vom Typ *Navigation – Menü*.

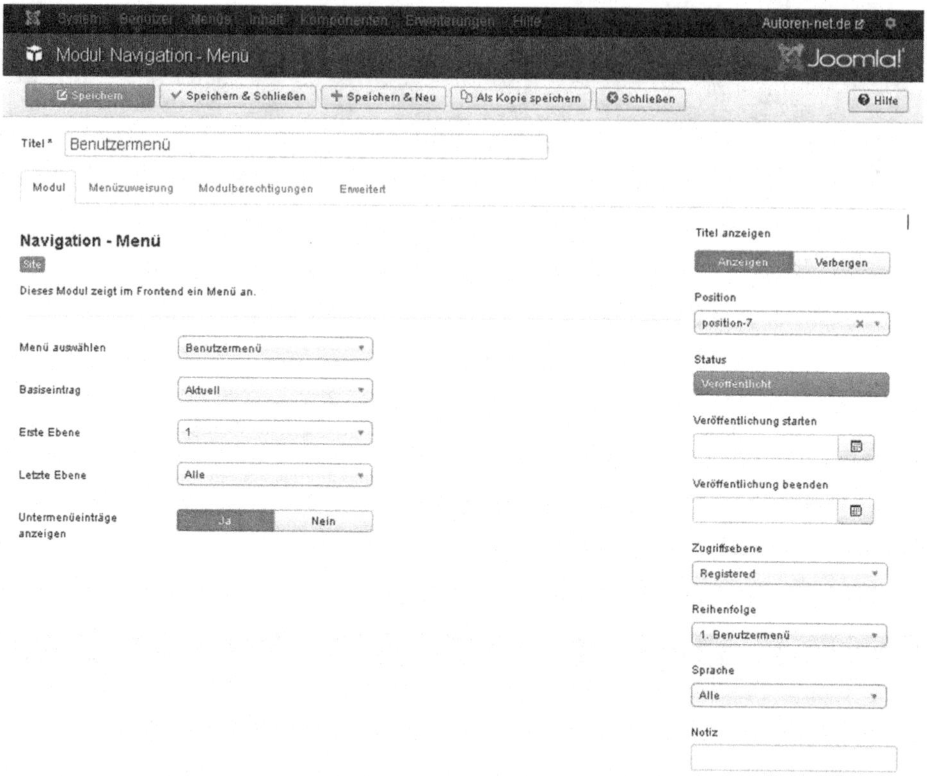

Abb. 7.17 Einstellungen für das Modul

- Der nun folgende Schritt ist die genauere Spezifikation des neuen Moduls. Vergeben Sie den Titel *Benutzermenü* und die Position *[position-7]*[5].
- Als Zugriffsebene legen Sie *Registered* fest.
- Speichern Sie das Modul und verlassen Sie die Seite.

Sie sehen nun in der Modulverwaltung, dass unser neues Menü einer bestimmten Position zugeordnet ist und den gleichen Typ wie das Hauptmenü hat (Abb. 7.18).

Wir wollen nun dem neuen Menü einen spezifischen Eintrag hinzufügen. Ein angemeldeter Benutzer soll im Frontend Beiträge (*Article*) erstellen und einreichen können.

- Fügen Sie einen neuen Menüeintrag dem Menüs *Benutzermenü*. hinzu. Dazu können Sie im Menü von Joomla! *Menüs → Benutzermenü → Neuer Menüeintrag* wählen (Abb. 7.19).
- Sie gelangen wieder auf die Seite *Menüs: Neuer Menüeintrag*. Die Namen der Felder, die ausgefüllt werden müssen, sind mit einem Stern gekennzeichnet.
- Klicken Sie in das Feld *Menütitel* und notieren Sie da *Beitrag einreichen* (Abb. 7.20).

---

[5] Wählen Sie auf jeden Fall die Position, die Sie auch für das *Bonus*-Menü vergeben haben.

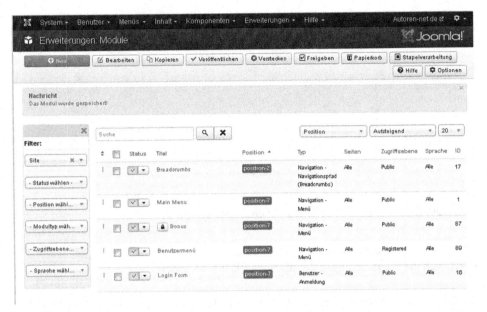

Abb. 7.18 Auf der rechten Positionen befinden sich mehrere Module in vorgegebener Reihenfolge

Abb. 7.19 Anlegen von
einem neuen Menüeintrag im
Benutzermenü

- Bei dem *Menüeintragstyp* wählen Sie *Beitrag erstellen*. Sie finden dies unter dem Bereich *Beiträge*.
- Zum Bestätigen Ihrer Änderungen klicken Sie auf die Schaltfläche *Speichern & Schließen*.

Wir wollen nun wieder die Wirkung der letzten Aktionen betrachten. Verlassen Sie das Backend und betrachten Sie das neue Frontend der Seite.

Sie werden keine Veränderung des Frontends bemerken. Aber das soll ja auch nicht sein, denn nur angemeldete Besucher sollten das neue Menü sehen. Um das zu sehen, melden Sie sich im CMS an.

- Geben Sie im Frontend in der Login Form (in rein deutschen Frontends oft Anmeldung genannt) Ihren Benutzernamen ein. Wenn Sie die Vorgaben eingehalten haben, ist das *admin*.

Abb. 7.20 Der Menüpunkt zum Einreichen von einem Beitrag

- Geben Sie im Passwortfeld Ihr Passwort ein.
- Klicken Sie zur Bestätigung auf die Schaltfläche *Anmelden*.

Sobald Sie sich erfolgreich angemeldet haben, erscheint unser neues Menü samt dem Eintrag zum Einreichen eines Beitrags (Abb. 7.21).

- Ebenso sehen Sie, dass sich das Anmeldemodul verändert hat. Sie können sich dort nun nicht mehr anmelden, aber dafür **abmelden**. Melden Sie sich wieder aus dem Joomla!-CMS ab.

Abb. 7.21 Das Frontend zeigt
das neue Menü, solange sich
ein Besucher angemeldet hat

7.4 Mögliche Menüeintragstypen

Wir haben nun in unserem Beispiel-CMS zwei Menüs angelegt und dort u. a. mit mehreren Menüeinträgen auf externe URL verwiesen. Aber das ist beileibe nicht die einzige Art an Inhalt, auf die man mit einem Menü bzw. dem Menüeintrag verweisen kann, was nicht zuletzt auch der Menüeintragstyp zum Einreichen eines Beitrags schon verdeutlicht haben sollte.

Im Gegenteil: Gerade Beiträge im CMS selbst sollen ja mit einem Menü bequem zugänglich gemacht werden. Aber es gibt noch mehr Möglichkeiten bei der Auswahl Menüeintragstyp (Abb. 7.11). Sie können in einem Menü mit den Menüeintragstypen sehr genau festlegen, **welche** Inhalte dargestellt werden und **wie** diese Inhalte dargestellt werden.

Folgende Menüeintragstypen gibt es in Joomla! (Tab. 7.1):

▶   Wenn Sie bestimmte Erweiterungen (Komponenten) in dem Joomla!-CMS installiert haben, können noch weitere Menüeintragstypen vorhanden sein.

7.4.1 Allgemeine Einstellungen zu Menüeintragstypen

Je nachdem, welchen Menüeintragstyp Sie anlegen wollen, gibt es gewisse weitere erforderliche Einstellungen. Schauen wir uns die wichtigsten an, wobei einige Einstellungen schon vorher erwähnt wurden:

- Fast immer ist die Auswahl einer **Kategorie** vorhanden, denn gerade bei umfangreicheren Webseiten ist das die wichtigste Strukturierung, um Inhalte jeder Art schnell zu finden, zu verwalten und zu filtern.
- Sehr wichtig ist die **Menüzuordnung**. Hier können Sie wählen, welchem Menü Ihr Menüeintrag zugeordnet werden soll. Ihr Menüeintrag erscheint damit im Frontend als weiterer Menüpunkt des ausgewählten Menüs, sofern die Sichtbarkeit für den Besucher eingerichtet ist.
- Falls Ihr Menüeintrag in ein Menü, das mit Untermenüebenen arbeitet, als Untermenüpunkt integriert werden soll, können Sie bei dem Feld *Übergeordneter Eintrag* auswählen, welcher bereits vorhandene Menüpunkt das übergeordnete Menü zu dem neuen Menüpunkt werden soll.
- Über die Angabe eines **Status** können Sie angeben, ob ein Menüpunkt bereits veröffentlicht ist oder nicht. Ebenso kann man hierüber Menüeinträge in den Papierkorb verschieben und zum Löschen vorbereiten.
- Die **Zugriffsebene** legt fest, für wen ein Menüeintrag zugänglich sein soll.
- Wenn Sie eine mehrsprachige Seite betreiben, kann man Menüeinträge in Abhängigkeit von **Spracheinstellungen** anzeigen.
- Wenn Sie die verlinkten Inhalte Ihres Menüeintrages in einem eigenen Fenster darstellen lassen wollen, können Sie dies über die Angabe eines **Zielfensters** (target) auswählen.

Tab. 7.1 Menüeintragstyp

Menüeintragstyp	Beschreibung
Beiträge	Der vermutlich wichtigste Menüeintragstyp mit verschiedenen Layout-Möglichkeiten ermöglicht Ihnen u. a. • alle Archivbeiträge aufzulisten • einen einzelnen Beitrag zu erstellen • einen Beitrag einzureichen • alle Kategorien sowie Unterkategorien aufzulisten • einen Kategorienblog (zeigt mehrere Beiträge einer Kategorie auf einer Seite an) sowie • eine Kategorienliste (listet alle Beiträge einer Kategorie auf) zu erstellen
Benutzer	Mit Hilfe dieses Menüeintragstyps verlinken Sie bei Bedarf auf die verschiedenen Benutzer-Konfigurationsseiten. Beispiele: • Benutzerregistrierung • Passwort zurücksetzen • Benutzerprofil ändern • Benutzerprofil bearbeiten • Anmeldeformular
Konfiguration	Dieser Menüeintragstyp dient zur Anzeige von Konfigurations- und Template-Optionen
Kontakte	Über diesen Typ können Sie • einzelne Kontaktpersonen oder Kontaktgruppen • kontakte einer Kategorie sowie • Hauptkontakte anzeigen lassen. Die Kontakte und deren Kategorien werden in Joomla! im Menü *Komponenten → Eintrag Kontakte* verwaltet
Newsfeed	Mit diesem Menüeintragstyp können Sie • alle Newsfeeds einer Kategorie • einen einzelnen Newsfeed oder • alle Newsfeed-Kategorien in einer Kategorie auflisten
Schlagwörter (Tags)	Sie kommen über diese Einträge an die Kompaktliste der verschlagworteten Einträge. Das ist eine Liste der Einträge, die mit den ausgewählten Schlagwörtern markiert wurden. Ebenso steht Ihnen die Liste aller Schlagwörter zur Verfügung, die selbst auf eine Liste mit allen Schlagwörtern verweist. Ebenso gibt es den Eintrag *Verschlagwortete Beiträge*. Dieser verweist auf eine Liste mit speziellen Schlagwörtern
Suche	Hiermit können Sie einem Besucher der Webseite im Frontend ein komfortables Suchformular anzeigen oder Ergebnisse eines benutzerdefinierten Suchlaufs auflisten lassen

Tab. 7.1 (Fortsetzung)

Menüeintragstyp	Beschreibung
Suchindex	Mit der Wahl eines **Suchindex** zeigen Sie in neuen Versionen von Joomla! einem Besucher der Webseite im Frontend ein Standard-Suchfeld an, das mit verschiedenen Parametern und einem benutzerdefinierten Suchlauf konfiguriert werden kann. Die „smarte" Suchmaschine, die sich dahinter verbirgt, ist wesentlich flexibler und schneller als die bisherige Suche. Sie hat einige erweiterte Funktionen wie die Autovervollständigung
Systemlink	Mit diesem Menüeintragstyp können Sie auf einen bestehenden Menüeintrag (Überschrift oder Alias), einem Trennzeichen oder zu beliebigen URLs verlinken
Weblink	Dieser Menüeintragstyp ermöglicht Ihnen das benutzergesteuerte Einreichen von Weblinks, die dann von berechtigten Benutzern im CMS freigegeben werden können
Wrapper	Über einen Wrapper integrieren Sie eine externe Webseite in eine Seite in einem Joomla!-CMS. Die externe Webseite wird mit einem sogenannten Iframe eingebunden

- Eine Besonderheit bei der Erstellung eines Menüeintrags ist, dass Sie im Feld *Template-Stil* einstellen können, welches Template (ein Template ist eine Designvorlage – dazu kommen wir noch) Sie beim Aufruf der verlinkten Inhalte benutzen wollen. So können verschiedene Bereiche der Webseite verschiedene Designs durch die Verwendung eines anderen Templates erhalten.

7.4.2   Einstellungen, die vom Menüeintragstyp abhängen

Zusätzlich zu den allgemeinen Einstellungen bei Menüeintragstypen gibt es je nach Menüeintrag noch weitere Optionen, die auf den Typ des Menüeintrages abgestimmt sind. Diese werden in Joomla! der Serie 3 als erst einmal verdeckte Register in einer Registerstruktur dargestellt. In diesen Bereichen finden Sie optionale Einstellungen, die bei nahezu allen Menüeintragstypen gleich bleiben.

- Bei den **Einstellungen für Menülinks** können Sie das Erscheinungsbild der Menülinks festlegen. Sie können Menüeinträge neu formatieren und Bilder oder Titel den Menüeinträgen hinzufügen.
- Bei den **Einstellungen der Seitenanzeige** legen Sie einen expliziten Seitentitel fest, der in der Kopfzeile des Browsers erscheint.
- Ganz wichtig sind die **Metadaten**. Dort geben Sie Informationen wie Beschreibungstexte oder Schlüsselwörter für Suchmaschinen ein. Sie können auch bei *Robots* einstellen, ob die Suchmaschinen diese Informationen überhaupt erfassen dürfen. Diese

gezielten Informationen ersetzen die globalen Metadaten (im Backend bei der Konfiguration) von Joomla!.

- Bei den **zugeordneten Modulen** für einen Menüeintrag stellen Sie ein, ob die hier angegebenen Module bei diesem Menüeintrag angezeigt werden oder nicht.

Beiträge und Medien in Joomla! – Inhalte aufbereiten

8

Ein genauerer Blick auf den Content in Joomla!

8.1 Was behandeln wir in diesem Kapitel?

Trotz diverser Erweiterungen und verschiedenster Module steht in Joomla! immer der einzelne Beitrag im Fokus. In diesem Kapitel wollen wir uns diese Beiträge und deren Verwaltung genauer ansehen. Dabei erfahren Sie, wie Sie eigene Beiträge mit aufbereiteten Texten und Multimediainhalten wie beispielsweise Bilder in Joomla! erstellen und für eine Veröffentlichung einreichen. Die Verwendung von multimedialen Inhalten setzt voraus, dass wir uns auch mit den Techniken beschäftigen, wie die Medien in Joomla! grundsätzlich verwaltet werden.

8.2 Beiträge erstellen, ändern und verwalten

Wenn Sie Joomla! mit Beispieldaten installiert haben, sehen Sie im Frontend der Webseite bereits ein oder mehrere Beiträge. Auch die Beispielinstallation unter http://demojoomla.com/, die wir am Anfang aufgesetzt haben, bietet bereits verschiedene Beiträge an. Obwohl im Buch grundsätzlich die Strukturen vollkommen eigenständig aufgebaut werden sollen, weil dies meines Erachtens

1. übersichtlicher ist,
2. größeren Lernerfolg liefert und
3. bessere Kontrolle über das gesamte System bedeutet,

kann ein zusätzlicher Blick auf ein System mit Beispieldaten helfen, durch vorgegebene Kategorien und Beiträge die Logik und Systematik von Joomla! zu verstehen. Wir haben

© Springer Fachmedien Wiesbaden 2015
R. Steyer, *Joomla!*, DOI 10.1007/978-3-658-08878-1_8

Abb. 8.1 So könnte das Frontend mit Beispielbeiträgen aussehen

ja für die Arbeit mit dem Buch explizit (mindestens) zwei bis drei Systeme parallel aufgesetzt, um genau diese beiden Wege zur Verfügung zu haben.

8.2.1 Führender Beitrag – ein Hauptbeitrag

Wenn Sie das Frontend der Installation mit den Beispieldaten besuchen (das Projekt *myjoomla*), erkennen Sie auf der Startseite des Frontends bereits vorhandene Beiträge (Abb. 8.1). Der Beitrag über Joomla! selbst ist ein **führender Beitrag** oder **Hauptbeitrag**. Das bedeutet, er nimmt die volle Breite der Seite ein.

8.2.2 Mehrere Beiträge auf einer Seite

Diese angezeigten Beiträge im Frontend hängen explizit von dem gewählten Template, aber auch von der konkreten Version von Joomla! sowie vor allen Dingen den real verwendeten Beispieldaten ab. So kann es auch sein, dass bereits mehrere Beiträge auf der Willkommensseite des Joomla!-CMS angezeigt werden.

Wenn Sie eine Demoinstallation unter http://demojoomla.com/ erstellt haben, werden Sie beispielsweise andere Beispielbeiträge samt einem abweichenden Layout sehen

Abb. 8.2 Ein alternatives System mit anderen Beispielbeiträgen

(Abb. 8.2). Insbesondere zeigen die Beispielbeiträge hier bereits die Verwendung von Multimediadateien (Videos und Bilder) in Beiträgen.

Wenn Sie die Joomla!-Installation ganz ohne Beispieldaten ansehen (das Projekt *yourjoomla*), finden Sie dort auf der Willkommensseite des Frontends noch gar keine Beiträge, sofern Sie nicht eigenständig bereits experimentiert haben (Abb. 8.3).

Abb. 8.3 Ein System ohne (veröffentlichte) Beiträge

▶   **Hinweis** Der Umgang mit Beiträgen im Frontend und Backend wurde in der Serie 3 von Joomla! stark vereinheitlicht. Dies folgt ganz der Philosophie der Vereinheitlichung von verwandten Vorgängen, die sich über die gesamte Entwicklung des CMS hinzieht.

8.2.3   Beiträge im Frontend erstellen und einreichen

Natürlich kann man im Backend eines CMS auch Beiträge erstellen und ändern. Genau genommen bietet das Backend den Zugang zur *vollständigen Verwaltung* von Beiträgen und dabei ist das Erstellen und Ändern nur ein Teil davon. Wir gehen gleich auf die Arbeit mit Beiträgen im Backend noch ein (Abschn. 8.3).

Aber es ist gerade der Sinn und Zweck eines CMS, dass Mitglieder mit ausreichenden Rechten Inhalte ebenfalls über das Frontend erstellen und ändern können. Zumindest können Sie den Inhalt vorbereiten. Das mächtige Werkzeug des Backends braucht dafür[1] gar nicht zum Einsatz kommen.

---

[1] Es geht explizit **nicht** um die Veröffentlichung.

Abb. 8.4 Das Anmeldemodul im Frontend

8.2.3.1   Im Frontend anmelden

Damit Sie vorhandene Beiträge ändern oder eigene Beiträge erstellen können, müssen Sie sich im Frontend über den Anmeldebereich jedoch erst anmelden.

▶ Wenn Sie im Frontend von Joomla! angemeldet sind, können Sie in der Regel auch Ihr Benutzerprofil bearbeiten und noch einige andere Dinge machen – wobei diese Möglichkeiten explizit von Ihrer Rolle und den konfigurierten Menüs sowie den aktivierten Modulen für Sie abhängen. Bei diesem Joomla!-CMS (Abb. 8.6) geht das Anpassen des Benutzerprofils und hier (Abb. 8.5) aktuell nicht.

Das konkrete Anmelden im Frontend ist ganz einfach, sofern das Anmeldemodul im Frontend angezeigt wird (Abb. 8.4).

- Geben Sie auf der Seite bei *Login Form* (in rein deutschen Frontends oft *Anmeldung* genannt) Ihren Benutzernamen ein. Wenn Sie die Vorgaben eingehalten haben, lautet dieser *admin*. Wo sich der Anmeldebereich konkret befindet, hängt vom Template, aber auch von den Einstellungen in Joomla! ab. Es kann auch gänzlich ein Anmeldeformular fehlen. Wenn Sie eine Demoinstallation unter http://demojoomla.com/ erstellt haben, werden Sie normalerweise in der Grundeinstellung gar kein Anmeldeformular vorfinden, während es bei den eigenständigen Installationen in der Regel auf der rechten Seite angezeigt wird[2].
- Geben Sie im Passwortfeld Ihr Passwort ein.
- Klicken Sie zur Bestätigung auf die Schaltfläche *Anmelden*.

Sobald Sie sich als Administrator erfolgreich angemeldet haben, erscheint im Anmeldebereich in Joomla! der Serie 3 die Meldung *Hallo Super User* (Abb. 8.5 und 8.6). Wenn Sie sich als ein anderer Benutzer angemeldet haben, werden Sie mit Ihrem Benutzernamen begrüßt. Ebenso hängt es sowohl von

---

[2] Man kann die Anzeige aber aktivieren – das behandeln wir genauer in dem Kapitel zur Modulanpassung.

Abb. 8.5 Die Module bei
einem angemeldeten Besu-
cher im Frontend im Projekt
yourjoomla

Abb. 8.6 Die Module bei
einem angemeldeten Anwender
im Frontend bei der Installation mit Beispieldaten

- der Rolle des angemeldeten Besuchers,
- der grundsätzlichen Konfiguration von dem Joomla!-System als auch
- der konkreten Konfiguration von Ihrem Joomla!-System ab,

welche Module und Inhalte im Frontend zu sehen sind und was in diesen bereitgestellt wird.

In der Joomla!-Installation mit den Beispieldaten erscheint nun nach der Anmeldung ein neues Menü, das **User Menu** oder **Benutzermenü**. Darüber stehen Ihnen Befehle zur Verfügung, die nur angemeldete Benutzer verwenden dürfen. Was konkret Ihnen im Benutzermenü bereitgestellt wird, hängt von den Einstellungen in Joomla! sowie der konkreten Rolle ab, die einem Benutzer zugewiesen wurde. Oft können Sie darüber einen Beitrag oder einen Vorschlag für einen Hyperlink einreichen oder Ihr Profil bearbeiten. Aber das ist wie gesagt nicht immer so. Es ist auch nicht zwingend, dass es überhaupt ein Benutzermenü gibt.

Ein solches Menü gibt es nämlich in einer Installation ohne Beispieldaten erst einmal gar nicht. Aber wir haben im letzten Kapitel in unserem Joomla!-Projekt ohne Beispieldaten (*yourjoomla*) ja als Übung ein Benutzermenü mit einem Menüeintrag zum Einreichen von einem Beitrag angelegt und dabei auch gleich Namen verwendet, die mit den Bezeichnern bei der Standardinstallation von Beispieldaten übereinstimmen.

8.2.3.2   Einen neuen Beitrag erstellen

Wir wollen nun einen neuen Beitrag erstellen, wobei wir erst einmal die Begriffe des *Einreichens* und des *Erstellens* gegenüberstellen wollen sowie die endgültige *Veröffentlichung* auch noch ins Spiel bringen müssen.

Wenn ein Anwender im Frontend einen Beitrag erstellt, verwendet Joomla! bei dem entsprechenden Menüeintragstyp und diversen anderen Stellen den Begriff „einreichen" beziehungsweise „submit". Joomla! vermeidet an den Stellen ausdrücklich den Begriff „erstellen", obwohl ein Benutzer im Frontend im Grunde einen Beitrag erstellt.

Aber dieser ist nach dem Speichern nicht unmittelbar im Frontend sichtbar! Je nach Rolle des Besuchers kann er sogar im Frontend gänzlich unzugänglich sein. Dazu muss ein Beitrag nach dem Einreichen erst freigegeben und damit veröffentlicht werden.

Je nach den Benutzerberechtigungen dürfen in Joomla! aber gar nicht alle Benutzer einen verfassten Beitrag oder einen Link veröffentlichen. Vielmehr müssen die Beiträge, die von Benutzern mit geringeren Rechten verfasst wurden (oder auch die Vorschläge für einen Link) erst noch von autorisierten Benutzern freigeschaltet werden. Dies ist ein Sicherheitssystem von Joomla!, um unerwünschten Inhalten vorzubeugen. Vor allem bei großen Plattformen mit sehr vielen Benutzern ist diese Vorgehensweise üblich.

Man kann das so beschreiben:

- Das **Erstellen** von einem Beitrag ist das Schreiben des Textes und das Einfügen aller notwendigen Ressourcen wie Bilder oder Videos.
- Das **Einreichen** ist das Übergeben des Beitrags an zuständige Personen im CMS, die den Beitrag dann freischalten, aber auch ändern oder löschen können. Das Einreichen ist also eine besondere Form der Speicherung des Beitrags, bei der Sie jemanden anderen zum „Drüber schauen" auffordern.
- Nach erfolgreicher Benutzeranmeldung klicken Sie im Benutzermenü auf Submit an Article oder Beitrag einreichen.

Abb. 8.7 Einen Beitrag erstellen und einreichen

Sie werden nun auf eine neue Seite geleitet, auf der Sie den neuen Beitrag verfassen können.

8.2.3.2.1   Die Seite zum Bearbeiten eines Beitrags im Frontend

Die Seite zum Erstellen und Bearbeiten von einem Beitrag (Abb. 8.7) hat am oberen Rand drei Schaltflächen und ist in vier umrandete Bereiche (Register) unterteilt:

a. Inhalt
b. Veröffentlichen

c. Sprache

d. Metadaten

Standardmäßig sehen Sie zuerst das Register *Inhalt*. Darin finden Sie einen Texteditor, der über ein erweitertes Webformular bereitgestellt wird. Bei dieser RIA wird ein mehrzeiliges Texteingabefeld mit Schaltflächen, CSS und integrierten JavaScript-Funktionen so aufbereitet, dass dies wie ein gewohnter Texteditor einer Desktopapplikation aussieht und auch die gleiche Funktionalität bietet.

▶ **Hinweis** Der in Joomla! der Serie 3.x integrierte Standardtexteditor heißt TinyMCE. Es gibt aber in neuen Joomla!-Versionen auch weitere Editoren, die standardmäßig als Plug-ins dabei sind und die Sie bei der Konfiguration von Joomla! auswählen können (Abb. 8.8). In dem Buch wird aber ausschließlich TinyMCE verwendet.

Es ist von der Konfiguration von TinyMCE abhängig, welche Symbolleisten beziehungsweise Befehle Ihnen bei dem Editor angezeigt werden. Es gibt mehrere Einstellungsmöglichkeiten. Unter Erweiterungen und dort Plugins finden Sie die Konfigurationsmöglichkeiten des Editors (Abb. 8.9). Auf die grundsätzlichen Konfigurationsmöglichkeiten von Plug-ins und Erweiterungen wird in dem Buch noch genauer eingegangen.

Erstellen wir nun einen Eintrag.

- Geben Sie im Bereich Inhalt im Feld *Titel* den Text *Sie wollten schon immer schreiben?* ein.
- Geben Sie im Feld *Alias* den Text *ErsterBeitrag* ein.
- Klicken Sie in den Editierbereich und geben Sie einen beliebigen Text ein. Dieser sollte allerdings nicht zu kurz sein und mindestens zwei bis drei Absätze enthalten (Abb. 8.10).
- Bei *Kategorie* im Register *Veröffentlichen* wählen Sie *Zum Portal*[3] (Abb. 8.11).
- Belassen Sie die anderen Einstellungen wie vorgegeben.
- Klicken Sie auf die Schaltfläche *Speichern*, um den Beitrag in Joomla! zu speichern und die Seite zur Erstellung eines Beitrags zu verlassen.

8.2.3.2.2 Den Beitrag im Frontend sichtbar machen

Im Frontend ist der Beitrag nun aber nicht sichtbar. Das kann mehrere Gründe haben. Der Ersteller hatte möglicherweise gar nicht genügend Rechte, um den Beitrag zu veröffentlichen (s. o.). Aber der Beitrag ist auch noch keinem Menü zugeordnet und damit in der Regel[4] nicht auswählbar.

---

[3] Die Kategorie hatten wir im Kapitel zu den Kategorien angelegt. Sollte die Kategorie nicht vorhanden sein, legen Sie diese an.

[4] Ausnahmen können Beiträge sein, die als Hauptbeiträge direkt auf der Einstiegsseite von dem CMS auftauchen.

Abb. 8.8 Neue Joomla!-Versionen bieten meist mehrere Editoren

Das Anlegen eines Beitrags sowie die Bearbeitung eines vorhandenen Beitrags unterscheiden sich nicht beim Zugang über das Frontend oder das Backend. Es ist nur eine Frage, was dann mit dem erstellten Beitrag noch alles gemacht werden kann. Man kann das vereinfacht so sagen:

a. Im Frontend können Sie einen Beitrag erstellen und einreichen sowie öffnen und erneut bearbeiten, wenn Sie noch an den Beitrag kommen.
b. Im Backend können Sie einen Beitrag genauso erstellen und einreichen sowie erneut bearbeiten, aber auch freigeben (wenn Sie dazu berechtigt sind), löschen etc. Sie haben also eine komplette Verwaltungsmöglichkeit im Rahmen der Rechte Ihrer Rolle[5].

8.2.3.2.3   Beiträge im Frontend suchen und öffnen

Solange ein Beitrag noch keinem Menü zugeordnet ist, kann ein Besucher den Beitrag also normalerweise nicht unmittelbar sehen (Hauptbeiträge sind Ausnahmen). Man kann einen Beitrag im Frontend aber unter Umständen finden, indem die integrierte Suche von Joomla! verwendet wird – sofern diese im Frontend angezeigt wird (das ist in vielen Templates beziehungsweise Konfigurationen des Frontends üblich, aber keinesfalls zwingend). Wir verschieben dies auf den Abschnitt, in dem wir uns mit den Suchmöglichkeiten in Joomla! genauer beschäftigen. Ob Sie den Beitrag dann allerdings wirklich finden, hängt von verschiedenen Faktoren ab, etwa davon, ob der Beitrag wirklich veröffentlicht wurde, ob das Ihr eigener Beitrag ist oder welcher Besuchergruppe er zugänglich ist.

---

[5] Derzeit arbeiten wir im Backend immer als Administrator und der darf alles. Ein Administrator hat die umfangreichsten Rechte im System.

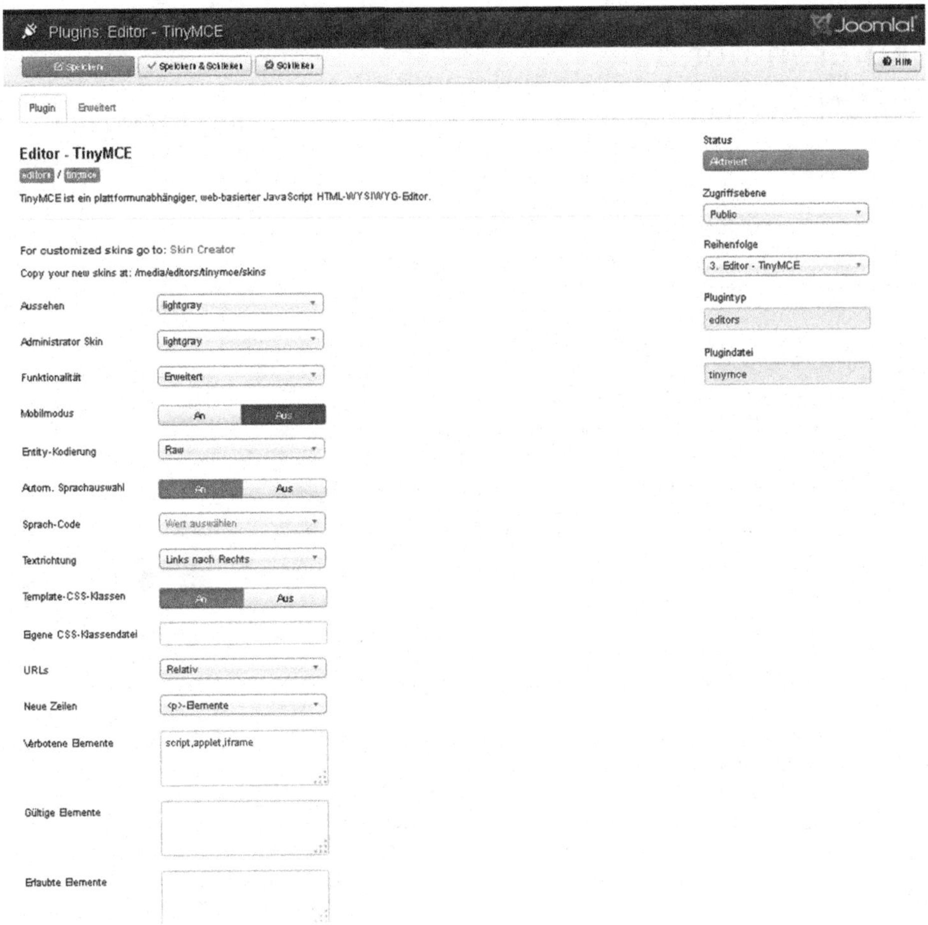

Abb. 8.9 Konfiguration von TinyMCE

Wenn Sie allerdings einen Beitrag im Frontend angezeigt bekommen, kann ihn ein berechtigter Besucher (etwa der Eigentümer des Beitrags oder ein Administrator) im Frontend auch wieder öffnen und unter Umständen sogar weiter bearbeiten. Dazu gibt es in Joomla! verschiedene Wege, die aber nicht immer alle (also in jedem Template beziehungsweise in jeder Konfiguration) verfügbar sind. Nachfolgend finden Sie verschiedene Optionen und Hinweise, ob und wie diese Optionen anzuwenden sind, ohne dass dies hier vertieft werden soll:

- Sofern ein Beitrag im Frontend nach einer Suche angezeigt wird, klicken Sie bei den Suchergebnissen auf den blauen, unterstrichenen Titel. Der Beitrag sollte geöffnet werden. Das funktioniert allerdings in einigen Konstellationen nicht.
- Sofern ein Beitrag im Frontend angezeigt wird, erscheint manchmal ein Smart-Tag am rechten oberen Rand des Beitrags, wenn Sie die Rechte zur Bearbeitung von dem Beitrag haben. Klicken Sie den Smart-Tag und dann *Bearbeiten* an. Der Beitrag sollte geöffnet werden.

Abb. 8.10　Der Beitrag wurde erfasst

Abb. 8.11　Festlegen der Kategorie

8.2.4   Einen Beitrag mit einem Menü verbinden

Allgemein werden Beiträge in Joomla! mit einem Menü verbunden, damit ein Besucher diesen im Frontend bequem finden und aufrufen kann. Dabei können Sie die Menüverwaltung im Backend verwenden, die wir im letzten Kapitel besprochen haben, und mit der dort beschriebenen Logik vorgehen.

- Melden Sie sich im Backend an.
- Wählen Sie im Menü des Backends den Menüpunkt *Menüs* und dort den gleichnamigen Eintrag *Menüs*. Sie kommen wieder zur tabellarischen Menüverwaltung, in der Sie ein neues Menü oder neue Menüeinträge erstellen können. Wenn Sie noch kein passendes Menü für Ihren Beitrag haben, dann erstellen Sie zuerst eines. Andernfalls wird eine Verbindung zum Beitrag einem bestehenden Menü zugeordnet. Wir wollen ein vorhandenes Menü verwenden.
- Klicken Sie in der Werkzeugleiste bei *Menüeinträge* auf die Schaltfläche *Neu*.
- Sie gelangen auf die Seite *Menüs: Neuer Menüeintrag* (Abb. 8.12). Die Namen der Felder, die ausgefüllt werden müssen, sind bekanntlich mit einem Stern gekennzeichnet.
- Wählen Sie bei dem *Menüeintragstyp Einzelner Beitrag* (1).
- Als *Menütitel* soll *Erster Beitrag* verwendet werde.
- Wichtig ist jetzt noch die *Menüzuordnung* (2). Hier kann jedes der verfügbaren Menüs verwendet werden. Wir wollen *Benutzermenü* verwenden.
- Da ein einzelner Beitrag als Menüeintragstyp ausgewählt wurde, gibt es nun in der Verwaltung von dem Menüeintrag ein neues Feld in der Seite *Menüs: Neuer Menüeintrag*. Im Feld *Beitrag auswählen* können (und müssen) Sie jetzt gezielt einen Beitrag auswählen (Abb. 8.13).
- Der Folgedialog listet alle verfügbaren Beiträge auf, die Ihnen in Ihrem CMS bereitgestellt werden (samt intuitiver Filter- und Sortiermöglichkeiten bei zu vielen Beiträgen (Abb. 8.14). Wählen Sie den Beitrag aus, den wir oben erstellt haben (Abschn. 8.2.3.2.1).
- Zum Bestätigen Ihrer Änderungen klicken Sie auf die Schaltfläche *Speichern & Schließen*.
- Sie sind wieder auf der Seite *Menüs: Menüeinträge*, wo Sie den neuen Menüeintrag in der Tabelle sehen können (Abb. 8.15).

Wir wollen auch einmal die Wirkung betrachten, die das Einrichten von dem neuen Menüeintrag im Frontend bewirkt hat.

- Verlassen Sie das Backend, melden Sie sich als Benutzer an und betrachten Sie das neue Frontend der Seite (Abb. 8.16).

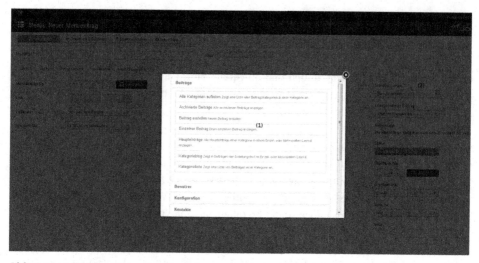

Abb. 8.12 Anlegen eines neuen Menüeintrags für einen einzelnen Beitrag

Abb. 8.13 Auswahl eines Beitrags

Abb. 8.14 Die verfügbaren Beiträge

Erster Beitrag (Alias: erster-beitrag)   ☆   Public   Alle   109
Beiträge » Einzelner Beitrag

Abb. 8.15 Der neue Menüeintrag für den Beitrag

Abb. 8.16 Das neue Frontend
mit dem neuen Menüeintrag
für angemeldete Besucher

Benutzermenü

Beitrag einreichen
Erster Beitrag

Abb. 8.17 Der Beitrag ist in der Verwaltung der Beiträge im Backend verfügbar

8.3   Beiträge bearbeiten und verwalten

Sie haben vielleicht bemerkt, dass beim Suchen und Bearbeiten von Beiträgen im Frontend die Formulierungen recht vorsichtig und ein bisschen schwammig gehalten wurden[6]. Richtig zuverlässig sind der Zugang und die Bearbeitung eines Beitrags nur über das Backend möglich. Auch die gesamte Verwaltung der Beiträge inklusive der Freigabe erfolgt über das Backend und das werden wir jetzt vertiefen. Dieser Abschnitt wird also auf Basis vom Backend behandelt, aber die reinen Schritte zum Bearbeiten eines Beitrags lassen sich auch auf die Arbeit im Frontend übertragen.

- Melden Sie sich also im Backend an und wählen Sie den Menüpunkt *Inhalt –> Beiträge*.

Der Beitrag, der im Frontend angelegt wurde, taucht nun in der Verwaltung der Beiträge auf (Abb. 8.17).

- Dort klicken Sie bei den Suchergebnissen auf den blauen, unterstrichenen Titel *Sie wollten schon immer schreiben?*

Der Beitrag sollte nun geöffnet werden und Sie können den Beitrag wieder bearbeiten.

---

[6] „Hängt von verschiedenen Faktoren ab", „unter Umständen", „je nach Konstellation", …

8.3.1   Erweiterte Beitragsbearbeitung

Egal ob Sie im Frontend oder Backend einen Beitrag in Joomla! erstellen oder nachträglich bearbeiten – im Editor von Joomla! können Sie den Text gestalten, wie Sie es aus klassischen Textverarbeitungsprogrammen kennen. Sie können damit sämtliche Erfahrungen aus den üblichen Textverarbeitungsprogrammen unmittelbar anwenden, denn der Editor stellt die gewohnten Funktionen für Zeichen- und Absatzformatierung bereit. Selbst die Menüstrukturen und Symbolleisten werden Sie wiedererkennen. Im Buch werden diese Schritte deshalb nicht im Detail ausgeführt. Es sollen nur wenige Dinge exemplarisch vorgestellt werden, damit Sie erkennen, dass es keine relevanten Unterschiede zu Textverarbeitungssystemen wie LibreOffice Writer oder MS Office Word gibt. Der Fokus in den folgenden Schritten liegt auf den Details, die für ein CMS typisch sind.

▶ Wenn Sie in Joomla! Veränderungen oder neue Eingaben vornehmen, ist es sehr wichtig, dass Sie nur mit den in Joomla! zur Verfügung stehenden Schaltflächen arbeiten, wie zum Beispiel Speichern oder Abbrechen. Vermeiden Sie es, im Browser die Schaltflächen *Zurück* oder *Vor* zu benutzen, damit riskieren Sie Datenverluste.

8.3.1.1   Den Editor ein- und ausschalten – zwischen HTML und WYSIWYG umschalten

Obgleich die Bedienung eines integrierten Editors wie TinyMCE vollkommen analog wie bei einem Desktopprogramm wie LibreOffice Writer erfolgt, handelt es sich dabei immer noch um ein Plug-in, das vollständig innerhalb eines Browsers läuft. Wir haben den technischen Hintergrund ja oben kurz angerissen. Nicht nur der Editor ist eigentlich ein aufbereitetes Webformular – der erstellte Beitrag soll auch im Rahmen einer Webseite angezeigt werden. Das Frontend von Joomla! ist ja einfach eine Webseite und die besteht auch heute noch zunächst einmal aus HTML. Dieses HTML wird mit CSS schön aufbereitet, aber es ist und bleibt HTML. Das bedeutet, dass jeder Editor in Joomla! HTML-Code generiert, wenn Sie Inhalt damit erstellen.

Hinter den ganzen Befehlen zur Formatierung von Text im Editor oder dem Einfügen von Multimediaressourcen liegen letztendlich HTML-Tags sowie zugehörige CSS-Regeln. Wenn Sie HTML-Kenntnisse haben, können Sie bei der Erstellung und Bearbeitung des Inhalts eines Beitrags direkt mit HTML arbeiten.

In Joomla! finden Sie nun bei dem Editor am unteren Rand eine Schaltfläche *Editor an/aus* (1 – Abb. 8.18).

Diese Beschriftung ist etwas ungenau, denn Sie schalten damit eigentlich zwischen dem WYSIWYG-Modus und dem HTML-Modus hin und her. Ein echtes „Einschalten" oder „Ausschalten" des Editors wird hier nicht vorgenommen, da Sie im HTML-Modus weiter Content eingeben und auch formatieren können.

| 🖫 Speichern | ✓ Speichern & Schließen | ✚ Speichern & Neu | 🗋 Als Kopie speichern | 🖻 Versionen | ⊗ Schließen |

Titel * **Sie wollten schon immer schreiben?** Alias ersterbeitrag

| Inhalt | Veröffentlichung | Bilder und Links | Optionen | Konfigurieren des Editorfensters | Berechtigungen |

<p>Veröffentlichen Sie Ihr Wissen, Ihre Ideen, Erfahrungen, Leidenschaften, Träume, Gedichte, Geschichten oder Kurzgeschichten, Liedertexte oder was auch immer Ihnen einfällt in Form eines Artikels/Beitrags.</p>
<p>Werden auch Sie zum Autor.
Oder Sie haben bereits Bücher oder Buchpassagen erstellt? Sind Sie bereits Autor? Dann veröffentlichen Sie hier Auszüge aus Ihren Werken. Stellen Sie sich mit einem Autorenprofil vor. Machen Sie Werbung für sich und Ihre Veröffentlichungen.</p>
<p>Registrieren Sie sich jetzt und fangen Sie an zu schreiben! Dank Web 2.0 ist es mit dem integrierten Editor des Portals ganz einfach Inhalte direkt über Ihren Browser zu publizieren.</p>

| 🗋 Beiträge | 🖾 Bild | 🗓 Seitenumbruch | ❤ Weiterlesen | (1) | 👁 Editor an/aus |

Abb. 8.18 Den Editor TinyMCE kann man auch „ausschalten"

▶ **Hinweis** WYSIWYG („What You See Is What You Get" bezeichnet in Bezug auf Editoren die Tatsache,)dass der Beitrag beim Erstellen bereits genauso angezeigt wird, wie dieser später in der Webseite angezeigt wird. Im Fall von Joomla! und TinyMCE bedeutet das, dass Sie im WYSIWYG-Modus bei der Erstellung bereits alle Formatierungen etc. so sehen, wie sie später in der Webseite aussehen.

Der HTML-Modus erlaubt Ihnen die vollständige Kontrolle über den Code. Sie können auch HTML-, CSS- oder JavaScript-Anweisungen hier eingeben, die Ihnen über den grafischen WYSIWYG-Modus nicht angeboten werden. Allerdings ist der WYSIWYG-Modus viel bequemer und genügt bei der Erstellung normaler Beiträge. Im Buch werden wir grundsätzlich mit eingeschaltetem TinyMCE-Editor arbeiten.

▶ Bei eingeschaltetem WYSIWYG-Modus beziehungsweise TinyMCE-Editor kommen Sie mit dem Befehl *Werkzeuge -> Quelltext* (Abb. 8.19) an den HTML-Code und können diesen in einem Eingabedialog direkt bearbeiten (Abb. 8.20).

Abb. 8.19 Auch im WYSI-
WYG-Modus kommt man an
den Quelltext

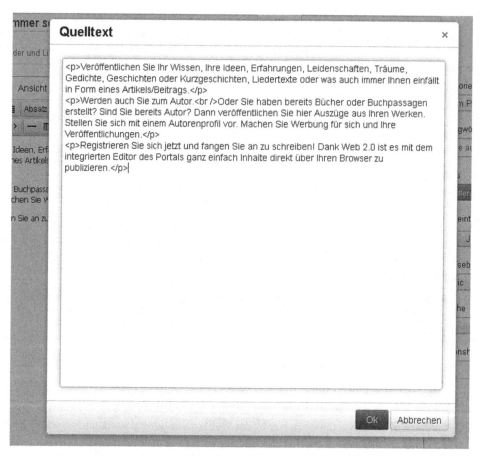

Abb. 8.20 Der HTML-Code kann hier direkt bearbeitet werden

8.3.1.2   Beiträge formatieren

Im Bereich der Schrift- und Absatzgestaltung können Sie in TinyMCE vordefinierte For-
mate auswählen, die die klassischen Möglichkeiten umfassen.

Im Listenfeld *Schriftart* können Sie etwa eine Schriftart und bei *Schriftgröße* die
Schriftgröße für den markierten Text festlegen. Ebenso können Sie die Textfarbe auswählen oder eine Ausrichtung von Inhalten vornehmen. Diese Formatierungen stehen sowohl
über Schaltflächen in den Symbolleisten als auch in den Menüs zur Verfügung und dürften
keine Rätsel aufgeben.

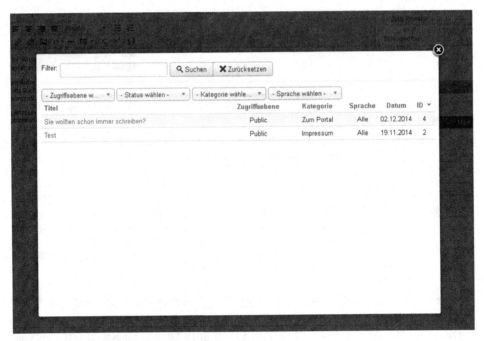

Abb. 8.21 Einen vorhandenen Beitrag verlinken

8.3.1.3   Vorhandene Beiträge verlinken

Eine einfache und schnelle Möglichkeit, in einem Beitragstext einen neuen Hyperlink zu einem anderen bereits erstellen Beitrag einzufügen, bietet die Schaltfläche *Beiträge* am unteren Rand des Editors.

- Dazu platzieren Sie einfach den Cursor an die Stelle im Text, wo der Hyperlink zum neuen Beitrag erscheinen soll und klicken auf die Schaltfläche *Beiträge* (Abb. 8.21).
- In der sich öffnenden Auswahl klicken Sie auf den gewünschten Beitrag.
- Der Hyperlink steht vorerst noch als Name des verknüpften Beitrages im Text. Der blaue, unterstrichene Name kann von Ihnen noch geändert werden.
- Speichern Sie Ihren Beitrag mit der Schaltfläche *Speichern* ab.

8.3.1.4   Externe Hyperlinks einfügen und entfernen

Wenn Sie in einem Beitrag Hyperlinks zu anderen Webseiten einfügen wollen, können Sie dies in der Beitragsbearbeitung mit der Schaltfläche *Link einfügen/bearbeiten* oder dem entsprechenden Menübefehl *Link einfügen* unter *Einfügen* erreichen (Abb. 8.22).
   Am einfachsten gehen Sie so vor:

- Markieren Sie ein Wort, das Sie mit einem externen Hyperlink versehen wollen.
- Klicken Sie in der Symbolleiste auf das Kettensymbol.
- Das Dialogfenster *Link einfügen/bearbeiten* wird geöffnet (Abb. 8.23).

Abb. 8.22 Externe Hyperlinks
in einen Beitrag einfügen

Abb. 8.23 Den Hyperlink
spezifizieren

- Geben Sie in das Feld *Adresse* die vollständige Webadresse (mit vorangestelltem *http://*) ein. Bei Bedarf modifizieren Sie den angezeigten Text und geben ein neues Ziel (ein neues Browserfenster) an. Der Titel ist vor allen Dingen für Suchmaschinen von Bedeutung und kann auch angegeben werden.
- Klicken Sie auf die Schaltfläche *Ok*.
- Speichern Sie gegebenenfalls. Ihren Beitrag ab.

8.3.1.5   Einen Link entfernen

Wenn Sie einen vorhandenen Hyperlink wieder entfernen wollen, wechseln Sie in die Bearbeitungsansicht des Beitrags, markieren diesen Hyperlink und klicken auf die Schaltfläche *Link entfernen*.

▶   Achtung – das **Entfernen** des Links ist **nicht** dasselbe wie das **Löschen** des Links im Editor. Denn beim Entfernen des Links bleibt der angezeigte Text erhalten. Beim Löschen ist auch dieser weg.

8.3.1.6   Bilder in Beiträge einfügen und die Medienübersicht

Bei Webseiten gehören Bilder und andere Multimediaformate schon lange zum Standard. Selbstverständlich können Sie in der Bearbeitungsansicht Ihres Beitrags einfach Bilder einfügen. Dazu dient im einfachen Fall die Schaltfläche *Bild einfügen/bearbeiten*, die sich in der Symbolleiste befindet und eine schnelle Einfügung von einem Bild gestattet. Alternativ gibt es unter dem Menüpunkt *Einfügen* den Befehl *Bild einfügen* (Abb. 8.24).

Wenn Sie die Parameter von dem Bild etwas genauer festlegen wollen, haben die Schaltfläche *Bild* zur Verfügung, die sich am unteren Rand des Editors befindet. Damit gelangen Sie an einen umfangreicheren Dialog zum Einfügen des Bildes. Dies ist eine der Ansichten der **Medienübersicht** von Joomla! (Abb. 8.25 und 8.26).

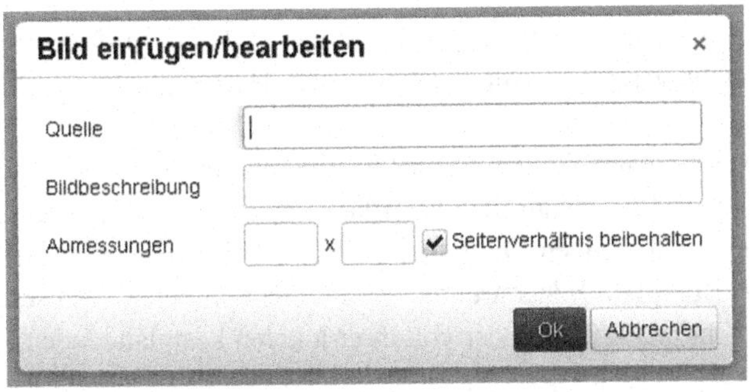
Bild einfügen/bearbeiten
×
Quelle
Bildbeschreibung
Abmessungen
x
Seitenverhältnis beibehalten
Ok
Abbrechen

Abb. 8.24 Der einfache Dialog zum Einfügen eines Bildes

Verzeichnis
Hoch
Einfügen
Abbrechen
banners
headers
sampledata
Bild Webadresse
Ausrichtung
Nicht definiert
Beschreibung
Bildtitel

Abb. 8.25 Der obere Teil des Dialogs zum Einfügen eines Bildes

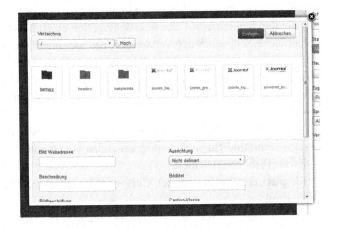

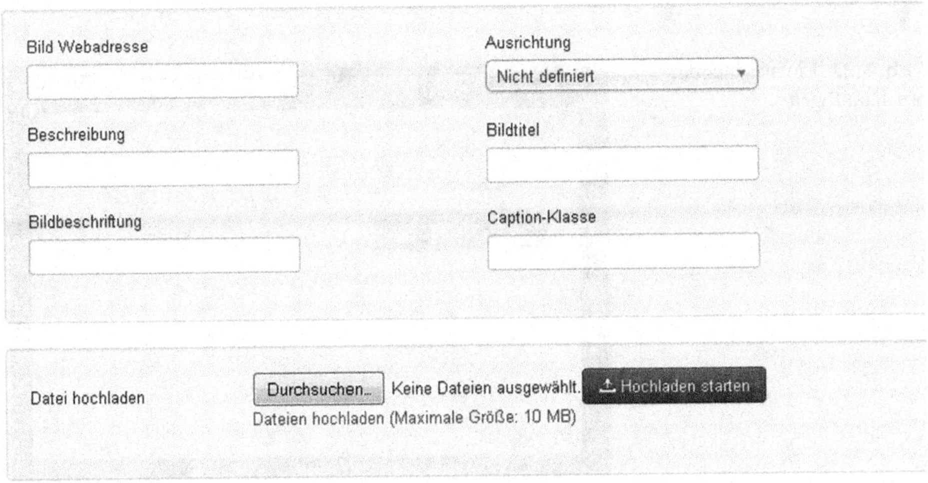
Bild Webadresse
Ausrichtung
Nicht definiert
Beschreibung
Bildtitel
Bildbeschriftung
Caption-Klasse
Datei hochladen
Durchsuchen...
Keine Dateien ausgewählt.
Hochladen starten
Dateien hochladen (Maximale Größe: 10 MB)

Abb. 8.26 Die Felder erlauben die genauere Spezifikation, woher das Bild stammen soll

Die grundsätzliche Vorgehensweise beim Einfügen eines Bildes unterscheidet sich nicht wesentlich vom Einfügen eines Hyperlinks.

- Sie platzieren den Cursor im Text an der Stelle, an der das Bild eingefügt werden soll, und klicken auf die Schaltfläche zum Einfügen des Bildes.
- Im folgenden Dialogfenster können Sie Bilder aus einem vorhandenen Ordner der Joomla!-Ordnerstruktur, von einem anderen Webserver unter Angabe der vollen http://-Adresse oder von Ihrer lokalen Festplatte laden.

8.3.1.7   Einen Seitenumbruch einfügen

Wenn Sie einen längeren Beitrag in mehrere übersichtliche Einzelseiten unterteilen wollen, die durch eine zusätzliche Seitennavigation einfach aufzurufen sind, können Sie die Schaltfläche *Seitenumbruch* verwenden, die Sie unterhalb von dem Eingabebereich des Editors finden. Joomla! wird bei der späteren Aufbereitung des Beitrags für das Frontend an diese Stellen den Text aufteilen und immer nur einen Teil davon anzeigen. Die restlichen Teile des Textes werden über die besagte zusätzliche Seitennavigation zugänglich gemacht.

Die Art der Anwendung ist wieder sehr ähnlich wie bei Links oder Bildern – eine schon besagte Selbstähnlichkeit von entsprechenden Vorgängen, die die intuitive Bedienung von Joomla! erheblich erleichtert.

Sie platzieren im Beitrag den Cursor im Text an der Stelle, an der eine neue Seite beginnen soll.

Dann klicken Sie auf die Schaltfläche *Seitenumbruch* (Abb. 8.27). Alternativ finden Sie den Befehl auch im Menü unter *Einfügen*.

Abb. 8.27 Einen Seitenumbruch einfügen

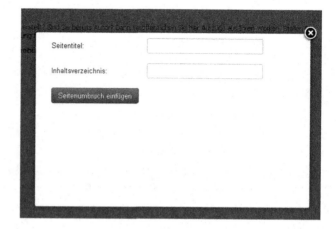

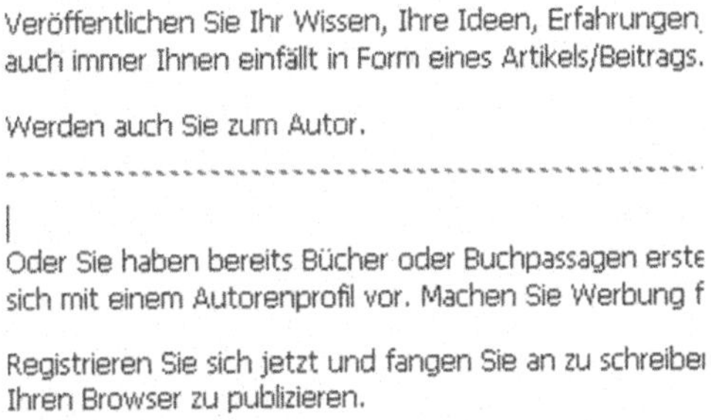

Abb. 8.28 Der Seitenumbruch wird in TinyMCE durch eine gestrichelte Linie dargestellt

Veröffentlichen Sie Ihr Wissen, Ihre Ideen, Erfahrungen auch immer Ihnen einfällt in Form eines Artikels/Beitrags.

Werden auch Sie zum Autor.

Oder Sie haben bereits Bücher oder Buchpassagen erste sich mit einem Autorenprofil vor. Machen Sie Werbung f

Registrieren Sie sich jetzt und fangen Sie an zu schreibe Ihren Browser zu publizieren.

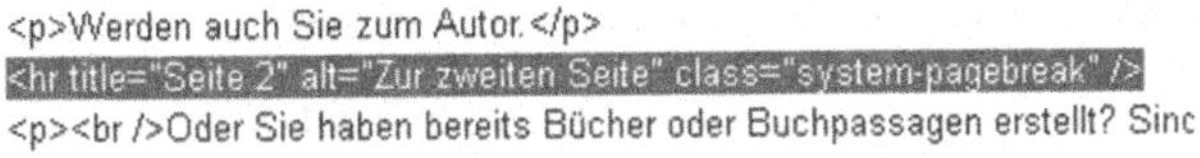

Abb. 8.29 Der Seitenumbruch im HTML-Code

```
<p>Werden auch Sie zum Autor.</p>
<hr title="Seite 2" alt="Zur zweiten Seite" class="system-pagebreak" />
<p><br />Oder Sie haben bereits Bücher oder Buchpassagen erstellt? Sinc
```

- Wenn Sie wollen, geben Sie im geöffneten Dialogfenster ins Feld *Seitentitel* einen kurzen Titel ein. Dieser erscheint dann in der Titelzeile des Browsers. Die Angabe ist aber optional.
- Ebenso können Sie im Feld *Alias* für Inhaltstabelle eine kurze Beschreibung der nachfolgenden Seite eingeben. Das Alias erscheint in der Seitennavigation als Eintrag in der Inhaltstabelle.
- Klicken Sie auf *Seitenumbruch einfügen.*

Der Seitenumbruch wird im Editorbereich von TinyMCE im WYSIWYG-Modus durch eine gestrichelte Linie dargestellt (Abb. 8.28). Sie sehen also an der Stelle immer noch den vorangehenden und nachfolgenden Text.

Intern arbeitet Joomla! mit einem HTML-Tag*<hr />* (eine Trennlinie), dem über eine spezielle CSS-Klasse (*system-pagebreak*) eine spezielle Bedeutung zugewiesen wird (Abb. 8.29). So könnte der Tag aussehen:

<hr title="Seite 2" alt="Zur zweiten Seite" class="system-pagebreak"/>

Um die richtige Wirkung zu sehen, muss man den Beitrag nach dem Speichern im Frontend betrachten (Abb. 8.30), wobei die Aufteilung in mehrere Seiten auch nur dann zu sehen ist, wenn man den Beitrag direkt ausgewählt hat (nicht etwa bei einem Hauptbeitrag, der direkt auf der Einstiegsseite angezeigt wird). Wie genau dann der Beitrag aufbereitet wird, hängt von den Angaben beim Seitenumbruch, aber auch vom Template und weiteren Konfigurationen ab. Aber grundsätzlich finden Sie eine Navigation mit den einzelnen Seiten des Beitrags 1), der durchaus auch in mehr als nur zwei Seiten unterteilt werden kann. Ebenso finden Sie eine Navigation zum Weiter- oder Zurückspringen 2) zur nächsten oder vorherigen Seite (Abb. 8.31).

Abb. 8.30 Der Seitenumbruch bewirkt bei der Darstellung des Beitrags im Frontend eine Aufteilung samt Navigation

Abb. 8.31 Von der zweiten Seite kann ein Besucher zurück zur vorherigen Seite navigieren

8.3.1.8   Einen Teaser einfügen

Fast alle Webseiten mit vielen Beiträgen statten ihre Beiträge mit sogenannten **Teasern** aus (Abb. 8.32 und 8.34). Das sind die ersten drei bis vier Sätze des vollen Beitrags zusammen mit einer *Weiterlesen*-Schaltfläche.

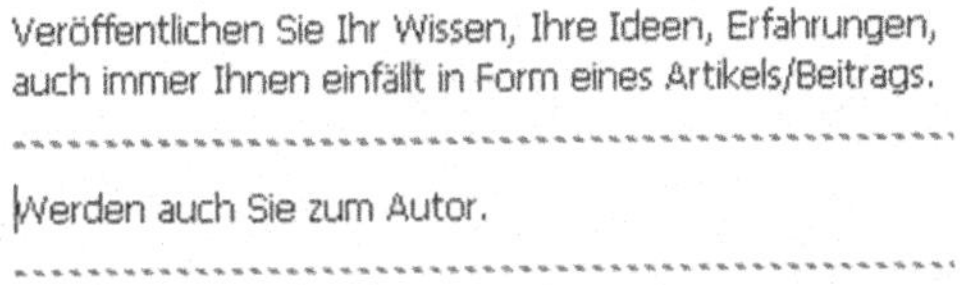

Abb. 8.32 Der Teaser wird im Editor mit einer roten Linie gekennzeichnet

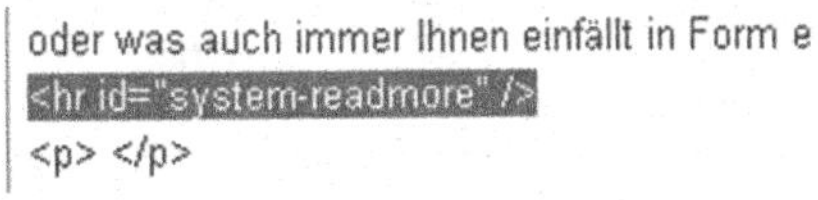

Veröffentlichen Sie Ihr Wissen, Ihre Ideen, Erfahrungen, auch immer Ihnen einfällt in Form eines Artikels/Beitrags.

Werden auch Sie zum Autor.

Abb. 8.33 In HTML selbst wird wieder mit einer Trenn-linie gearbeitet

oder was auch immer Ihnen einfällt in Form e
`<hr id="system-readmore" />`
`<p> </p>`

Diese Vorgehensweise hat mehrere Vorteile:

1. Der Platz auf der Bildschirmseite wird besser genutzt, da mehrere Schlagzeilen samt erster Informationen zu sehen sind.
2. Die Seite wird übersichtlicher.
3. Ein Teaser kann den Leser zum Weiterlesen veranlassen.

Um einen Beitrag mit einem *Weiterlesen*-Link zu versehen, können Sie folgendermaßen vorgehen:

Sie platzieren den Cursor nach den ersten einleitenden Sätzen des Beitrags, also da, wo Sie den Teaser für sinnvoll erachten.

Dann klicken Sie auf die Schaltfläche *Weiterlesen*, die sich unter dem Editor-Fenster befindet.

An der Stelle, an der der Text durch die Schaltfläche *Weiterlesen* getrennt wird, erscheint eine rote gestrichelte Linie im Text (Abb. 8.32).

Intern wird in HTML selbst wieder mit einer Trennlinie gearbeitet, die dieses Mal mit einer besonderen Id mit dem Wert *system-readmore* ausgezeichnet wird (Abb. 8.33).

<hr id="system-readmore"/>

> ► **Hinweis** Für Leser mit Kenntnissen in HTML: Es erscheint auf den ersten Blick vielleicht etwas inkonsistent, warum bei einem Teaser mit einer Id und beim Seitenumbruch mit einer Klasse gearbeitet wird. Aber ein Teaser darf nur genau einmal in einem Beitrag vorkommen und ein Seitenumbruch mehrfach. Genau dieses Konzept bilden ja eine Id (eindeutig) und eine Klasse (mehrmals zu verwenden) ab.
> Ebenso sollte man erwähnen, dass ältere Versionen von Joomla! für solche Elemente wie ein Weiterlesen-Link oder ein Zeilenumbruch mit sogenannten **Mambots** gearbeitet haben. Das waren Schlüsselwörter, die in geschweiften Klammern im Text notiert wurden. Diese klassischen Mambots wurden in neuen Versionen von Joomla! vollkommen durch die Erweiterung von HTML-Tags durch spezifische Attribute abgelöst.

Abb. 8.34 Im Frontend wird bei bestimmten Darstellungen des Beitrags eine *Weiterlesen*-Schaltfläche zu sehen sein

Um die Wirkung des Teasers zu sehen, müssen Sie den Beitrag wieder im Frontend betrachten. Die Schaltfläche *Weiterlesen* erscheint jedoch nicht in jedem Beitragslayout im Frontend. Wenn Sie Ihren Beitrag separat auf einer einzelnen Bildschirmseite anzeigen, ist die Schaltfläche *Weiterlesen* nicht zu sehen. Wird Ihr Beitrag als einer von mehreren Beiträgen in einem Blog-Layout oder als Hauptbeitrag auf der Einstiegsseite angezeigt, erscheint die Schaltfläche *Weiterlesen* (1 – Abb. 8.34).

▶ Das Anzeigen von einem Teaser ist genau umgekehrt zu dem Auftreten von einem Seitenumbruch. Man kann es sich so merken, dass ein Seitenumbruch eine Aufteilung des Beitrags erreichen soll, wenn der einzelne Beitrag betrachtet wird. Ein Teaser soll einen Teil des Beitrags in einem komplexeren Umfeld wie der Einstiegsseite oder einem Blog mit mehreren Beiträgen darstellen.

8.3.1.9 Sonderzeichen und Trennlinien einfügen

Über die Schaltfläche *Sonderzeichen* oder über das entsprechende Menü unter *Einfügen* können Sie in einem Beitrag eine Vielzahl an **Sonderzeichen** einfügen (Abb. 8.35).

Die Anwendung sollte keine Rätsel aufgeben und wird nicht weiter vertieft.

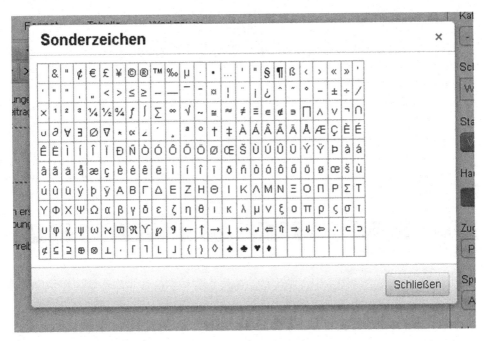

Abb. 8.35 Sonderzeichen einfügen

Noch einfacher ist das Einfügen einer horizontalen **Trennlinie**, die über die entspre-chende Schaltfläche *Horizontale Linie* oder über das Menü unter *Einfügen* ausgewählt werden kann.

8.3.1.10 Tabellen einfügen

Früher hat man im Web Tabellen oft zur Gestaltung von Webseiten verwendet. Das wird aber seit vielen Jahren nicht mehr empfohlen. Das bedeutet aber nicht, dass Tabellen nicht mehr verwendet werden, nur nicht zum Gestalten des Layouts einer HTML-Seite. Aber Tabellen werden dafür verwendet, um in Textbeiträgen Informationen in Zeilen und Spal-ten geordnet anzuzeigen. Das ist bei modernen Webseiten legitim.

Um eine Tabelle in einen Beitrag einzufügen, positionieren Sie wie immer den Cur-sor an die gewünschte Stelle und betätigen das Symbol *Tabelle erstellen/bearbeiten* (Abb. 8.36). Alternativ können Sie eine Tabelle über das Menü *Einfügen* erzeugen.

Mit dem Untermenü, das Sie mit einem Klick auf dieses Symbol erhalten, können Sie auch bestehende Tabellen bearbeiten.

Das Erstellen, Erweitern und Konfigurieren der Tabelle erfolgt wie allgemein bekannt aus der Textverarbeitung und soll vorausgesetzt werden.

Abb. 8.36 Eine Tabelle
einfügen

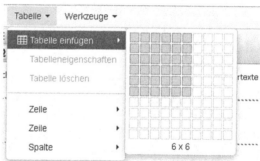

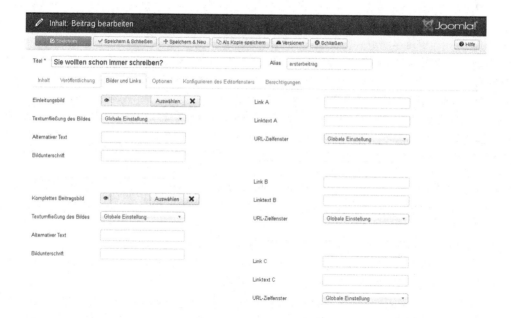

Abb. 8.37 Das neue Register für die qualifiziertere Auswahl von Bildern und Hyperlinks

8.3.2　Das Register Bilder und Links

Für eine umfangreichere Konfiguration und Auswahl von Bildern und Hyperlinks bei Beiträgen wurde nun in der Serie 3 von Joomla! ein eigenes Register *Bilder und Links* (*Images and Links*) eingeführt (Abb. 8.37).

In diesem Abschnitt können Sie allgemein Bilder und Links in Ihrem Artikel über standardisierte Layouts anzeigen. Diese Anzeige kann aber von einem Benutzer mit Admin-Berechtigungen in den Artikel-Manager-Optionen ausgeblendet werden.

Mit einem **Einleitungsbild** können Sie ein Bild in einer festen Position in dem Einleitungstext eines Artikels anzeigen (Abb. 8.38).

Sie wollten schon immer schreiben?

Details   ⚙▾

Geschrieben von Super User
Kategorie: Zum Portal
📅 Veröffentlicht: 02. Dezember 2014
👁 Zugriffe: 2

Veröffentlichen Sie Ihr Wissen, Ihre Ideen,
Erfahrungen, Leidenschaften, Träume, Gedichte,
Geschichten oder Kurzgeschichten, Liedertexte oder
was auch immer Ihnen einfällt in Form eines
Artikels/Beitrags.

Abb. 8.38 Ein Einleitungsbild bei dem Beitrag

- Klicken Sie dazu auf die Schaltfläche *Auswählen*. Sie erhalten ein modales Fenster, über das Sie ein Bild aus Ihrem Bilder-Ordner von Joomla! auswählen können. Dies ist wieder die **Medienübersicht** von Joomla!. Alle dort angezeigten Medien können Sie direkt auswählen und mit der Schaltfläche *Einfügen* dem Beitrag hinzufügen.

Ist ein gewünschtes Bild dort noch nicht vorhanden, klicken Sie in der Medienverwaltung von Joomla! im nachfolgenden Dialog beim Feld *Datei hochladen* auf die Schaltfläche *Durchsuchen*. Das Verfahren in Joomla! ist immer wieder gleich.

- Wählen Sie im damit geöffneten Dialogfenster zum Beispiel ein Foto aus, das auf Ihrer lokalen Festplatte liegt. Mit der Schaltfläche *Öffnen* übernehmen Sie die Auswahl.
- Achten Sie darauf, dass das gewählte Foto nicht zu viel Speicherplatz belegt, da dies die Ladezeiten Ihrer Seite unnötig verlängert und entsprechend Speicherplatz auf Ihrem Server belegt.
- Klicken Sie anschließend auf *Hochladen starten*.
- Nach kurzer Verzögerung erscheint das Foto in der Medienübersicht.
- Klicken Sie das Foto in der Medienübersicht an.

Der Pfad zu Ihrer auf den Webserver hochgeladenen Bilddatei (in der Medienübersicht) erscheint im Feld *Bild Webadresse* (Abb. 8.39).

Nachdem Sie ein Bild ausgewählt haben, können Sie mit der Maus über die *Vorschau*-Schaltfläche eine Vorschau des Bildes anzeigen (Abb. 8.40).

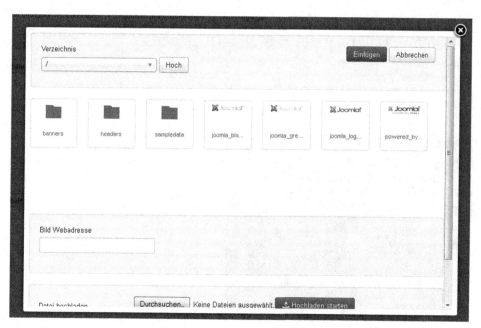

Abb. 8.39 Auswahl eines Bildes

Abb. 8.40 Die Vorschau des
Bildes wird angezeigt, wenn
Sie den Mauszeiger auf das
Formularfeld bewegen

Die weiteren Angaben in diesem Bereich beeinflussen die Art und Weise, wie der Text
um das Bild fließt sowie den Wert für das *alt*-Attribut bei dem Bild. Ebenso kann eine
Beschriftung (Bildunterschrift beziehungsweise Caption) von dem Bild erstellt werden.

Im unteren linken Bereich geben Sie ein Bild für die „Ein-Beitrag-Ansicht" an (*Komplettes Beitragsbild*). Auch hier können Sie die gleichen Parameter wie beim Einleitungsbild spezifizieren.

Tab. 8.1 Veröffentlichungsoptionen, die im Register *Inhalt* spezifiziert werden

Namen	Bedeutung
Hauptbeiträge	Wenn Sie hier *Ja* auswählen, wird dieser Beitrag auf der Startseite des Frontends angezeigt
Kategorie	Hier wählen Sie aus, zu welcher Kategorie der Beitrag gehört
Schlagwörter	Das ist die Angabe von Schlüsselbegriffen (Tags), mit denen ein Beitrag verbunden werden soll
Sprache	Die Sprache eines Beitrags. Dort können Sie einstellen, welche Sprache dem Beitrag zugeordnet ist. Das ist grundsätzlich nur relevant, wenn Sie eine mehrsprachige Webseite in Betrieb haben
Status	Hier wählen Sie aus, ob der Beitrag im Frontend angezeigt werden soll (*Freigegeben*) oder dort nicht sichtbar ist (*Gesperrt*). Sie können auch den Beitrag als gelöscht (*Papierkorb*) oder als *Archiviert* kennzeichnen
Zugriff	Ganz wichtig ist die Festlegung des Zugriffs, denn damit bestimmen Sie, wer den Artikel lesen beziehungsweise bearbeiten darf: • *Öffentlich*: jeder Benutzer • *Registriert*: am System angemeldete Benutzer • *Spezial*: am System angemeldete Benutzer, die spezielle Rollen haben wie zum Beispiel Autoren, Manager oder Super Benutzer • *Eigene Zugriffsebene* (Beispiel): eine durch die Beispieldaten angelegte Zugriffsebene, bei der spezielle Rollen wie Manager, Autoren und Super Benutzer Zugriff haben • *Gast*: Jeder Gast im System • *Super User*: Der Administrator im System

Mit Link A bis Link C setzen Sie Standardwerte für den ersten bis dritten Link im Artikel. Das ist bequem, wenn Sie diese nicht individuell angeben wollen, aber eher von untergeordneter Bedeutung.

8.4   Die Veröffentlichung von Beiträgen

In alten Versionen von Joomla! wurde die Veröffentlichung von Beiträgen zentral über einen Bereich *Freigeben* geregelt. Das ist in der Serie 3 geändert worden und die relevanten Daten für die Freigabe beziehungsweise Veröffentlichung sind in mehrere Register verteilt worden. Im Register *Inhalt* sind bereits die wichtigsten Freigabeoptionen zu finden, aber auch im Register *Veröffentlichung* (in alten Versionen von Joomla! *Freigeben* genannt) können Sie genauere Angaben festlegen.

Im Register *Inhalt* finden Sie folgende wichtige Freigabeoptionen, die teils schon von Kategorien und Menüs bekannt sind (Tab. 8.1):

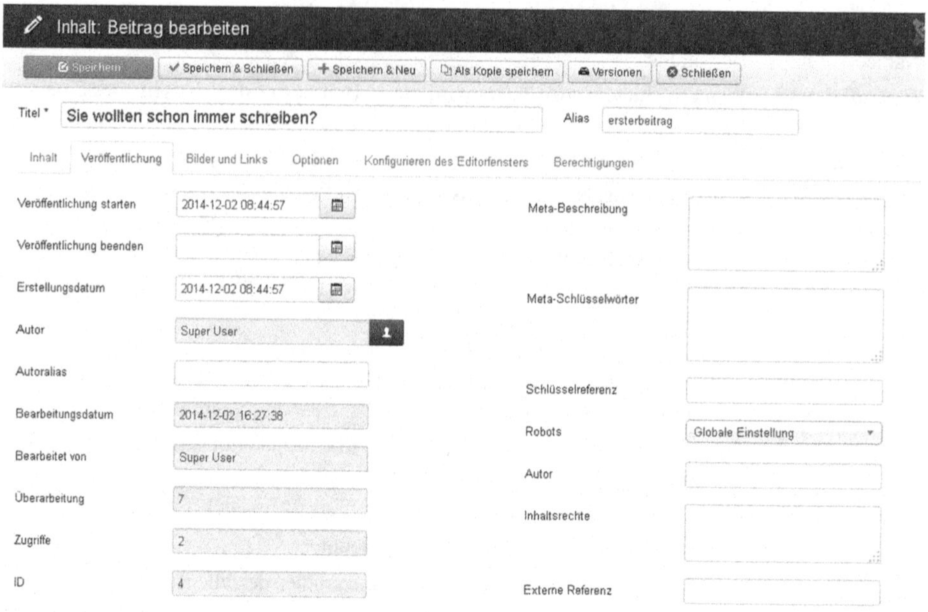

Abb. 8.41 Optionen zur Veröffentlichung

In der Bearbeitungsansicht eines Beitrages im Register *Veröffentlichung* können Sie weitere wichtige Einstellungen konfigurieren, die die Veröffentlichung des Beitrages steuern (Abb. 8.41).

Hier gibt es unter anderem folgende Einstellungsmöglichkeiten (Tab. 8.2):

Der Bereich *Metatags* befindet sich ebenfalls im Register *Veröffentlichung*. Dort können Sie in die Felder *Metabeschreibung* und *Schlüsselwörter* für Suchmaschinen Informationen zum Beitrag eingeben.

8.5   Optionen, Konfigurieren des Editorfensters und Berechtigungen

Im Editorbereich finden Sie noch drei weitere Register:

a. Optionen
b. Konfigurieren des Editorfensters
c. Berechtigungen

Tab. 8.2 Das Register *Veröffentlichung*

Name	Bedeutung
Autor	Wer ist der Autor? Standardmäßig wird derjenige als Autor geführt, der einen Beitrag auch erstellt hat. Höher priorisierte Benutzer (insbesondere der Administrator) können aber einen Beitrag auch einem anderen Benutzer im CMS zuweisen, der dann als Autor auftaucht
Autoralias	Hier können Sie ein vom Benutzernamen abweichendes Kürzel vergeben, das im Frontend angezeigt werden kann
Bearbeitet von	Wer hat den Beitrag bearbeitet? Standardmäßig wird derjenige Benutzer angegeben, der einen Beitrag als letztes bearbeitet hat. Höher priorisierte Benutzer (insbesondere der Administrator) können aber diese Angabe auch einem anderen Benutzer im CMS zuweisen, der dann als letzter Benutzer auftaucht, der den Beitrag bearbeitet hat
Bearbeitungsdatum	Hier steht die Angabe, wann der Beitrag das letzte Mal bearbeitet wurde. Standardmäßig wird das Datum automatisch mit einer Bearbeitung generiert und gespeichert. Das Datum kann hier aber auch von ausreichend priorisierten Benutzern explizit eingestellt werden
Veröffentlichung beenden	In dem Feld stellen Sie ein, wann der Beitrag nicht mehr im Frontend sichtbar sein soll. Die Auswahl funktioniert wie bei *Veröffentlichung starten*
Veröffentlichung starten	In dem Feld stellen Sie ein, ab welchem Datum der Beitrag im Frontend erscheinen soll

8.5.1 Optionen

Bei den Optionen (Abb. 8.42) stellen Sie ein, ob gewisse Dinge bei einem Beitrag angezeigt oder verborgen werden sollen, etwa

- der Autor,
- das Erstellungsdatum,
- die Kategorie,
- das Bearbeitungsdatum etc.

Das kann entweder aus den globalen Konfigurationseinstellungen übernommen werden oder es wird individuell bei einem Beitrag überschrieben.

8.5.2 Konfigurieren des Editorfensters

In diesem Register (Abb. 8.43) geben Sie an, ob Sie für folgende Einstellungen die globalen Vorgaben verwenden oder explizit für den bearbeiteten Beitrag anzeigen oder verbergen wollen:

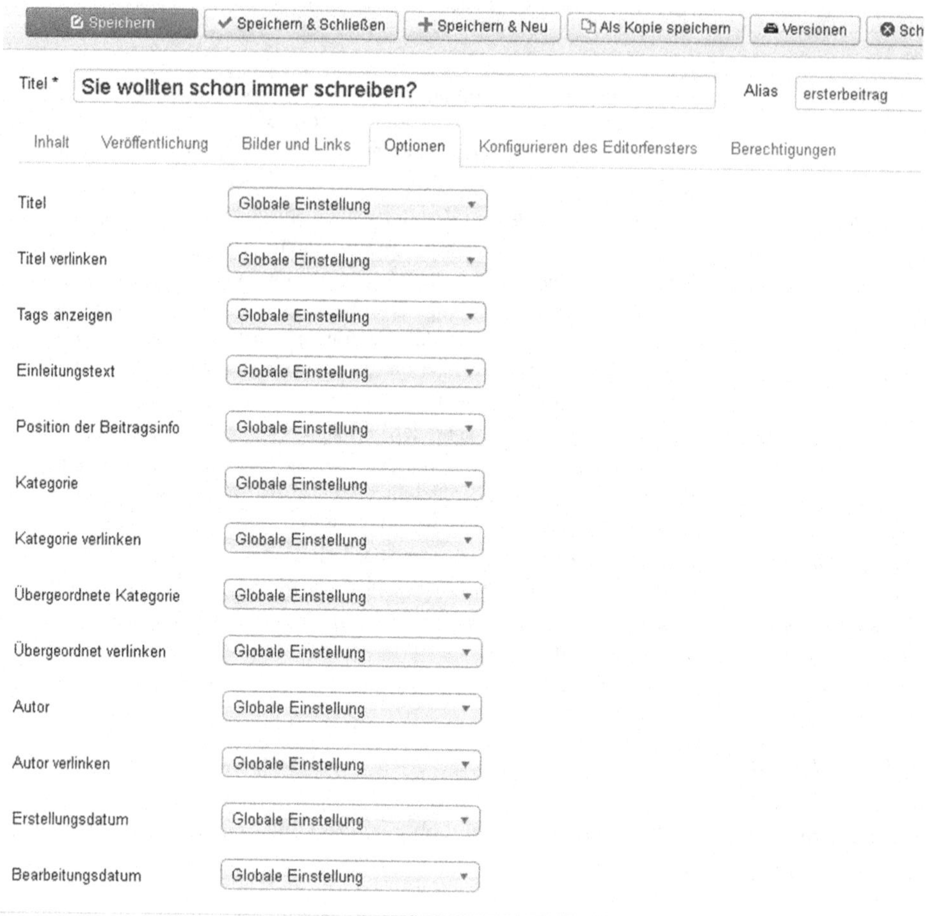

| 🖺 Speichern | ✔ Speichern & Schließen | ➕ Speichern & Neu | 🗐 Als Kopie speichern | 🚑 Versionen | ⊗ Sch |

Titel * **Sie wollten schon immer schreiben?**   Alias   ersterbeitrag

Inhalt   Veröffentlichung   Bilder und Links   Optionen   Konfigurieren des Editorfensters   Berechtigungen

Titel

| Globale Einstellung ▼ |

Titel verlinken

| Globale Einstellung ▼ |

Tags anzeigen

| Globale Einstellung ▼ |

Einleitungstext

| Globale Einstellung ▼ |

Position der Beitragsinfo

| Globale Einstellung ▼ |

Kategorie

| Globale Einstellung ▼ |

Kategorie verlinken

| Globale Einstellung ▼ |

Übergeordnete Kategorie

| Globale Einstellung ▼ |

Übergeordnet verlinken

| Globale Einstellung ▼ |

Autor

| Globale Einstellung ▼ |

Autor verlinken

| Globale Einstellung ▼ |

Erstellungsdatum

| Globale Einstellung ▼ |

Bearbeitungsdatum

| Globale Einstellung ▼ |

Abb. 8.42 Allgemeine Optionen für den Beitrag

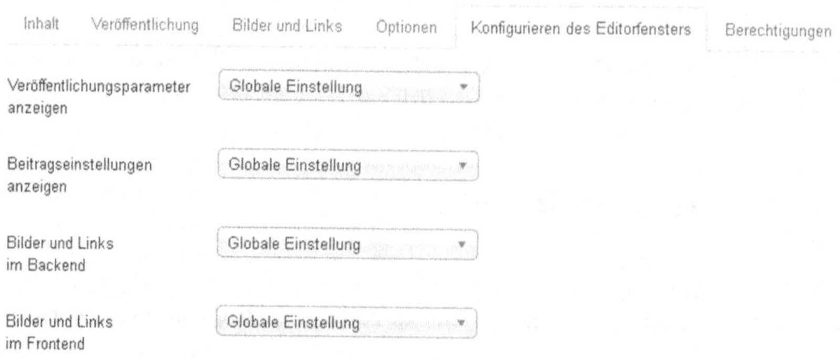

Inhalt   Veröffentlichung   Bilder und Links   Optionen   Konfigurieren des Editorfensters   Berechtigungen

Veröffentlichungsparameter anzeigen

| Globale Einstellung ▼ |

Beitragseinstellungen anzeigen

| Globale Einstellung ▼ |

Bilder und Links im Backend

| Globale Einstellung ▼ |

Bilder und Links im Frontend

| Globale Einstellung ▼ |

Abb. 8.43 Konfigurieren des Editorfensters

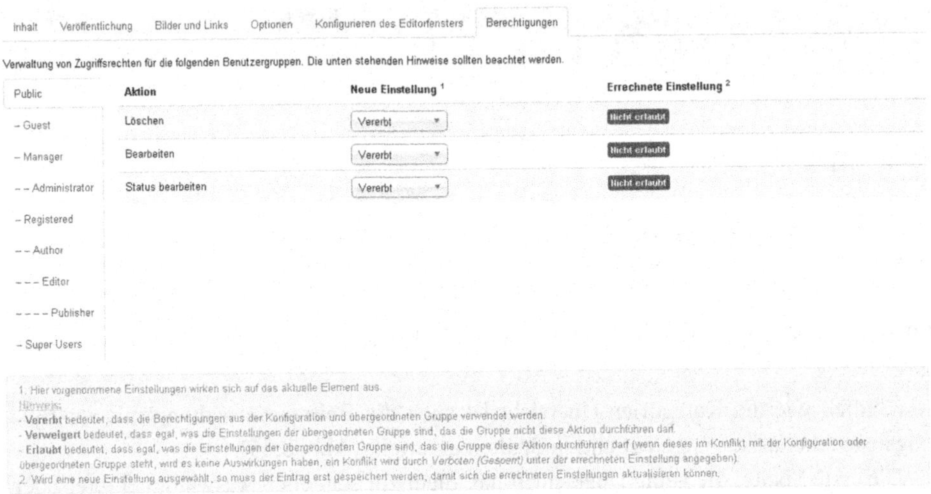

Inhalt	Veröffentlichung	Bilder und Links	Optionen	Konfigurieren des Editorfensters	Berechtigungen

Verwaltung von Zugriffsrechten für die folgenden Benutzergruppen. Die unten stehenden Hinweise sollten beachtet werden.

Public	Aktion	Neue Einstellung [1]	Errechnete Einstellung [2]
– Guest	Löschen	Vererbt ▾	Nicht erlaubt
– Manager	Bearbeiten	Vererbt ▾	Nicht erlaubt
– – Administrator	Status bearbeiten	Vererbt ▾	Nicht erlaubt
– Registered			
– – Author			
– – – Editor			
– – – – Publisher			
– Super Users			

1. Hier vorgenommene Einstellungen wirken sich auf das aktuelle Element aus.
Hinweis:
- **Vererbt** bedeutet, dass die Berechtigungen aus der Konfiguration und übergeordneten Gruppe verwendet werden.
- **Verweigert** bedeutet, dass egal, was die Einstellungen der übergeordneten Gruppe sind, die Gruppe nicht diese Aktion durchführen darf.
- **Erlaubt** bedeutet, dass egal, was die Einstellungen der übergeordneten Gruppe sind, das die Gruppe diese Aktion durchführen darf (wenn dieses im Konflikt mit der Konfiguration oder übergeordneten Gruppe steht, wird es keine Auswirkungen haben, ein Konflikt wird durch *Verboten (Gesamt)* unter der errechneten Einstellung angegeben).
2. Wird eine neue Einstellung ausgewählt, so muss der Eintrag erst gespeichert werden, damit sich die errechneten Einstellungen aktualisieren können.

Abb. 8.44 Berechtigungen

a. Veröffentlichungsparameter anzeigen
b. Beitragseinstellungen anzeigen
c. Bilder und Links im Backend
d. Bilder und Links im Frontend

8.5.3   Berechtigungen

Je nach den Benutzerberechtigungen dürfen in Joomla! Benutzer einen verfassten Beitrag veröffentlichen (*Erlaubt*) oder auch nicht (*Verweigert*).

Dieses Register (Abb. 8.44) dient zur individuellen Verwaltung von Zugriffsrechten für die Benutzergruppen, die in Joomla! vorhanden sind. In der Regel werden die Zugriffs-rechte aus der globalen Benutzerverwaltung von Joomla! vererbt, aber das kann man hier für den Beitrag sehr weitreichend anpassen. Hier vorgenommene Einstellungen wirken sich dann aber auch nur auf das aktuelle Element aus.

- *Verweigert* bedeutet, dass die spezifizierte Gruppe diese Aktion nicht durchführen darf.
- *Erlaubt* bedeutet, dass die Gruppe diese Aktion durchführen darf.
- *Vererbt* bedeutet dabei, dass die Berechtigungen aus der Konfiguration und übergeord-neten Gruppe verwendet werden.

8.6   Details zur Verwaltung von Beiträgen im Backend

Im Backend gelangen Sie über zwei Wege zur **Beitragsverwaltung**. Im Kontrollzentrum können Sie hierzu das Symbol *Beiträge* anklicken oder über das Menü *Inhalt*, Eintrag *Beiträge*, dorthin gelangen.

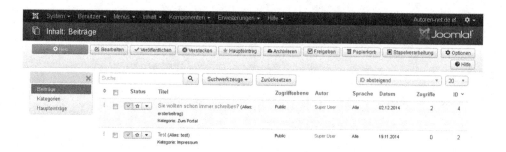

Abb. 8.45 Die Beitragsverwaltung im Joomla!-Backend

Ähnlich wie die Kategorien-Übersicht ist auch die Beitragsverwaltung mit der Beitragsliste tabellarisch angelegt und in Spalten unterteilt (Abb. 8.45).

Die erste Spalte, die keine Überschrift hat, dient zur schnellen Auswahl mehrerer oder aller Beiträge. Wollen Sie alle Beiträge auswählen, aktivieren Sie in der Überschriftzeile das Kontrollfeld. Wollen Sie mehrere Beiträge auf einmal markieren, aktivieren Sie jeweils das Kontrollfeld am Zeilenanfang der betroffenen Beiträge.

Die so markierten Beiträge können mit der Werkzeugleiste gleichzeitig bearbeitet, also zum Beispiel gleichzeitig gesperrt, gelöscht oder freigegeben werden. Ein gleichzeitiges Editieren funktioniert allerdings nicht, was kaum überraschen sollte.

Neu ist an dieser Stelle die Schaltfläche *Archivieren*, über die markierte Beiträge für die spätere Verwendung als „archiviert" gekennzeichnet (aber nicht gelöscht) werden können.

▶ **Hinweis** Das **Archiv** in Joomla! ist ein Bereich, in dem Inhalt „archiviert" wird,
der nicht mehr im Frontend zugänglich sein soll. Dieser Inhalt soll aber nicht
gelöscht, sondern für eine mögliche spätere Verwendung aufbewahrt werden.
Um Inhalt in das Archiv zu „verschieben", muss dieser bloß besonders ausgezeichnet werden. Ein wirkliches Verschieben ist also in dem Sinn gar nicht
notwendig.

Neben der Navigation (*Beiträge, Kategorien, Hauptbeiträge*) befindet sich der **Listen-Filter**, der nahezu identisch mit dem Listen-Filter aus der Kategorien-Übersicht ist. Wird im Listen-Filter eine Auswahl getroffen, so werden in der Beitragsliste darunter nur noch die Beiträge angezeigt, die den ausgewählten Kriterien entsprechen. Sie können nach Status filtern, zum Beispiel freigegebene, archivierte oder gesperrte Beiträge anzeigen. Sie können die Beiträge ebenso nach der Kategorie filtern. Vergessen Sie nicht, auch hier die Filterung nach Beiträgen wieder rückgängig zu machen (Schaltfläche *Zurücksetzen*), da sonst die Filterung bestehen bleibt.

Auch die **Sortierung** in der Tabelle erfolgt analog den Vorgehensweisen, die wir von Kategorien kennen.

Abb. 8.46 Ein Beitrag ist gesperrt

8.6.1   Beitrag im Backend bearbeiten

In der Beitragsliste können Sie Beiträge einfach durch Klicken auf den Titel des Beitrags bearbeiten. Nach dem Klick auf den Namen öffnet sich ein Fenster mit der Bearbeitungsansicht des Beitrages – also der Editor mit all den Möglichkeiten, die wir im vorherigen Kapitel besprochen haben (Abb. 8.46).

Wenn Sie links neben dem Namen des Beitrags ein **Vorhängeschloss**-Symbol sehen, bedeutet dies, dass der Beitrag für andere Benutzer gesperrt ist und von diesen nicht bearbeitet werden kann. Das kommt beispielsweise dann vor, wenn ein anderer (berechtigter) Benutzer den Artikel gerade bearbeitet.

▶   Der Super Benutzer, der mit Administratorrechten ausgestattet ist, kann diesen Schutz wieder aufheben, indem auf das Vorhängeschloss-Symbol geklickt wird. Das sollte aber mit Vorsicht geschehen, denn meist ist ein Beitrag nicht grundlos gesperrt worden.

8.6.2   Hauptbeiträge verwalten

Eine besondere Form der Beiträge in Joomla! sind wie schon erwähnt die **Hauptbeiträge**. Ein Beitrag wird beispielsweise zu solch einem Hauptbeitrag, wenn Sie ihn in der Beitragsverwaltung markieren und dann die Schaltfläche *Hauptbeitrag* oben im Fenster anklicken (Abb. 8.47).

Dabei sind gar nicht die Hauptbeiträge selbst etwas Besonderes, sondern nur die Art und Weise, wie diese Beiträge in Joomla! behandelt werden. Hauptbeiträge sind normale Beiträge mit der Besonderheit, dass sie auf der Startseite des Frontends zu sehen sind und die Aufmerksamkeit der Besucher auf sich ziehen sollen. In der Beitragsverwaltung erreichen Sie einen besonderen Bereich für Hauptbeiträge entweder mit der Navigation unter der Werkzeugleiste oder über das Menü *Inhalt*, Eintrag *Hauptbeiträge*. Im Grunde

Abb. 8.47 Der Bereich für Hauptbeiträge in der Beitragsverwaltung

Abb. 8.48 Der erste Beitrag ist ein Hauptbeitrag, der zweite nicht

handelt es sich nur um eine Filterung aller Beiträge, denn die Tabelle ist identisch mit der normalen Beitragsverwaltung. Bei umfangreicheren Webseiten ist diese Verwaltungsseite der Hauptbeiträge aber eine praktische Sache, da Sie hier auf einen Blick alle Hauptbeiträge sehen (Abb. 8.48).

Wenn ein Hauptbeitrag wieder zu einem normalen Beitrag werden soll, markieren Sie mit dem Kontrollfeld den Hauptbeitrag in der Verwaltung der Hauptbeiträge und klicken dann in der Symbolleiste die *Entfernen*-Schaltfläche (nur in der Verwaltung der Hauptbeiträge vorhanden) an.

Durch diesen Schritt wurde der Hauptbeitrag zwar von der Startseite des Frontends entfernt, aber der Beitrag wurde nicht gelöscht, sondern ist einfach wieder ein normaler Beitrag.

▶   Beim Erstellen eines Beitrags können Sie ebenfalls bereits angeben, ob dieser
       ein Hauptbeitrag werden soll (Tab. 8.1).

8.6.3   Globale und beitragsbezogene Beitragsoptionen

Die Beitragsverwaltung ist in Joomla! dafür verantwortlich, das Erscheinungsbild von Beiträgen im Frontend global festzulegen. In diesem Zusammenhang gibt es mannigfaltige Einstellungsmöglichkeiten, die unter dem Kontrollzentrum in der Rubrik *Konfiguration* und dort *Beiträge* zusammengefasst sind. Um dorthin zu gelangen, klicken Sie auf *System, Kontrollzentrum, Konfiguration* und dann *Beiträge*. Es öffnet sich ein Dialogfeld mit **globalen** Beitragseinstellungen (Abb. 8.49). Diese gelten als Vorgaben für alle Beiträge, wenn diese Vorgaben nicht mit individuellen Optionen für einen speziellen Beitrag überschrieben werden. Beitragsbezogene Beitragsoptionen haben also **Vorrang** vor globalen Optionen.

Bei den Beitragsoptionen können Sie zahlreiche Einstellungen vornehmen, die mit jeder neuen Version von Joomla! zunehmen. Sie können zum Beispiel grundsätzlich einstellen, ob bei der vollen Beitragsanzeige immer auch der Titel angezeigt werden soll oder nicht. Gleiches gilt für den Einleitungstext, den Namen der Kategorie und den Namen des Autors.

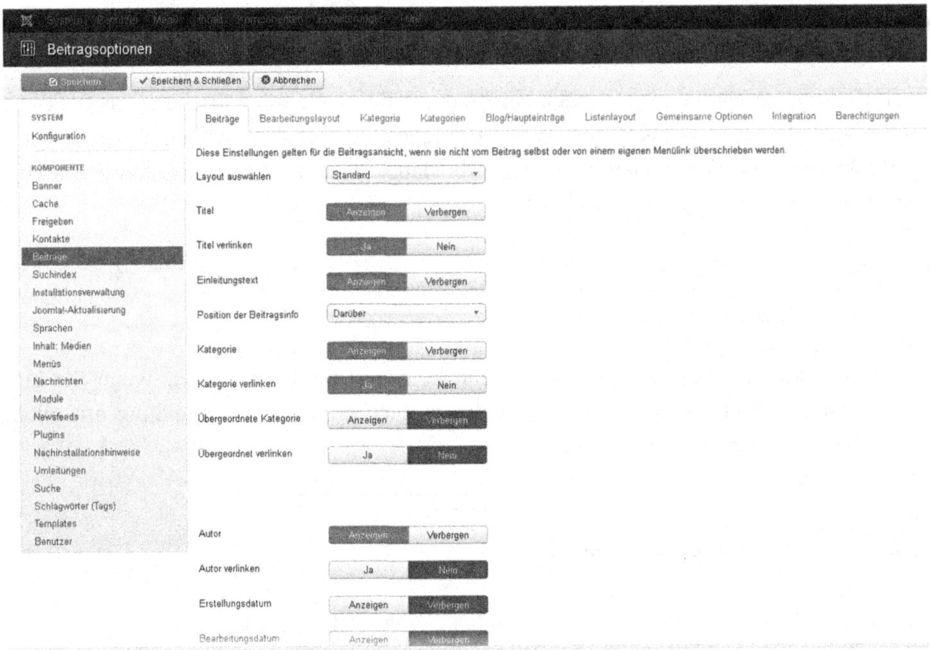

Abb. 8.49 Die globalen Beitragsoptionen

Wenn Sie hier Einstellungen verändern und auf *Speichern* beziehungsweise *Speichern & Schließen* klicken, haben die getätigten Änderungen sofort globale, also systemweite Auswirkungen bei den Beiträgen, sofern dort eben nicht eine andere Einstellung bei den beitragsbezogenen Beitragsoptionen festgelegt wurde.

8.6.4   Beiträge anzeigen

Auf der Startseite des Frontends können mehrere Beiträge auf einer Seite zusammen angezeigt werden. In Joomla! gibt es folgende verschiedene Möglichkeiten, wie Beiträge angezeigt werden können:

- als einzelner Beitrag,
- in Form mehrerer Beiträge als Blog,
- in Form mehrerer Beiträge als Kategorienliste,
- als Hauptbeiträge und
- in Form einer Listendarstellung (mehrerer) archivierter Beiträge.

Es nun sehr interessant, aber auch wichtig, dass **nicht** ein Beitrag selbst „entscheidet", wie er im Frontend dargestellt wird. Der Menüeintragstyp legt fest, wie das Beitragslayout aussieht.

8.6.5   Beiträge löschen

In der Beitragsverwaltung können Sie einen oder mehrere Beiträge löschen. Das funktioniert wie das Löschen von Kategorien. Die Beiträge sind aber dann noch nicht permanent gelöscht, sondern befinden sich im Papierkorb. Dabei ist zu beachten, dass Joomla! **mehrere** Papierkörbe gleichzeitig verwaltet:

1. für Beiträge,
2. für Kategorien,
3. für Hauptbeiträge und
4. für Menüeinträge, wobei das ganze Menü keinen Papierkorb besitzt. Wenn Sie ein Menü mit allen Einträgen löschen, ist dieses nach einer Hinweismeldung mit allen Inhalten unwiderruflich gelöscht.

8.6.6   Beiträge wiederherstellen

Natürlich können Sie Beiträge wiederherstellen, wenn diese im Papierkorb sind.

- Dazu gehen Sie einfach zum Papierkorb (etwa mit der Auswahl *Papierkorb* im Listenfeld).
- Markieren Sie den oder die wiederherzustellenden Eintrag bzw. Beiträge und klicken Sie entweder auf *Veröffentlichen* oder auf den entsprechenden Befehl bei *Status*.

Templates und Template-Stile – die Optik anpassen

9

Gestalten der Webseite mit Designvorlagen

9.1 Was behandeln wir in diesem Kapitel?

In diesem Kapitel erfahren Sie, was es mit **Templates** und **Template-Stilen** auf sich hat und wie Sie Templates in Joomla! verwenden. Der Umgang mit Templates hat sich in der Serie 3 von Joomla! gegenüber den Vorgängerversionen erheblich verändert. Die Anwendung wurde vor allem vereinfacht. Dabei ist in dem Kapitel das wichtigste Thema, wie Sie vorhandene Templates beziehungsweise Stile einsetzen können. Ebenso besprechen wir, wie Sie weitere Templates installieren können, wobei sich dies nicht signifikant von der Installation von Modulen, Sprachen oder Erweiterungen unterscheidet. Templates lassen sich aber auch anpassen, wobei dazu meist erhebliche Erfahrungen mit HTML, CSS und PHP sowie fundierte Kenntnisse vom internen Aufbau von Joomla! unabdingbar sind. Das wird in diesem Buch nicht vollständig ausgearbeitet. Wir werden dennoch kurz ansprechen, wie ein Template grundsätzlich angepasst wird. Oftmals ist das aber gar nicht notwendig, denn es gibt in neuen Joomla!-Versionen Template-Stile, die über Assistenten und Joomla!-Dialoge konfiguriert werden können.

© Springer Fachmedien Wiesbaden 2015
R. Steyer, *Joomla!*, DOI 10.1007/978-3-658-08878-1_9

9.2 Was sind Templates?

Die Tendenz in der Softwareentwicklung im Allgemeinen, aber auch der Webseitenerstellung im Speziellen, geht immer mehr hin zu einer **Trennung** von Aufgaben und Funktionalitäten in **modulare Einheiten**. Diese Philosophie finden Sie an den unterschiedlichsten Stellen und in den unterschiedlichsten Ausprägungen.

Jedem halbwegs erfahrenen Webseitenersteller ist mittlerweile bekannt, dass man bei einer Webseite die Struktur, das Layout und die Funktionalität *strikt* trennen muss.

a. Die Struktur einer Webseite wird mit HTML oder XHTML beschrieben, wobei das auch generierter Code sein kann (etwa mit PHP).
b. Das Layout legt man vollständig mit Style Sheets (CSS) fest.
c. Die Funktionalität wird mit JavaScript programmiert.

Natürlich muss das System mit einer verwaltenden Technik zusammengefügt werden. Das ist im Fall einer Webseite der HTML-Code, in dem die anderen Techniken verankert werden.

Aber die mögliche modulare Trennung einer Webseite hört damit noch nicht auf. Während statische Webseiten im HTML-Code meist noch die Struktur und den Inhalt vermischen, trennen gerade interaktive Webseiten diese Ebene noch einmal weiter auf. Die Struktur wird dabei weiter mit HTML oder XHTML beschrieben, wobei dieser auch mit serverseitigen Sprachen wie PHP-Skripte erzeugt werden kann. Aber die Inhalte werden aus dem HTML-Code ausgelagert und dynamisch generiert. Um die Inhalte in Webseiten zu bekommen, werden dort Platzhalter notiert, die dann programmiertechnisch gefüllt werden[1].

Egal wie diese Trennung vollzogen wird, Sie sehen, dass eine Aufsplittung in verschiedene Module ein rein logischer Vorgang ist, der technisch natürlich irgendwie umgesetzt werden muss.

Die (Template-)Stile und Templates bei einem CMS wie Joomla! spalten nun das Design einer Webseite über Vorlagen ab, nach denen sich alle oder bestimmte Seiten der Webseite im Erscheinungsbild „richten" sollen, wobei eine solche **Designvorlage** der Webseite kein festes Aussehen vorgibt, sondern eher Regeln, die andere Bestandteile wie Plug-ins, Komponenten, Menüs etc. einhalten.

9.2.1 Was legt ein Template fest?

Ein Template bestimmt zum Beispiel,

- wo auf der Webseite welche Inhalte stehen (Modulpositionen),
- welche Schriftarten verwendet werden,
- welche Farben verwendet werden,

---

[1] Auf diese Weise arbeitet auch Joomla!

- wie Menüs aussehen oder
- welche Strukturen überhaupt grundsätzlich vorhanden sind.

9.3 Die Template-Verwaltung

Ein Template wirkt sich also vielfältig in der Webseite von Ihrem Joomla!-CMS aus. Verwaltet und organisiert werden Templates in der **Template-Verwaltung** im Backend (Menü *Erweiterungen*, Eintrag *Templates*).

9.3.1 Template versus Template-Stil

In neueren Joomla!-Versionen wird der Begriff „Template" in zweierlei Ausprägungen benutzt. Diese Denkweise unterscheidet sich massiv von älteren Versionen, wo man nur mit Templates gearbeitet hat. In den neuen Joomla!-Versionen gibt es die folgenden beiden Bereiche:

a. Selbstständige und voneinander vollkommen unabhängige Templates. Das sind grundsätzliche Strukturen und Vereinbarungen, die aus einem Satz an PHP- und CSS-Dateien in einer vorgegebenen Verzeichnisstruktur bestehen.
b. Template-Stile, die als **Varianten** oder Unterrubriken eines Templates verstanden werden können. Mit verschiedenen Stilen können Sie etwa Positionen, Farben oder Hintergründe anpassen, ohne das grundsätzliche Template zu ändern. Aber auch verschiedene Varianten eines einzelnen Templates (Abschn. 9.3.2) können für unterschiedliche Zwecke eingesetzt werden.

Zu finden sind beide Begriffe im Backend in der Template-Verwaltung (Abb. 9.1). Dort sehen Sie die zwei Kategorien

- Stile (1) und
- Templates (2).

Abb. 9.1 Die Verwaltung der Templates und Stile

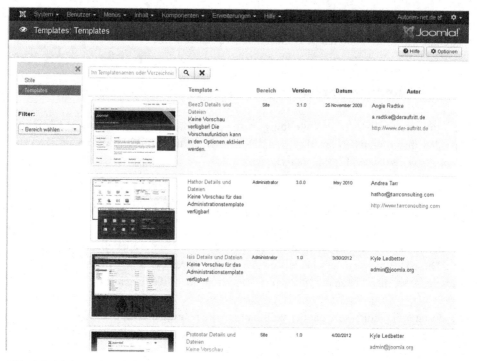

Abb. 9.2 Die Templates in einer Vorschau

Für die Zuweisung von einer konkreten Designvorlage ist in neuen Joomla!-Versionen der Stil (1) zuständig, während der Bereich *Templates* (2) zur Auswahl eines Templates in einer Vorschau (Abb. 9.2) und der Anpassung des Templates in einem neuen Fenster über die Auswahl dort (Anklicken von dem Link mit dem Namen) führt (Abb. 9.3).

9.3.2 Designvorlagen für das Frontend und das Backend

Wenn Sie sich die Template-Verwaltung und dort den Bereich der Stile ansehen (Abb. 9.1), dann sehen Sie, dass es sowohl Designvorlagen für das Backend als auch für das Frontend gibt.

Genauer ist das die Zuweisung eines Stils für die *Site* (das steht für das Aussehen des Frontends – 6) und den *Administrator* (5). Dieser Stil legt das Aussehen des Backends fest.

Sie können – sofern Sie mehrere Templates installiert haben – durchaus aus dem einen Template einen Stil für das Aussehen der Verwaltung im Backend und aus einem anderen Template einen Stil für das Frontend verwenden.

▶ **Hinweis** Nicht jedes Template enthält Designvorlagen für das Frontend und das Backend. Es kommt immer auf das konkrete Template an.

Abb. 9.3 Die Anpassung eines ausgewählten Templates

9.3.3   Das Standard-Template beziehungsweise der Standardstil

In Joomla! sind in der Regel mehrere Templates installiert[2]. Aber nur eines davon wirkt sich auch auf das aktuelle Aussehen von dem Frontend beziehungsweise Backend aus. Das ist das sogenannte **Standard-Template**, wobei man in neueren Joomla!-Versionen wieder besser vom **Standardstil** sprechen sollte. Denn damit ist der Stil gemeint, der unabhängig voneinander der Site und dem Administrationsbereich zugewiesen ist und dort aktuell zur Anwendung kommt.

Sie erkennen in der Template-Verwaltung (Abb. 9.1) sofort, was für die Site beziehungsweise den Administrationsbereich der Standardstil ist. Dieser Stil ist mit einem leuchtenden, farblich ausgefüllten Stern[3] gekennzeichnet (3), während die „inaktiven" Stile mit einem blassen, nur umrandeten Stern gekennzeichnet sind (4).

9.4   Vorhandene Templates und Template-Stile wechseln

Über die Template-Verwaltung im Backend können Sie bestimmen, welches Template beziehungsweise welchen Template-Stil Sie auf die bestehende Joomla!-Webseite anwenden (Abb. 9.4 und 9.5). Das Spannende ist, dass man jederzeit einen Stil und ein ganzes Template wechseln und damit einer Webseite und dem Backend ein gänzlich anderes Aussehen

---

[2] In der Vorgabeinstallation der Version 3.x finden Sie schon zwei verschiedene Templates.

[3] Welche Farbe der Stern hat, ist selbst vom Template-Stil abhängig.

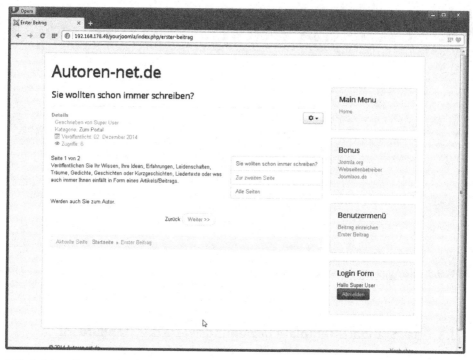

Abb. 9.4 Das Frontend bei einem Template

geben kann. Auch kann indirekt die Funktionalität der Seite selbst verändert werden, denn wenn bestimmte Modulpositionen in einer Designvorlage gar nicht angezeigt werden, werden auch die da eingefügten Module im Frontend (oder im Prinzip auch Backend) gar nicht bereitgestellt.

▶ Um eine Designvorlage zu wechseln, müssen Sie bloß einen anderen Template-Stil zum Standard machen.

Das Wechseln zwischen verschiedenen Template-Stilen als auch Templates ist aber vollkommen gefahrlos. Denn vorhandene Inhalte oder Verwaltungsstrukturen wie Kategorien, Module oder Menüs werden nicht gelöscht. Auch die Einstellungen, die Sie unter Umständen bei einem Template-Stil als auch bei einem Template vorgenommen haben, werden konserviert. Falls Sie wieder zurück zum vorherigen Template oder Template-Stil wechseln, ist alles wieder so, wie Sie es da eingestellt haben.

9.4.1 Einen Standardstil festlegen

Um einen Stil zum Standardstil zu machen und damit das Aussehen von dem Frontend oder Backend festzulegen, gehen Sie wie folgt vor:

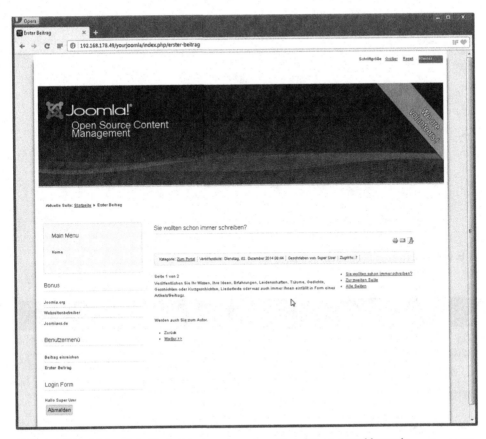

Abb. 9.5 Die gleiche Webseite, bei der nur ein anderes Template ausgewählt wurde

- Sie gehen zur Template-Verwaltung, Register *Stile*.
- Sie klicken in der Zeile des neuen Templates-Stils in der Spalte *Standard* auf die Stern-Schaltfläche. Das neue Template wird als Standard für das Frontend oder auch für das Backend gesetzt.

9.4.2   Die Wirkung der Änderung

Um die Wirkung zu sehen, können Sie die Seite im Frontend aufrufen (Einrichten eines neuen Standardstils für eine Site) oder alternativ klicken Sie in der rechten Hälfte der Menüleiste auf die Schaltfläche für die Vorschau. Auch dann sehen Sie im Browser die Wirkung von dem neuen Template. Beim Wechsel der Designvorlage für den Administrator wird das Backend automatisch aktualisiert und Sie sehen die Wirkung sofort (Abb. 9.6 und 9.7).

Abb. 9.6 Das Backend bei einem Template

Abb. 9.7 Das Backend bei den gleichen Konfigurationseinstellungen, bei der nur ein anderes Template ausgewählt wurde

9.5   Templates und Stile anpassen und konfigurieren

Sowohl die Templates selbst, aber vor allen Dingen die Stile lassen sich über das Backend und dort die Template-Verwaltung individuell anpassen. Templates **bearbeiten** Sie dabei, während Stile eher **angepasst** oder **konfiguriert** werden.

▶   Für die meisten Templates existiert in der Template-Verwaltung nach der Installation eine eigene Anleitung, die zeigt, wie man das Template konfigurieren kann (über *Erweiterungen* und dann Klick auf *Templates* und dort dann bei dem konkreten Template auf *Details und Dateien*). Bei anderen Templates finden Sie so eine Anleitung auf der Webseite zum Template.

9.5.1   Templates bearbeiten

Über die Template-Verwaltung können Sie auch tiefer in die Programmierung des Templates blicken oder ein vorhandenes Template für eine eigenständige Anpassung kopieren. Wenn Sie in der Template-Verwaltung im Bereich *Templates* die Auswahl eines Templates in einer Vorschau vornehmen (Abb. 9.2), gelangen Sie mit einem Klick auf den Namen zur der Seite mit der möglichen Anpassung des Templates (Abb. 9.3). Sie können dort auch Dateien des Templates kopieren, löschen, umbenennen, verschieben oder neue Dateien erstellen. Denken Sie daran, dass intern ein Template eine Sammlung aus PHP- und CSS-Dateien in vorgegebenen Verzeichnisstrukturen ist. Im Grunde ist eine Anpassung eines Templates immer eine Modifikation des Quellcodes gewisser Dateien, die zum Template gehören.

9.5.1.1   Der Template-Editor

Sie haben bei den Anpassungsmöglichkeiten eines Templates einen **Editor** zur Verfügung, um die einzelnen Dateien im Quellcode zu modifizieren, die in einem Template Verwendung finden (Abb. 9.8). Dabei werden jedoch explizit (gute) PHP, CSS und HTML-Kenntnisse erfordert, denn Sie modifizieren hier auf Quellcodeebene die Dateien. Dazu müssen Sie noch zusätzlich die spezifischen Regeln von Joomla! einhalten, denn in den Codes wird mit spezifischen Verzeichnisstrukturen, internen Platzhaltern und Syntaxkonstruktionen gearbeitet. Da das Arbeiten direkt im Code also profunde Kenntnisse in Webtechnologien als auch in Joomla! voraussetzt, wird auf detaillierte Bearbeitungsschritte im Editor hier nicht eingegangen.

Abb. 9.8 Bearbeiten der PHP-Fehlerdatei des Templates im Editor

9.5.1.2   Beschreibung und Overrides

In der Anpassung des Templates finden Sie im Backend noch zwei weitere Register:

- Overrides und
- Beschreibung.

Während die **Beschreibung** eines Templates offensichtlich ist, sollten **Overrides** zumindest kurz erklärt werden (wobei auch dieses Thema nicht vertieft wird, denn letztendlich landen wir auch hier wieder bei der Programmierung von Quellcode).

Es geht bei Overrides allgemein darum, dass bestehende Dateien eines Templates *überschrieben* werden.

> ▶ **Hinweis** Dabei wird hier aber nichts überschrieben im Sinne von unwiderruflicher Veränderung oder Ähnlichem. Der Begriff des „Überschreibens" als Übersetzung von „override"[4] stammt aus der OOP (objektorientierten Programmierung) und bedeutet eher nur ein **Verdecken** vorhandener Strukturen.

Der Grund für die Einführung der Overrides-Technik in Joomla! ist, dass viele Webseiten-Betreiber ihrer Seite ein individuelles Design verpassen möchten, um sich von anderen Webseiten zu unterscheiden – auch von anderen Joomla!-Seiten, die das gleiche Template verwenden.

Das kann man zwar bereits in einfacher Form durch Anpassungen von bestimmten Joomla!-Komponenten machen – so kann man zum Beispiel das Design beeinflussen, indem das pdf-Icon und das E-Mail-Icon bei einem Beitrag an- oder ausgeschaltet ist -so wirklich angepasst und vor allen Dingen individuell ist das Design damit dann aber noch nicht.

Nun können Sie natürlich – die entsprechenden Kenntnisse vorausgesetzt – die Dateien des Templates selbst umschreiben. Doch abgesehen von den hohen Voraussetzungen an die Programmierfähigkeiten und die Kenntnisse des internen Aufbaus von Joomla! sollte man niemals irgendetwas an den Joomla!-Kerndateien oder an den Komponenten-Dateien ändern, wenn es nur um das Design geht. Wenn man dort Fehler macht, würde dies dramatische Auswirkungen haben. Möglicherweise wird das gesamte Frontend oder Backend gar nicht mehr angezeigt. Außerdem würde das nächste Joomla!-Update beziehungsweise Update eines so modifizierten Templates alle Änderungen wieder zerstören. Wenn Sie schon den Code bearbeiten wollen, sollten Sie eine Kopie eines Templates erstellen und das bearbeiten, wobei dann immer noch der Aufwand und die hohen Voraussetzungen als Hintergrund bleiben.

Besser ist, man verändert mit besagten Overrides das Aussehen von einigen Bestandteilen des Templates. Joomla! hat dazu einen internen Mechanismus eingebaut, bei dem das CMS verschiedene mögliche Plätze für eine Datei eines Templates durchsucht. Diese

---

[4] Beachten Sie, dass das keine wirkliche Übersetzung ist (sonst wäre es overwrite), sondern eine – möglicherweise sogar fehlerhafte – sinngemäße Verwendung des Begriffs im Deutschen.

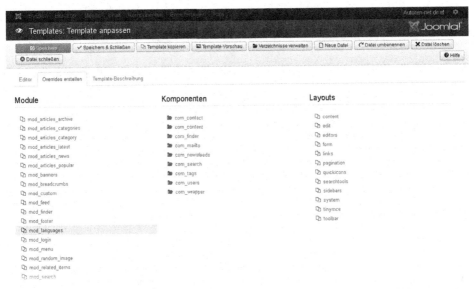

Abb. 9.9 Ein Override erstellen

Orte sind hierarchisch aufgebaut. Wenn eine Datei nicht durch ein individuelles Override verdeckt wird, wird die Originaldatei verwendet. Andernfalls wird das Override verwendet, welches in der Hierarchie am höchsten steht. Es verdeckt also die Originaldatei, aber diese ist bei Bedarf immer noch da.

In dem Register *Override* erstellen Sie nun mit dem Klick auf eine Datei ein Override (Abb. 9.9) und dieses können Sie dann mit dem Editor anpassen. Allerdings ist man dann wieder auf der Quellcodeebene angelangt und die Arbeit dort soll in dem Buch ja nicht weiter vertieft werden.

Aber grundsätzlich kennen Sie nun Overrides und was es mit der Anpassung von einem Template auf sich hat.

9.5.2 Template-Stile anpassen

Viel einfacher und in der Praxis meist ausreichend ist die Anpassung beziehungsweise Konfiguration eines Template-Stils. Dies erfordert keine Arbeit in der Quellcodeebene, sondern wird mit Assistenten und Dialogen in Joomla! selbst durchgeführt.

9.5.2.1 Template-Stil bearbeiten

Die installierten Templates in Joomla! bieten die Möglichkeit an, den Template-Stil gezielt zu bearbeiten und so Änderungen an den Template-Grundeinstellungen vorzunehmen. Dabei hat sich die Bearbeitung von Templates durch die Abspaltung der Stile in der Serie 3 von Joomla! erheblich gegenüber den Vorgängerversionen vereinfacht.

Sie gelangen dahin über *Erweiterungen* → *Templates* → *Stile*.

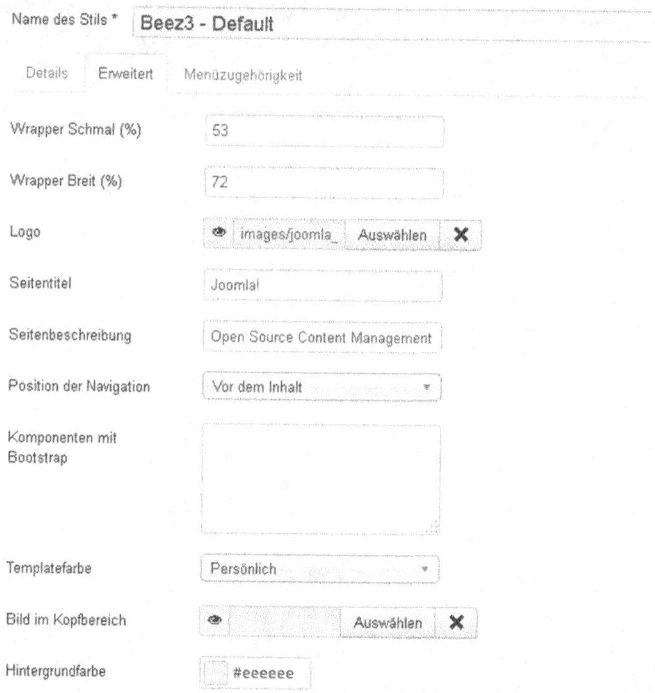

Name des Stils *	Beez3 - Default

Details   Erweitert   Menüzugehörigkeit

Wrapper Schmal (%)	53
Wrapper Breit (%)	72
Logo	👁 images/joomla_ Auswählen ✕
Seitentitel	Joomla!
Seitenbeschreibung	Open Source Content Management
Position der Navigation	Vor dem Inhalt ▾
Komponenten mit Bootstrap	
Templatefarbe	Persönlich ▾
Bild im Kopfbereich	👁 Auswählen ✕
Hintergrundfarbe	☐ #eeeeee

Abb. 9.10 Erweiterte Einstellungen zum Template-Stil

- Wählen Sie einen Template-Stil über einen Klick bei dem konkreten Template aus.
- In dem folgenden Dialog können Sie in drei Registern den Stil anpassen.
- Füllen Sie im Bereich die Felder mit den gewünschten Inhalten zum Seitentitel, dem Namen oder der Menüzugehörigkeit. Besonders wichtig zu einer Anpassung sind das Register *Erweitert* (Abb. 9.10) mit Anpassungen zur Breite, den Farben oder Logo und Bild im Kopfbereich und das Register *Menüzugehörigkeit* (Abb. 9.11).
- Klicken Sie zum Sichern Ihrer Einstellungen in der Werkzeugleiste von *Stil bearbeiten* auf *Speichern & Schließen*.
- Testen Sie die Auswirkungen dieser Anpassungen im Frontend.

9.5.2.2   Template-Optionen konfigurieren

Ein neues Template kann nicht nur die Farben, Bilder und Schriftarten einer Webseite neu definieren, sondern auch die Positionierung von Modulen auf der Seite verändern. Um einen ersten Einblick in die Thematik Modulpositionen zu erhalten, können Sie sich zu jedem Template die Modulpositionen im Frontend anzeigen lassen.

- Wechseln Sie zur Template-Verwaltung.
- Klicken Sie in der Werkzeugleiste der Template-Verwaltung auf die Schaltfläche *Optionen*.

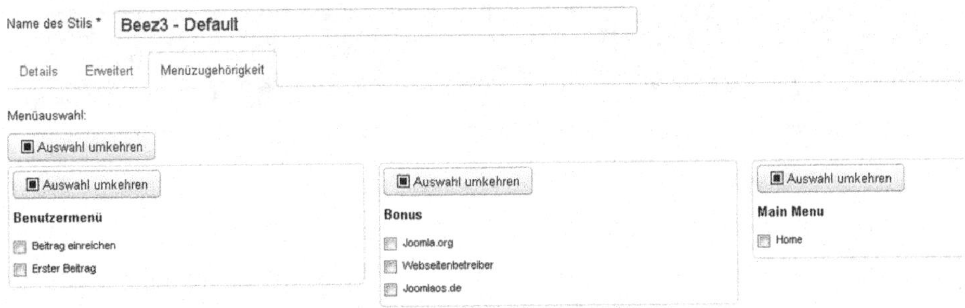

Abb. 9.11 Die Menüzugehörigkeit

- Aktivieren Sie anschließend im Register *Templates* im Bereich *Vorschau Modulpositio-nen* das Optionsfeld *Aktiviert* (Abb. 9.12).
- Klicken Sie auf die Schaltfläche *Speichern & Schließen*.

Um die Wirkung zu testen, betrachten wir die Vorschau der Modulpositionen im Template.

- Wählen Sie in der Template-Verwaltung *Templates*.
- Klicken Sie auf den Link *Vorschau* (Abb. 9.13).

In einem separaten Browserfenster wird Ihnen nun die Frontend-Seite in dem entspre-chenden Template-Stil mit den rot beschrifteten Modulpositionen angezeigt. An allen Positionen können zum Beispiel Menüs oder Module vom Template angeordnet werden (Abb. 9.14).

9.5.2.3   Modulpositionen anpassen

Wir sind eben mit den Modulpositionen in Berührung gekommen und wie diese in der Vorschau angezeigt werden können. Diese Modulpositionen sind entscheidende Faktoren in dem Layout eines Templates. Die folgenden Schritte zeigen Ihnen, wie Sie in inem Template eine Modulposition anpassen können. Beachten Sie aber, dass nicht alle Verän-derungen einer Modulposition sinnvoll sind. In manchen Templates kann eine bestimmte Positionsveränderung auch von Vorteil sein, in einem anderen Template aber nicht.

▶   Als Beispiel wollen wir das Menümodul anpassen, aber die Schritte können Sie
      auf jede andere Modulposition übertragen.

- Wechseln Sie in die **Modulverwaltung** mit dem Menü *Erweiterungen*, Eintrag *Module* (Abb. 9.15).
- Wenn Sie das gewünschte Modul nicht sofort sehen, geben Sie in das Feld *Filter* einen Suchbegriff dafür ein und klicken auf *Suchen*.

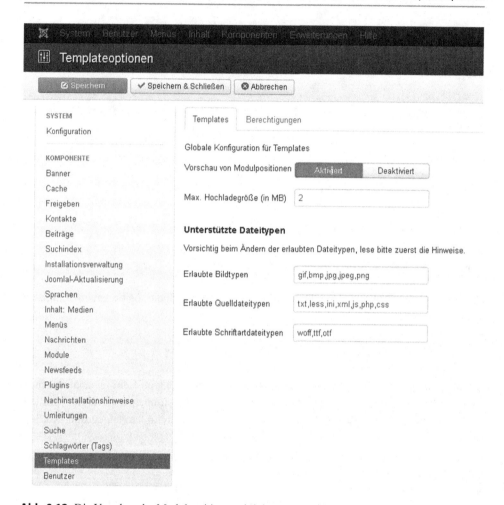

Abb. 9.12 Die Vorschau der Modulpositionen aktivieren

- Wählen Sie das gewünschte Modul aus. In unserem Fall wollen wir das *Main Menu* auswählen, das sich vor der Anpassung der Modulposition auf der Position *position-7* befindet (1). Im Frontend sehen Sie, wo sich diese Position (1) in dem aktuellen Template befindet (Abb. 9.16). Bei einem anderen Template (Abb. 9.17) kann das aber auch an ganz verschiedenen Stellen sein (1).
- Nach der Auswahl eines Moduls wird die Seite der Modulbearbeitung aufgerufen (Abb. 9.18).
- Klicken Sie auf die Schaltfläche *Position*. Es öffnet sich ein Listenfeld zur Auswahl der neuen Modulposition. Dort können Sie die Position von dem Modul verändern (Abb. 9.19).

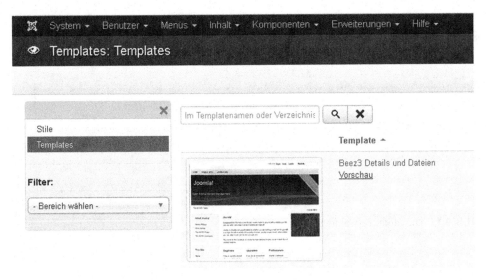

Abb. 9.13 Auswahl der Vorschau

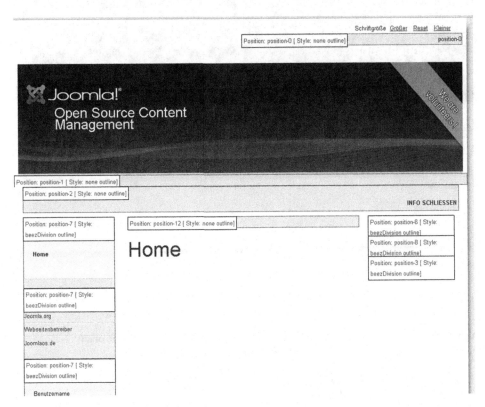

Abb. 9.14 Anzeige der verschiedenen Modulpositionen eines Templates

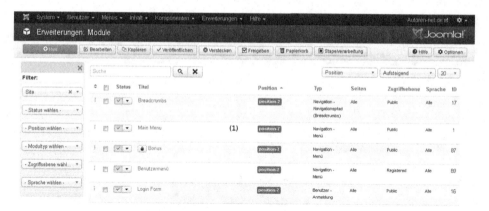

Abb. 9.15 Die Modulverwaltung

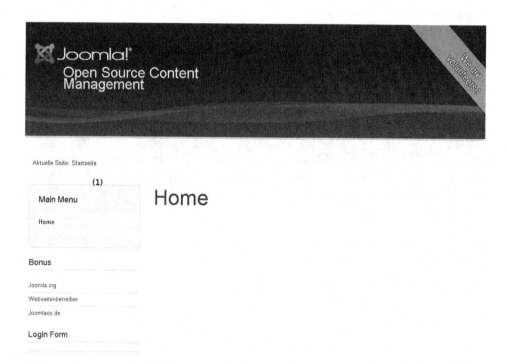

Abb. 9.16 Bei dem Template befindet sich das Hauptmenü auf der linken Seite oben

- Klicken Sie zum Sichern Ihrer am Modul vorgenommenen Änderungen auf die Schaltfläche *Speichern & Schließen.*
- Kontrollieren Sie eventuelle Auswirkungen Ihrer Anpassungen über die Vorschau oder
  indem Sie die Seite im Frontend laden (Abb. 9.20 und 9.21).

Abb. 9.17 Bei dem Template befindet sich das Hauptmenü auf der rechten Seite oben

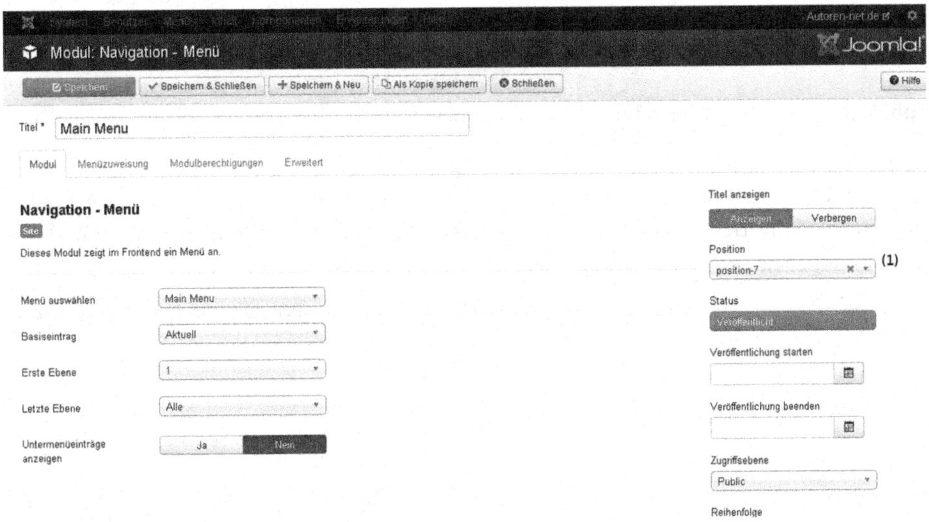

Abb. 9.18 Die Modulbearbeitung

Abb. 9.19 Das Menü wurde auf die Position *position-2* verschoben

Abb. 9.20 Die Auswirkungen bei dem einen Template

Die Administrationsebene von dem Modul bietet noch zahlreiche weitere Anpassungen. So können Sie festlegen, auf welchen Seiten das Modul angezeigt wird, ab wann und bis wann es angezeigt wird und wer es sehen kann.

Abb. 9.21 Die Auswirkungen
bei dem anderen Template

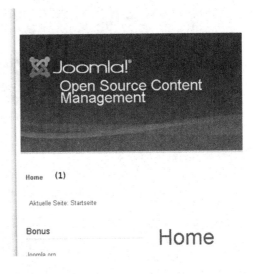

9.6   Weitere Templates installieren

Joomla!-Installationen werden meist mit den gleichen vorinstallierten Templates ausge-
liefert. Wenn Sie sich mit Ihrer Webseite aus der Masse der Standard-Templates abheben
wollen, dann sollten Sie zu Beginn auf ein externes Template zurückgreifen, da eine eigene Erstellung eines Joomla!-Templates ohne Vorgaben nur für sehr erfahrene Anwender
zu empfehlen ist. Es gibt zahlreiche kostenlose, aber auch kostenpflichtige Templates, die
aus dem Internet installiert werden können.

▶   Unter http://www.joomlaos.de finden Sie eine Sammlung von vielen kosten-
    losen Templates, die Sie dort in der Vorschau betrachten und anschließend
    downloaden können. Aber auch viele weitere Webseiten bieten Joomla!-Tem-
    plates an. Über Suchmaschinen lassen sich diese Seiten leicht finden. Beachten
    Sie aber **unbedingt** die Lizenzbedingungen, wenn Sie ein Template verwenden
    wollen. Selbst wenn Sie nicht direkt Geld bezahlen müssen, kann die Verwen-
    dung eingeschränkt (etwa nur für den privaten Gebrauch) oder mit zwingen-
    den Verweisen auf den Ersteller gekoppelt sein.

9.6.1   Die konkrete Installation

Im Folgenden soll von der Webseite http://www.joomlaos.de ein Template geladen und
in das bestehende System integriert werden. Dabei sind viele Schritte des Vorgangs etwa
von Sprachen oder Kategorien schon bekannt, weshalb wir das sehr kurz halten wollen.

Abb. 9.22 Downloadseite für Templates

▶ **Hinweis** Bei Templates für ältere Versionen von Joomla! wurden Templates
nach der Art unterschieden. Deshalb werden Templates, die speziell für diese
alten Joomla!-Versionen generiert wurden, oft auch in verschiedenen Kategorien einsortiert. Die Templates für Joomla! 2.5 auf der Webseite sind zum Beispiel in drei Alben einsortiert:
a. Statische Templates (haben eine feste Breite),
b. Dynamische Templates (die Breite des Designs passt sich der Fensterbreite
    an) und
c. Generator Templates (automatisch von einem Programm erzeugte Templa-
    tes).
Durch die modernen Designs der Serie 3 und die responsiven Techniken
braucht man diese Kategorisierung nicht mehr.

Abb. 9.23 Vorschau eines Templates

- Rufen Sie im Browser die Webseite http://www.joomlaos.de auf (Abb. 9.22).
- Klicken Sie in der Menüleiste auf *Joomla Templates.*
- Klicken Sie anschließend auf den Link *Templates für Joomla! 3.x.*

Eine neue Seite wird geöffnet. Dort werden Ihnen verschiedene Templates zum Download angeboten.

- Wählen Sie eines der ersten angebotenen Templates aus. Im Buch ist das Blue Lotus, das Sie auch über die Sucheingabe der Webseite suchen können – aber im Grunde ist das konkrete Template vollkommen irrelevant.
- Sie haben über einen Vorschaulink die Gelegenheit, das Template online in einem neuen Browserfenster zu testen (Abb. 9.23).
- Wenn Sie sich für ein Template entschieden haben, klicken Sie im Auswahlfenster auf den Link *Download.*

Auf der nun erscheinenden Download-Seite werden die Eigenschaften des herunterzuladenden Templates noch einmal zusammenfassend dargestellt (Abb. 9.24).

- Klicken Sie im oberen Seitenbereich auf den Link *Download* (neben dem Disketten-symbol).
- Bestätigen Sie die Lizenzbedingungen durch Aktivieren des Kontrollfelds. Aber noch einmal der Hinweis: Beachten Sie diese unbedingt.
- Klicken Sie anschließend auf die Schaltfläche *Download.*

Die Template-Datei wird nun in Ihren Standard-Download-Ordner heruntergeladen. Nach dem Download des gewünschten Templates aus dem Internet liegt eine ZIP-Datei in dem Download-Ordner Ihres Rechners vor. Diese Archiv-Datei beinhaltet das Installationspaket für das neue Joomla!-Template und muss jetzt nur noch in Joomla! installiert werden.

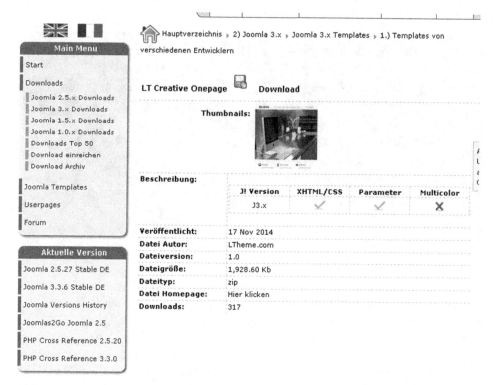

Abb. 9.24 Zusammenfassung der wichtigsten Informationen zum Template vor dem eigentlichen Download

Im Joomla!-Backend werden alle zu installierenden Pakete in der Erweiterungen-Verwaltung verwaltet. Sie erreichen die Erweiterungen-Verwaltung über das Kontrollzentrum mit der Schaltfläche *Erweiterungen* oder über das Menü *Erweiterungen*, Eintrag *Erweiterungen*.

Wie an mehreren Stellen schon erwähnt, wurde die grundsätzliche Erweiterungen-Verwaltung in der Serie 3 von Joomla! erheblich vereinfacht und insbesondere vereinheitlicht. Ob Sie nun ein Template installieren wollen oder ein Modul, ein Plug-in oder eine Sprache ist weitgehend egal. Der Prozess läuft analog ab und aufgrund verschiedener Ausführungen in den vorangegangen Kapiteln sollte Ihnen die Installation vertraut sein. Über das Register *Installieren* können Sie neue Templates und die anderen Strukturen in Joomla! integrieren (Abb. 9.25).

In der Erweiterungen-Verwaltung haben Sie vier Möglichkeiten, in Joomla! Erweiterungen zu installieren:

• *Paketdatei hochladen*: Hier geben Sie die lokal gespeicherte Datei zur Installation an. Die Datei wird dann mit der Schaltfläche *Hochladen & Installieren* automatisch an die richtige Stelle im System installiert (dabei spielt es keine Rolle, ob Sie mit XAMPP auf Ihrem lokalen Rechner arbeiten oder ob Sie über das Internet auf dem Server Ihres Providers mit Joomla! arbeiten).

Abb. 9.25 Die Erweiterungen-Verwaltung: Hier installieren Sie zusätzliche Software und aktualisieren Joomla!

| Paketdatei hochladen | Aus Verzeichnis installieren | Von URL installieren |

Joomla!-Erweiterung hochladen & installieren

Erweiterungspaketdatei   [Durchsuchen..] lt_creative_onepage_template_free.zip

[Hochladen & Installieren]

Abb. 9.26 Die Template-Datei wurde ausgewählt

- *Aus Verzeichnis installieren*: Hier können Sie direkt einen Pfad zum Ordner auf dem Server mit Ihrem Joomla! selbst angeben, der die Installationsdatei enthält (für erfahrenere Benutzer interessant).
- *Von URL installieren*: Hier geben Sie bei einer Installation über das Internet die Webadresse der entfernten zu installierenden ZIP-Datei an.
- *Aus Webkatalog installieren*: In dem Fall können Sie ein Template nach einem Schlagwort oder nach einer Kategorie suchen und brauchen die Adresse nicht kennen.

Das oben lokal gespeicherte Template installieren Sie also einfach, indem Sie

- mit der *Durchsuchen*-Schaltfläche die ZIP-Datei auf Ihrem lokalen Rechner suchen (Abb. 9.26) und
- im folgenden Dialog auf die Schaltfläche *Hochladen & Installieren* klicken.

Nach diesem Schritt wird das Template installiert und bei erfolgreicher Installation mit einer Erfolgsmeldung bestätigt. Zusätzlich werden bei solchen Meldungen nach der erfolgreichen Installation oftmals noch weitere wichtige Informationen zum installierten Template gegeben (Abb. 9.27).

Ist die Installation schiefgegangen, erhalten Sie in der Regel ebenfalls eine Fehlermeldung, was nicht geklappt hat (Abb. 9.28).

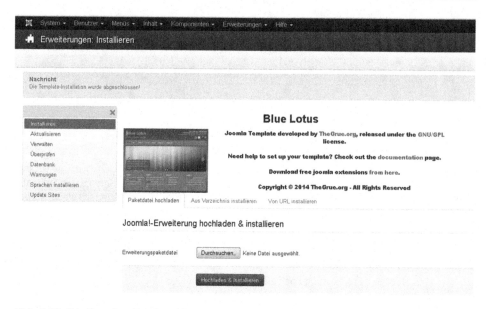

Abb. 9.27 Die Template-Datei wurde vollständig installiert

Abb. 9.28 Die Template-Datei wurde nicht korrekt installiert

> Es gibt noch alternative Wege, um ein Template zu installieren.
>   1. Sie können die ZIP-Datei per FTP auf den Server übertragen. Im Verzeichnis
>   *templates* von Joomla! muss die ZIP-Datei extrahiert werden, wenn Sie das
>   auf dem Server machen können.
>   2. Sie können die ZIP-Datei auch lokal bereits extrahieren und den entpack-
>   ten Ordner per FTP auf den Server in das Verzeichnis *templates* von Joomla!
>   übertragen.

9.6.2   Ein neues Template aktivieren

Sobald ein neues Template erfolgreich installiert wurde, steht es dem Joomla!-Benutzer
zur Verfügung (Abb. 9.29).

Stil	Standard	Zugewiesen	Bereich	Template ▲	ID
▣ ⚙ Beez3 - Default	☀		Site	Beez3	4
▣ ⚙ Blue-Lotus - Standard	☆		Site	Blue-lotus	9
▣ ⚙ Hathor - Default	☆		Administrator	Hathor	5
▣ ⚙ Isis - Default	☆		Administrator	Isis	6
▣ ⚙ lt_creative_onepage - Standard	☆		Site	Lt_creative_onepage	10
▣ ⚙ protostar - Default	☆		Site	Protostar	7

Abb. 9.29 Weitere Templates stehen nun zur Verfügung

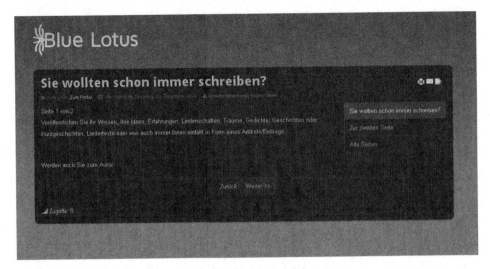

Abb. 9.30 Ein neues Template wurde für das Frontend aktiviert

Im Backend in der Template-Verwaltung kann das neue Template für das Frontend aktiviert werden, indem ein zugehöriger Template-Stil als Standard eingestellt wird (Abb. 9.30).

Benutzer und deren Verwaltung – das Rollensystem von Joomla!

10

Mit mehreren Leuten an einer Webseite arbeiten und Aufgaben und Zuständigkeiten verteilen

10.1 Was behandeln wir in diesem Kapitel?

Natürlich kann man als einzelner Webseitenersteller mit Joomla! einfach und bequem eine konventionelle Webseite anlegen und verwalten, auf der sich keine Besucher anmelden können. Diese Seite kann man zudem auf Dauer ebenso vollständig alleine erstellen, pflegen und verwalten. Es ist jedoch gerade der Sinn und Zweck eines Content-Management-Systems, dass man nach einer grundsätzlichen Einrichtung durch einen Administrator mit mehreren Personen an der Webseite arbeitet. Wie in einer normalen Firma haben diese Personen aber bestimmte Aufgaben und auch Rechte und Pflichten. Ebenso ist es der Sinn eines CMS, dass man die Möglichkeit zur Registrierung von Besuchern einrichtet und diese unterschiedliche Inhalte sehen und die registrierten Besucher unter Umständen auch Möglichkeiten zur Mitarbeit im System bekommen. Dies muss indes alles sorgfältig verwaltet werden. In diesem Kapitel erfahren Sie, wie das dafür vorgesehene **Rechtesystem** beziehungsweise **Rollensystem** von Joomla! aussieht und wie Sie die Benutzer und Bereiche in dem CMS verwalten können. Das bedeutet, wie schauen uns an,

- wie Joomla! als **Mehrbenutzersystem** arbeitet,
- wie Sie **Benutzergruppen** und **Benutzer** anlegen, ändern oder löschen,
- welche **Berechtigungen** in Joomla! vergeben werden können und
- wie es abläuft, wenn sich neue Benutzer über das Frontend im System **registrieren** und **anmelden** wollen.

© Springer Fachmedien Wiesbaden 2015
R. Steyer, *Joomla!*, DOI 10.1007/978-3-658-08878-1_10

10.2   Das Benutzerrechtesystem in Joomla!

Bislang haben wir Joomla! im Grunde nur aus Sicht eines einzelnen Benutzers verwendet, der das System installiert und alle Aufgaben dort alleine erledigt hat, und zwar genau genommen aus Sicht eines Administrators[1] des gesamten Systems, der im System alles machen darf.

Doch in Joomla! gibt es auch die Möglichkeit, andere Benutzer anzulegen und zu verwalten, die weniger Rechte haben. Das ist unabdingbar, um das System sicher und stabil zu halten. So ein System sorgt dafür, dass jedem Besucher und jedem Benutzer der für ihn bestimmte Content (Inhalt) angezeigt wird und auch nur die Vorgänge zur Mitarbeit bereitgestellt werden, die für eine ganz bestimmten **Rolle** vorgesehen sind.

▶ **Hinweis** In der Joomla!-Version 3.x wurde das Rechtesystem beziehungsweise Rollensystem von Joomla! erheblich erweitert und verbessert gegenüber Vorgängerversionen. Das alte Rechtesystem war oft kritisiert worden, weil es nicht so leistungsfähig war, wie die Rechtesysteme wichtiger Konkurrenten.

10.2.1   Besucher versus registrierter Webseitenbenutzer

Joomla! unterscheidet grundsätzlich zuerst einmal reine **Besucher** der Webseite von **registrierten** Webseitenbenutzern.

- Reine **Besucher** besuchen Ihre Joomla!-Webseite über ihren Browser, haben sich aber im System **nicht angemeldet** und sind deshalb für Joomla! nicht näher identifiziert. Sie verfügen auf der Webseite in der Grundkonfiguration ausschließlich über Leseberechtigungen von Inhalten, die für eine **öffentliche Gruppe** bestimmt sind. Sie dürfen in der Grundkonfiguration eines CMS normalerweise aktiv keine Beiträge oder andere Inhalte (Linkvorschläge, Bilder etc.) zum CMS beitragen.
- **Benutzer** (gleich welcher Art) sind in der Regel ehemalige Besucher, die sich registriert[2] und dann bei einem Besuch Ihrer Joomla!-Webseite durch eine Anmeldung identifiziert haben. Dabei unterscheidet Joomla! auch diese registrierten Benutzer wieder nach verschiedenen **Rechte-** oder auch **Benutzergruppen**.

▶ Besucher werden also in der Regel durch eine **Registrierung** im Frontend zu Benutzern, wobei diese registrierten Personen natürlich auch weiterhin anonym Ihre Joomla!-Webseite besuchen können und bei einem jeweils neuen

---

[1] Bitte beachten Sie, dass die **Rolle** eines Administrators in Joomla! eine etwas andere Bedeutung hat, worauf wir in dem Kapitel gleich eingehen (Abschn. 10.2.2.5).

[2] In der Regel soll bedeuten, dass in Joomla! auch ein ausreichend privilegierter Benutzer dem System Personen hinzufügen kann, die vorher nie als Besucher da waren. Aber normalerweise registrieren sich Besucher selbst über das Frontend.

Besuch der Seite bis zu ihrer Anmeldung von Joomla! nur als Besucher identifiziert werden. Ebenso sollten Sie beachten, dass sich in der Regel Besucher zwar selbst registrieren können, aber nicht zwingend unmittelbar als Benutzer freigeschaltet werden (Abschn. 10.3.2 und 10.4.2). Das obliegt der Verantwortung des Betreibers eines CMS, ob das so sein soll. Wenn Besucher durch ihre Registrierung automatisch zu Benutzern werden, hat der Administrator natürlich die wenigste Arbeit (meist wird das auch so gemacht). Allerdings kann man auch nach einer Registrierung erst manuell überprüfen, ob ein Besucher wirklich als Benutzer freigeschaltet werden soll. Das ist mit viel Arbeit verbunden und muss in der Konfiguration von Joomla! ebenfalls erst umgestellt werden. Aber man hat damit viel mehr Kontrolle über die Benutzer im CMS.

10.2.1.1   Im Frontend registrieren

In der Regel stellt das Frontend eines Joomla!-Systems eine Möglichkeit zur Verfügung, dass sich Besucher im CMS registrieren können (Abb. 10.1). Das ist normalerweise in dem Widget möglich, über das sich bereits registrierte Benutzer auch anmelden können. Wenn sich ein Besucher dort registriert, bekommt er üblicherweise eine **Bestätigungsmail** an die angegebene E-Mail-Adresse zugesendet, in der sich ein Link befindet und der zum Abschluss der Registrierung angeklickt werden muss.

In dem Widget finden sich im Regelfall ebenso Links, um ein vergessenes Passwort zurückzusetzen oder sich einen vergessenen Benutzernamen wieder zusenden zu lassen. Allerdings obliegt es dem Verwalter eines CMS, ob auch wirklich alle diese Möglichkeiten bereitgestellt werden.

10.2.2   Benutzergruppen

Sowohl Benutzer als auch Besucher gehören in Joomla! zu einer Benutzergruppe mit gewissen **Rechten**:

a. **Besucher** sind standardmäßig einer Benutzergruppe *Öffentlich* (*public*) zugewiesen, die normalerweise die geringsten Rechte im System eingeräumt bekommt.
b. Die **Benutzer** werden von einer Gast-Benutzergruppe mit – in der Regel – ganz wenigen Rechten bis zum Super User (maximale Rechte) klassifiziert.

▶   **Hinweis** Der Benutzer, der Joomla! installiert hat und dessen Daten während der Installation angegeben wurden, ist immer automatisch der sogenannte **Super User** beziehungsweise **Super Benutzer**. Das ist der **Administrator des Systems**, der alle Rechte im System hat. Doch Vorsicht: Es gibt auch eine **Rolle** *Administrator* in Joomla!, die nicht mit der Rolle des Super Users identisch ist (Abschn. 10.2.2.5). Der Super User kann auch andere Benutzer zu Super Usern machen. Diese werden dazu der Gruppe *Super User* zugeordnet.

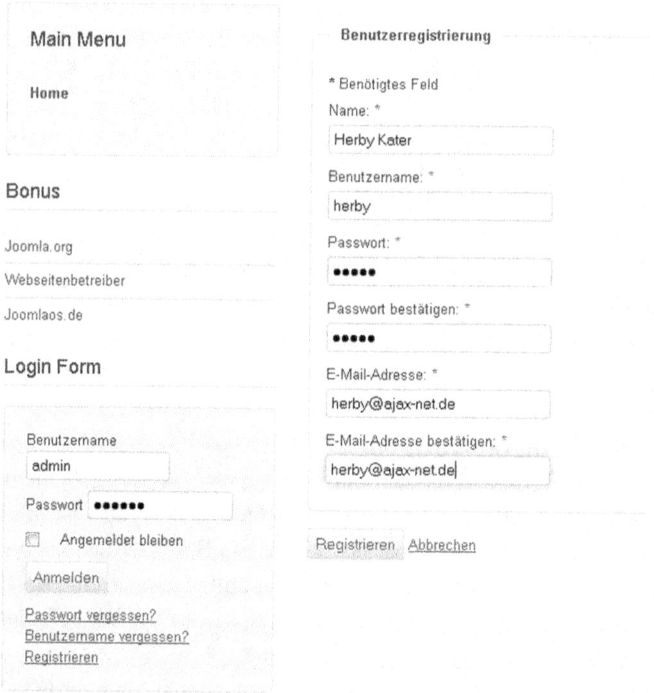

Main Menu

Home

Bonus

Joomla.org

Webseitenbetreiber

Joomlaos.de

Login Form

Benutzername

admin

Passwort ●●●●●

☐ Angemeldet bleiben

Anmelden

Passwort vergessen?
Benutzername vergessen?
Registrieren

Benutzerregistrierung

* Benötigtes Feld
Name: *

Herby Kater

Benutzername: *

herby

Passwort: *

●●●●●

Passwort bestätigen: *

●●●●●

E-Mail-Adresse: *

herby@ajax-net.de

E-Mail-Adresse bestätigen: *

herby@ajax-net.de

Registrieren Abbrechen

Abb. 10.1 Ein Besucher will sich registrieren, um damit zu einem Benutzer zu werden

10.2.2.1 Warum Benutzergruppen?

Es dürfte auf Grund der bisherigen Ausführungen klar sein, dass man unterschiedliche Rechte und Aufgaben benötigt, damit mehrere Personen an einem CMS zusammenarbeiten können. Der Sinn und Zweck von Benutzergruppen ist die **Zusammenfassung von gleichen Rechten** für eine Gruppe an Benutzern. Statt jedem einzelnen der Benutzer immer wieder die gleichen Rechte zuzuordnen, wird mittels Benutzergruppen allen Benutzern, welche die gleichen Berechtigungen erhalten sollen, dieselbe Benutzergruppe zugeordnet. Das erleichtert den Verwaltungsaufwand erheblich, vor allen Dingen dann, wenn sich an den Berechtigungen etwas ändert. In diesem Fall muss nur für die Gruppe die Berechtigung geändert werden und alle zugehörigen Benutzer haben automatisch die neuen Berechtigungen.

▶ In Joomla! können beliebige Benutzer aus einer Benutzergruppe auch Mitglied in einer anderen Benutzergruppe sein, was das ganze System sehr flexibel, aber auch komplex werden lässt. Die Rechte sind additiv. Das bedeutet, dass ein neues Mitglied einer Benutzergruppe immer die neuen Rechte der Gruppe zusätzlich zu seinen bereits vorhandenen Rechten hinzugefügt bekommt.

10.2.2.2   Benutzergruppen in Joomla!

Nachfolgend finden Sie die Benutzergruppen einer Joomla!-Standardinstallation (englische Notation):

- *Registered*
- *Author*
- *Guest*
- *Editor*
- *Publisher*
- *Manager*
- *Administrator*
- *Super User*

In älteren Versionen von Joomla! gibt es nicht alle dieser genannten Benutzergruppen.

▶ Über diese Standardbenutzergruppen hinaus, die in allen Joomla!-Systemen der Serie 3.x vorhanden sind, kann man auch **individuelle Gruppen** in Joomla! erstellen. Das ist insbesondere deshalb sehr flexibel, weil ein Joomla!-Benutzer Mitglied in mehreren Gruppen sein kann. In früheren Versionen von Joomla! war dies nicht möglich. Wir gehen auf die Erstellung noch ein (Abschn. 10.2.3.2).

10.2.2.3   Vererbung von Rechten

Die Rechte von Benutzergruppen werden in Joomla! **vererbt**[3]. Das bedeutet, dass ein höher priorisierter Benutzer alles das darf, was die niedriger priorisierten Benutzer schon dürfen. Er bekommt deren Rechte „vererbt" und weitere hinzugefügt (Abb. 10.2 und 10.3).

Ein Beispiel: Ein Benutzer, der zur Benutzergruppe *Author* gehört, ist höher priorisiert als ein Benutzer der Benutzergruppe *Registered*. Der Autor darf alles, was der registrierte Benutzer darf – der Autor hat die Berechtigungen vom registrierten Benutzer geerbt (Vererbung von Berechtigungen). Zusätzlich hat der Benutzer aus der Gruppe *Author* noch weitere Berechtigungen erhalten, die ein Benutzer der Gruppe *Registered* nicht hat.

▶ **Hinweis** Die Benutzergruppen in Joomla! teilen sich in Benutzergruppen für das Frontend und das Backend auf. Mitglieder mancher Benutzergruppen können sich sowohl beim Frontend als auch beim Backend anmelden, andere wiederum nur über das Frontend. Bei den Standardgruppen in Joomla! ist es so, dass sich alle Benutzer, die sich im Backend anmelden können, immer auch im Frontend anmelden dürfen.

10.2.2.4   Benutzergruppen, die sich nur im Frontend anmelden dürfen

Alle Benutzer aus den Benutzergruppen (Tab. 10.1), die sich nur im Frontend anmelden dürfen, können maximal das Aussehen des Frontends durch die Änderung von Beiträgen

---

[3] Besagtes „additives" Verhalten.

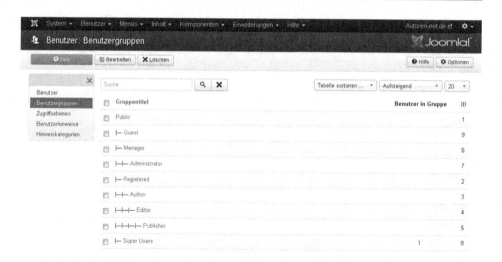

Abb. 10.2 Die Verwaltung der Benutzergruppen

Abb. 10.3 Die übergeordnete Benutzergruppe einer ausgewählten Benutzergruppen

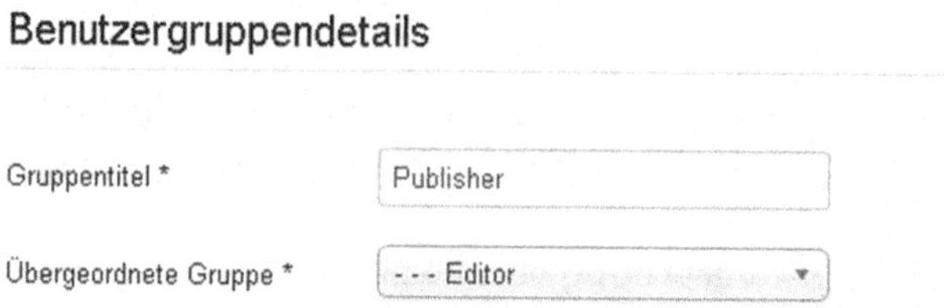

ändern, diese aber nicht aus dem CMS wirklich löschen. Diese Rollen sind also nicht auf die Verwaltung des CMS ausgerichtet (das macht man explizit im Backend), sondern auf das Ansehen bis maximal Bereitstellen von Content.

10.2.2.5   Benutzergruppen, die sich im Frontend und im Backend anmelden können

Die Rollen des Backends (Tab. 10.2) sind auf die Verwaltung des CMS ausgerichtet, auch wenn das Erstellen von Content über das Backend möglich ist. Allerdings ist ja das Ziel eines CMS, dass Inhalte für das Frontend erstellt werden. Mit den Backend-Rollen kann man sich aber immer auch im Frontend anmelden.

10.2.2.6   Die Verwaltung der Benutzergruppen im Backend

Im Backend sehen Sie die in Joomla! bereits vorhandenen Gruppen. Über das Kontrollzentrum oder das Menü *Benutzer* gelangen Sie in die **Benutzerverwaltung** von Joomla! (Abb. 10.2). Durch einen Klick auf *Benutzergruppen* im Kontrollzentrum beziehungsweise den Menüeintrag *Gruppen* gelangen Sie zur Verwaltung der Benutzergruppen.

Wenn Sie eine Benutzergruppe anklicken, sehen Sie deren direkte Vererbungsbeziehung (die unmittelbar übergeordnete Benutzergruppe – Abb. 10.3).

Tab. 10.1 Benutzergruppen im Frontend in hierarchischer Reihenfolge

Benutzergruppe	Beschreibung/Berechtigung
Guest	Die Rechte eines Gastes gehen nicht weiter als die Rechte eines nicht registrierten Besuchers. Nur ist ein Gast explizit registriert und damit im System bekannt. Er kann beobachtet werden und man kann einem Gast Mitteilungen zukommen lassen
Registered	Die Rolle *Registered* ist die Standard-Benutzergruppe für angemeldete Benutzer im Frontend und erweitert die *Guest*-Rolle um gewisse Fähigkeiten. Wenn sich ein Besuchern im System registriert und freigeschaltet wird, befindet er sich also erst einmal in dieser Gruppe, sofern Sie dieses Verhalten nicht in der Konfiguration von Ihrem Joomla!-System anpassen. Mitglieder der Benutzergruppe *Registered* dürfen sich im Frontend einloggen und können bestimmte für sie freigegebene Inhalte in Joomla! sehen, die nicht angemeldete Besucher oder ein Gast nicht sehen können. Das Benutzermenü ist zum Beispiel gewöhnlich nur für angemeldete Benutzer in der Gruppe *Registered* (und höher priorisiert) zu sehen
Author	Benutzer, die zur Gruppe *Author* gehören, dürfen alles, was Mitglieder der Gruppe *Registered* auch dürfen (sie erben also die Rechte dieser Gruppe und erweitern diese Rechte). Zusätzlich darf ein Autor Beiträge schreiben, die aber noch von einem *Publisher*, *Manager*, *Administrator* oder *Super Benutzer* (alle höher priorisiert) freigegeben werden müssen. Ein Autor darf also keine Beiträge selbst veröffentlichen, aber er darf seine eigenen Beiträge ändern – auch wenn diese bereits freigegeben wurden
Editor	Ein Benutzer der Gruppe *Editor* darf alles, was ein Autor darf. Ein Editor darf Beiträge schreiben und zur Freigabe einreichen. Zudem darf er jeden Frontend-Beitrag ändern, selbst wenn der Beitrag noch nicht freigegeben ist. Nicht berechtigt ist der Editor zum Freigeben oder Löschen von Beiträgen. Ein Benutzer der Gruppe hat also immer noch nicht die Rechte, um das Aussehen des Frontends durch das Anzeigen von neuen Beiträgen oder das Wegnehmen von angezeigten Beiträgen zu beeinflussen
Publisher	Ein Benutzer der Gruppe *Publisher* erbt alle Rechte von einem Editor. Ein Publisher darf Beiträge schreiben und jeden Frontend-Beitrag ändern. Außerdem darf der Publisher Beiträge freigeben oder sperren. Diese Rolle ist die einzige der Frontend-Rollen, die das Aussehen des Frontends durch das Anzeigen von neuen Beiträgen oder das Wegnehmen von angezeigten Beiträgen beeinflussen kann. Ein Publisher darf allerdings keine Beiträge löschen. Das bedeutet, dass auch ein ausgeblendeter Beitrag immer noch im CMS vorhanden ist

Tab. 10.2 Benutzergruppen im Backend in hierarchischer Reihenfolge

Benutzergruppe	Beschreibung/Berechtigung
Manager	Ein Manager im Backend hat **im Frontend** die gleichen Rechte wie der Publisher. Meldet sich ein Manager im Frontend an, ist er dort automatisch ein Publisher. Im Gegensatz zu einem Publisher darf sich ein Manager aber eben zusätzlich ebenso im **Backend** anmelden und verfügt bei allen Beiträgen über sämtliche Zugriffsrechte. Ein Manager darf auch Beiträge löschen und archivieren. Darüber hinaus darf der Manager im Backend Kategorien anlegen und hat Zugriff auf die Medienverwaltung
Administrator	Ein Administrator erbt alle Rechte von einem Manager. In dieser Benutzergruppe kommt noch die **Benutzerverwaltung** über das Backend hinzu. Administratoren dürfen neue Benutzer anlegen oder bestehende Benutzer ändern, aber nur bis zur eigenen Berechtigungsstufe hin und nicht darüber hinaus. Damit darf ein Administrator nicht einen Super Benutzer verwalten. Auch Module in Joomla! dürfen vom Administrator im Backend neu erstellt, geändert oder gelöscht werden. Der Administrator darf Plug-ins im Backend aktivieren oder deaktivieren, aber nicht installieren Beachten Sie, dass die landläufige **Bezeichnung** des Administrators in Joomla! meist für den Super User verwendet wird und **die Rolle** eines Administrators nicht alle damit assoziierten Rechte hat
Super User	Der Super User verfügt kurz gesagt über sämtliche Rechte. Das geht hin bis zu systemrelevanten Änderungen

10.2.3 Benutzergruppen verwalten

Die vorgegebenen Benutzergruppen von Joomla! sind mittlerweile schon recht ausgereift und in den Voreinstellungen meist ausreichend. Aber Joomla! ist in neuen Versionen so flexibel, dass Sie die Benutzergruppen gezielt verwalten und das Rechtesystem auch verändern beziehungsweise erweitern können.

10.2.3.1 Konfiguration der Gruppenrechte

In Joomla! hat jede Benutzergruppe in der Voreinstellung gewisse Rechte. Diese können Sie sich im Kontrollzentrum anschauen und auch genau einstellen (das heißt gegebenenfalls auch ändern). Sie wählen dazu im Kontrollzentrum den Link *Konfiguration* und dann das Register *Berechtigungen* (Abb. 10.4).

10.2.3.2 Neue Benutzergruppen erstellen

Wenn Sie vorhaben, in Ihrem Joomla!-CMS über die Standardbenutzergruppen hinaus weitere Benutzergruppen bereitzustellen, sollten diese am besten angelegt werden, bevor Sie die einzelnen Benutzer anlegen oder sich die ersten Benutzer registrieren. In den neuen Versionen von Joomla! können Sie dazu die bestehende Hierarchie von Benutzergruppen verändern und erweitern. Das sollten Sie aber mit großer Sorgfalt machen (insbesondere wenn Sie vorhaben, bestehende Beziehungen nicht nur zu erweitern, sondern zu verändern).

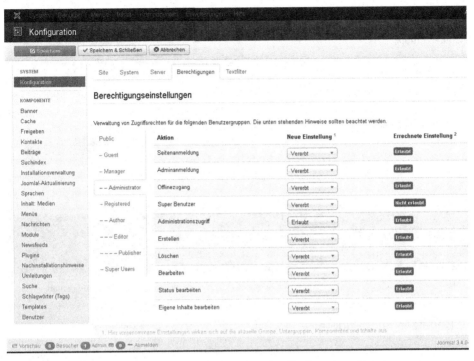

Abb. 10.4 Ansicht und gegebenenfalls Anpassung der Rechte einer Benutzergruppe – hier Administrator

Die Benutzergruppen werden im Backend in der Benutzerverwaltung angelegt, in der Werkzeugleiste mit einem Klick auf die Schaltfläche *Neu*. Sie können aber auch im Menü *Benutzer* unter *Gruppen* den Befehl *Neue Gruppe* auswählen (Abb. 10.5).

Auf der folgenden Seite geben Sie einen Namen für die neue Benutzergruppe in das Feld *Gruppentitel* ein (Abb. 10.6). Zudem legen Sie unter Berücksichtigung der Vererbung fest, welche Berechtigung die neue Benutzergruppe haben soll. Dazu wählen Sie den entsprechenden Eintrag aus dem Listenfeld *Übergeordnete Gruppe* aus.

Nun hat die neue Benutzergruppe nach dem Speichern aber nur die gleichen Rechte wie die Benutzergruppe, die Sie als übergeordnete Gruppe angegeben haben. Über die Konfiguration des Gruppenrechte (Abschn. 10.2.3.1) werden Sie in der Regel eine Anpassung vornehmen, um dieser neuen Gruppe auch ein individuelles Rechtesystem zuzuordnen[4].

10.2.3.3   Benutzergruppen löschen

Joomla! erlaubt auch das Löschen von Benutzergruppen. In der Verwaltung der Benutzergruppen (Abb. 10.2) können Sie mit dem Kontrollfeld in der ersten Spalte die Benutzergruppen markieren, die Sie löschen wollen. Danach klicken Sie in der Werkzeugleiste einfach auf die Schaltfläche *Löschen*.

---

[4] Sonst wäre eine neue Benutzergruppe kaum sinnvoll.

Abb. 10.5 Ein Weg zum
Anlegen einer neuen
Benutzergruppe

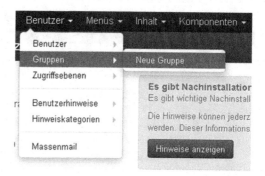

Benutzergruppendetails

Gruppentitel *

Übergeordnete Gruppe *   Public

Abb. 10.6 Eine neue Benutzergruppe erstellen

▶   Beim Löschen von Benutzergruppen sollten Sie vorsichtig sein, da Benutzer-
    gruppen normalerweise Benutzer enthalten. Wird dann die Benutzergruppe
    gelöscht, kann es zu ungewollten Nebenwirkungen bei den Gruppenfunktio-
    nalitäten von Joomla! kommen. Deshalb erscheint in einigen Konstellationen
    (insbesondere wenn die Benutzergruppe nicht leer ist) eine Sicherheitsfrage,
    die aber nicht garantiert werden kann. Ist die Benutzergruppe gelöscht, kann
    sie nicht wiederhergestellt werden.

10.2.4   Zugriffsebenen

In Joomla! regeln **Zugriffsebenen**, wer auf welche Inhalte zugreifen darf (Abb. 10.7).
Damit gibt es genau abgestimmte Berechtigungen für die verschiedenen Benutzergruppen
in Joomla!. Zugang dazu erhalten Sie in der Benutzerverwaltung.

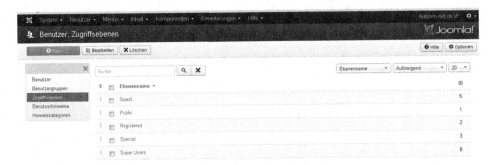

Abb. 10.7 Die vorhandenen Zugriffsebenen in einem Joomla!-System

Abb. 10.8 Eine neue Zugriffsebene soll angelegt werden

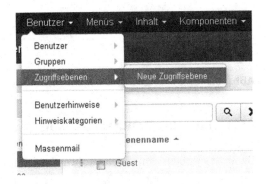

10.2.4.1 Neue Zugriffsebenen anlegen

Joomla! erlaubt auch das Anlegen von neuen Zugriffsebenen. Wie üblich finden Sie dazu einen Befehl im Menü (*Benutzer → Zugriffsebenen → Neue Zugriffsebene* – Abb. 10.8) oder Sie wählen in der Benutzerverwaltung bei den Zugriffsebenen die Schaltfläche *Neu* (Abb. 10.7).

Durch solche neuen Zugriffsebenen kann der Super User festlegen, welche Benutzergruppen in der neuen Ebene zusammengeschlossen werden (Abb. 10.9).

Im Feld *Titel* gibt man einen Namen für die neue Zugriffsebene ein und wählt mit den Kontrollfeldern die Benutzergruppen aus, die über diese neue Zugriffsebene Zugriffe auf bestimmte Teile im CMS erhalten sollen.

▸ Durch neue Zugriffsebenen lassen sich sehr komplexe Aufgaben bei den Berechtigungen lösen, aber in der Regel ist so etwas nur bei sehr umfangreichen CMS notwendig.

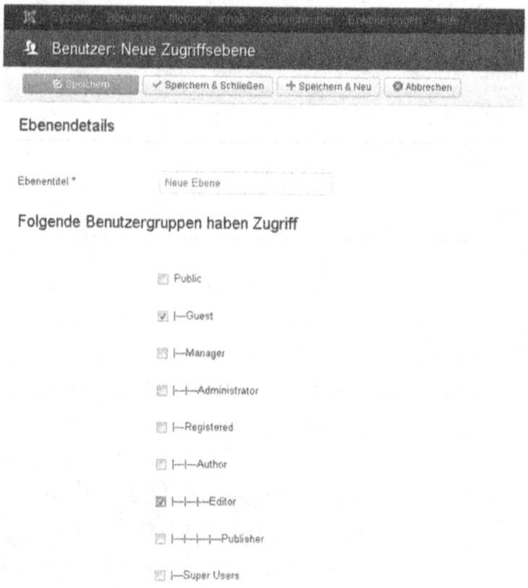

Abb. 10.9 Eine neue Zugriffsebene wird in das System integriert

10.3 Einzelne Benutzer verwalten

Benutzergruppen samt einem Rollen- beziehungsweise Rechtesystem machen nur dann Sinn, wenn damit einzelne Benutzer klassifiziert werden, die selbst wieder einzeln verwaltet werden können. Bei einem CMS kommt der Verwaltung einzelner Benutzer eine zentrale Bedeutung zu. Sie erreichen die **Benutzerverwaltung** über das Kontrollzentrum durch einen Klick auf die Schaltfläche *Benutzer* (Abb. 10.10) oder über das Menü *Benutzer* und dort den Eintrag *Benutzer*.

10.3.1 Die tabellarische Übersicht der Benutzerverwaltung

In der tabellarisch dargestellten Benutzerverwaltung haben Sie einen Überblick über alle registrierten Joomla!-Benutzer (Abb. 10.11).

Folgende Spalten stehen Ihnen in der tabellarischen Übersicht der Benutzerverwaltung zur Verfügung (Tab. 10.3):

10.3.2 Benutzer im Backend verwalten

Obgleich das Anlegen und auch Aktivieren und Freigeben von Benutzern in der Regel weitgehend automatisiert erfolgt, muss oder möchte man für verschiedene Vorgänge in die Verwaltung der Benutzer manuell eingreifen. Das ist Aufgabe eines Administrators oder Super Users.

Abb. 10.10 Zugang zur
Benutzerverwaltung

Abb. 10.11 Die Benutzerverwaltung mit den Standardbenutzer „Super User" und weiteren
Beispielbenutzern

10.3.2.1 Benutzer im Backend anlegen

Benutzer können in einem Joomla!-System auch direkt angelegt werden. Das bedeutet,
dass sich Besucher nicht im Frontend registrieren müssen. Ein Administrator oder Super
User kann einen Benutzer dazu im Backend anlegen. Das geht wie üblich beim Anlegen
von neuen Strukturen entweder mit einem Eintrag in einem passenden Menü oder einer
Schaltfläche *Neu* in der geeigneten Verwaltungsseite. Sie gehen etwa in die Benutzerverwaltung mit dem Menü *Benutzer* und dort dem Eintrag *Benutzer*. Klicken Sie dann in der
Werkzeugleiste auf die Schaltfläche *Neu* und es wird eine neue Seite geöffnet (Abb. 10.12).

Sie sehen in der Seite im Wesentlichen die oben behandelten Felder, wie sie auch in
der tabellarischen Zusammenfassung der Benutzerverwaltung zu sehen sind. Aber es gibt
noch mehr Möglichkeiten, was ein Administrator oder Super User für einen Benutzer vor-
geben kann. Neben dem Namen und Benutzernamen sowie den auch bei einer manuellen
Registrierung im Frontend notwendigen weiteren Angaben (Passwort und E-Mail-Adresse) können weitere Einstellungen vorgenommen werden. Insbesondere können auch Daten

Tab. 10.3 Die tabellarische Benutzerverwaltung

Spalte	Bedeutung
[Kontrollkästchen]	Mit diesem Kontrollfeld in der ersten Spalte (ohne Überschrift) wählen Sie einen oder mehrere Benutzer aus
Aktiviert	Die Spalte zeigt an, ob ein Konto bereits aktiviert wurde. Ist das der Fall, sehen Sie eine Schaltfläche mit einem grünen Haken, andernfalls eine Schaltfläche mit einem roten Stoppsymbol
	Wenn ein Besucher sich über das Frontend registriert hat, erhält er normalerweise eine E-Mail mit einem Bestätigungslink. Erst wenn dieser von einem Besucher angeklickt wird, erfolgt das Aktivieren eines Kontos, womit ein Besucher erst zu einem wirklichen Benutzer im System „aufsteigt"
	Ein Konto, das aktiviert wird, wird automatisch auch freigegeben, kann aber nachträglich von Administratoren wieder gesperrt werden. Allerdings kann ein Konto nicht wieder „deaktiviert" werden, da dieser Zustand nur aussagt, ob der Besucher den Bestätigungslink angeklickt hat oder nicht. Der Super User kann für einen Benutzer allerdings mit einem Klick auf die Schaltfläche in der Tabellenspalte das Konto auch dann aktivieren, wenn von einem Besucher kein Bestätigungslink angeklickt wurde. Ebenso kann die Aktivierung durch eine Selektion des Benutzers (oder auch mehrerer Benutzer) über das Kontrollkästchen am Beginn der Zeile und dann mit der entsprechenden Schaltfläche in der Werkzeugleiste vorgenommen werden
	So etwas ist dann sinnvoll, wenn man eine größere Kontrolle über seine Benutzer haben möchte und deshalb zum Beispiel gar keinen Bestätigungslink verschickt (Abschn. 10.4.2)
Benutzergruppe	Die Anzeige, welcher Benutzergruppe der Benutzer zugeordnet ist. In der Tabelle kann keine Änderung der Benutzergruppe vorgenommen werden – wohl aber in der individuellen Bearbeitung eines Benutzers
Benutzername	Der Anmeldename des Benutzers (ohne Leerzeichen), wie er vom Benutzer bei der Registrierung im Frontend ausgewählt wurde. Der Benutzername muss im CMS eindeutig sein. Das bedeutet, dass er nur einmal vorkommen kann. Wählt ein Besucher bei der Registrierung einen bereits vorhandenen Benutzername, wird die Registrierung abgelehnt
E-Mail-Adresse	Die E-Mail-Adresse des Benutzers, wie sie bei der Registrierung im Frontend angegeben wurde. Diese kann man im CMS zur Kontaktaufnahme verwenden und wird insbesondere zum Versenden des Bestätigungslinks benötigt. Joomla! kann überwachen, ob eine E-Mail-Adresse bereits einem anderen Benutzer im System zugeordnet ist und erzwingen, dass eine eindeutige E-Mail-Adresse angegeben wird. Damit kann man das mehrfache Registrieren einer Person erschweren und Spam vorbeugen
Freigegeben	Die Angabe, ob der Benutzer im System arbeiten darf (also freigegeben ist). Ist das der Fall, sehen Sie in der tabellarischen Übersicht eine Schaltfläche mit einem grünen Haken, andernfalls eine Schaltfläche mit einem roten Stoppsymbol Der Administrator oder Super User kann Benutzer mit einem Klick auf die Schaltfläche freigeben oder sperren. Ebenso kann das durch eine Selektion des Benutzers über das Kontrollkästchen am Beginn der Zeile und dann mit den entsprechenden Schaltflächen in der Werkzeugleiste vorgenommen werden

Tab. 10.3 (Fortsetzung)

Spalte	Bedeutung
ID	Das ist eine interne, eindeutige Joomla!-Verwaltungsnummer, die nicht über das Backend verändert werden kann. Die ID ist durchaus vergleichbar mit einer üblichen Datensatznummer beziehungsweise Datensatz-ID
Letzter Besuch	In dieser Spalte sehen Sie, wann sich der Benutzer zum letzten Mal (oder auch noch gar nicht) angemeldet hat
Name	Der vollständige Name (normalerweise Vor- und Zuname) des Benutzers, der bei der Anmeldung eingegeben wurde
Registrierungsdatum	Die Spalte zeigt das Datum, an dem sich der Benutzer im System registriert hat

Wenn Sie die Datenbank von Joomla! mit einem Verwaltungstool wie phpMyAdmin bearbeiten, können Sie diese ID durchaus ändern. Aber das sollten Sie normalerweise nicht machen, denn es können unkalkulierbare Randwirkungen auftreten

manipuliert werden, die normalerweise automatisch generiert werden (etwa der Zeitpunkt des letzten Logins). So etwas nutzt man oft, wenn man Korrekturen vornehmen will.

Ganz wichtig ist die Zuordnung eines Benutzers in dem Register *Zugewiesene Gruppen* zu einer speziellen Gruppe (Abb. 10.13). Statt der Standardgruppe kann man damit auch eine andere Gruppe wählen.

▶   Beachten Sie, dass ein Administrator aber nur bis zur Rolle des Administrators selbst die Gruppenzuordnung vornehmen kann. Die Zuordnung eines Benutzers zur Benutzerrolle eines Super Users kann nur ein Super User selbst vornehmen.

In einem weiteren Register können des Weiteren verschiedene Basiseinstellungen eines neuen Benutzers individuell angepasst werden (Abb. 10.14).

▶   Wenn ein Administrator oder Super User einen neuen Benutzer im Backend anlegt, ist dieser in der Voreinstellung automatisch freigegeben und aktiviert.

10.3.2.2   Vorhandene Benutzer im Backend bearbeiten

Ein Administrator oder Super User kann alle vorhandenen Benutzer in der Benutzerverwaltung sehr weitreichend bearbeiten (beim Administrator aber nur bis zur Rolle des Administrators selbst), indem im Backend einfach in der Spalte *Name* auf den Namen des Benutzers geklickt wird. Dann gelangt man in dieselbe Eingabemaske wie bei der Erstellung eines neuen Benutzers.

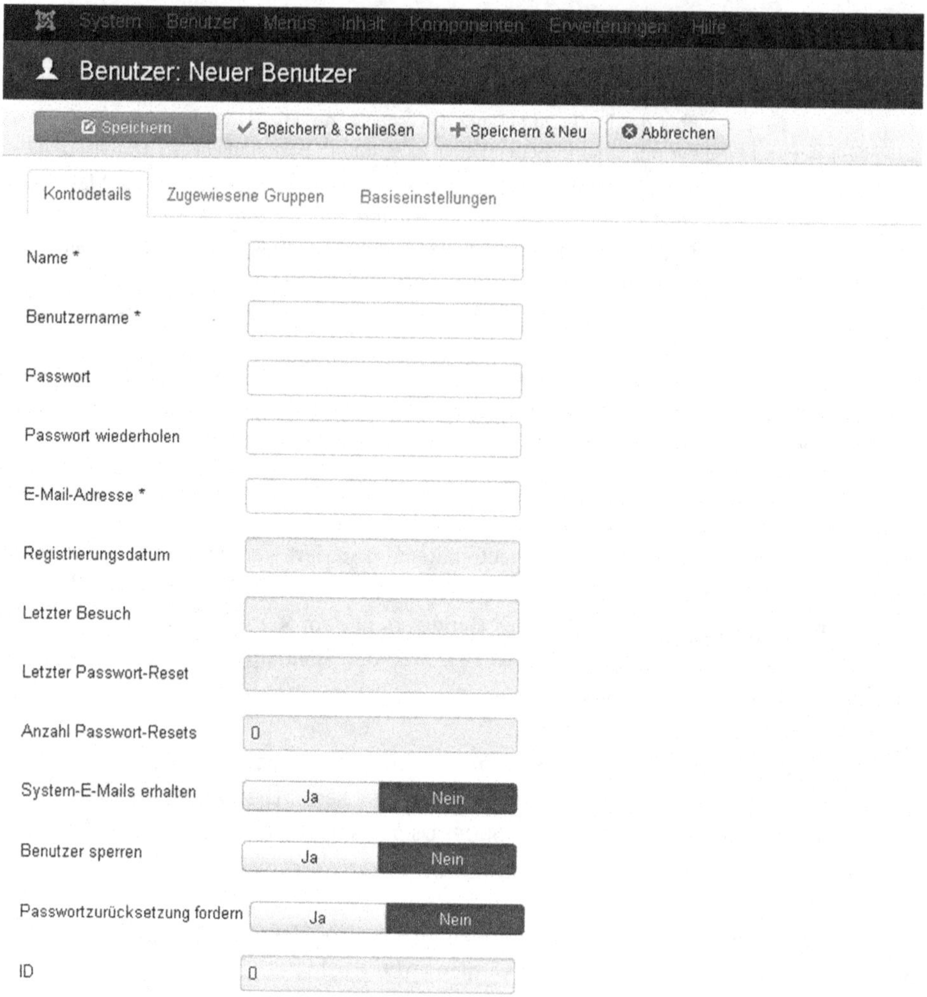

Abb. 10.12 Anlegen von einem neuen Benutzer

10.4   Benutzer im Frontend

Wie oben bereits besprochen, werden sich Benutzer in Ihrem CMS in der Regel über das Frontend registrieren (Abschn. 10.2.1). Der Vorteil hiervon ist, dass die Benutzer standardmäßig nach erfolgreicher Registrierung und E-Mail-Bestätigung gleich den neu erstellten Zugang ins System nutzen können und die Administratoren des CMS keine Arbeit haben.

Dazu muss ein Besucher im Frontend von Joomla! den Link *Registrieren* verwenden, wenn dieser angezeigt wird. Eine neue Seite mit einem Formular zur Benutzerregistrierung, bei dem alle notwendigen Felder ausgefüllt werden müssen, wird daraufhin aufgerufen (Abb. 10.1).

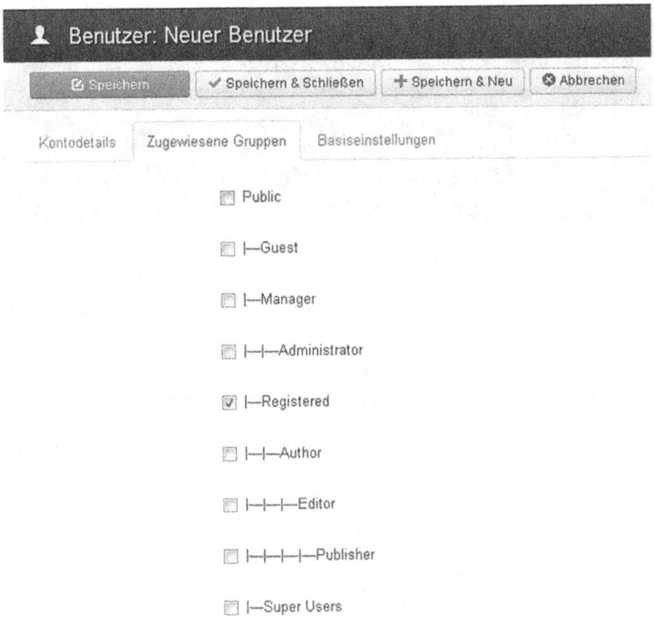

Abb. 10.13 Die Gruppenzuordnung des neuen Benutzers

Abb. 10.14 Basiseinstellungen des neuen Benutzers

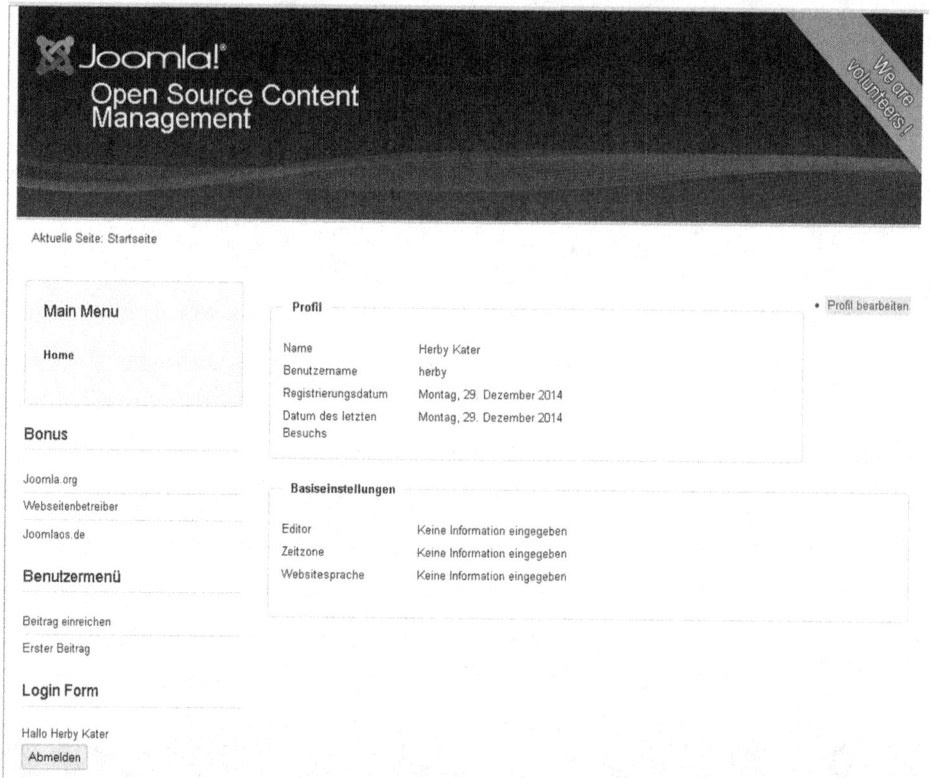

Abb. 10.15 Ein einfaches, aber typisches Frontend bei einem angemeldeten Benutzer

10.4.1   Anmeldung zu einem geschlossenen Bereich

Nachdem ein Benutzer freigeschaltet ist, kann er sich im Frontend-Anmeldemodul anmelden (sofern dieses vorhanden ist, was aber der Regelfall ist). Man gelangt nach der Anmeldung automatisch zur Seite für registrierte Benutzer, wobei diese natürlich vollkommen unterschiedlich aussehen kann. Das hängt sowohl von der konkreten Rolle des Benutzers als auch vom Template und den aktivierten Widgets ab.

Wenn ein Nutzer angemeldet ist, erkennen Sie das in der Regel daran, dass bei den meisten Templates irgendwo auf der Seite ein neues Menü mit der Bezeichnung *User Menu* oder *Benutzermenü* und unten beim Anmeldemodul nun eine persönliche Begrüßung zusammen mit einer *Abmelden*-Schaltfläche zu sehen sind (Abb. 10.15).

10.4.2   Optionen der Benutzerverwaltung

Über das Kontrollzentrum und dort *Konfiguration →Benutzer* können Sie grundlegende Einstellungen für die Benutzer festlegen. Sie gelangen zu einer Seite mit vier (Serie 3) Registern.

- Das Register *Berechtigungen* erlaubt, im Detail einzustellen, welche Berechtigungen für einzelne Aktionen, wie zum Beispiel das Löschen oder Freigeben eines Beitrags, pro Benutzergruppe erlaubt oder verweigert werden. Für unerfahrene Benutzer empfiehlt es sich, hier keine Änderungen vorzunehmen.
- Im Register *Massenmail* können Sie Einstellungen für Rundmails an ausgewählte Benutzer von Joomla! einstellen.
- Im Register *Verlauf Benutzerhinweise* können Sie festlegen, ob der Verlauf von Benutzerhinweisen gespeichert werden soll.
- Das Register *Komponente* ist hier jedoch besonders wichtig (Abb. 10.16). Das Register ist für die meisten Grundeinstellungen der Benutzerverwaltung verantwortlich.

10.4.2.1 Wichtige Einstellungen im Register Komponente

- Mit den Schaltflächen bei *Benutzerregistrierung* können Sie für das Frontend im Anmeldemodul den Link *Registrieren* ein- oder ausschalten.
- Im Listenfeld *Gruppe für neue Benutzer* stellen Sie ein, welche Benutzergruppe Sie standardmäßig neu registrierten Benutzern zuweisen (die Standardbenutzergruppe).
- Unter *Gast Benutzergruppe* stellen Sie die Standardbenutzergruppe für Gäste ein.
- Das Listenfeld *Kontenaktivierung durch* gibt an, wer bei dem Registrierungsprozess im Frontend standardmäßig ein Konto aktiviert. Wenn der Eintrag *Benutzer* aktiv ist, bedeutet dies, dass der Benutzer eine E-Mail mit dem Aktivierungslink hierzu erhält. Bei dem Eintrag Admin müsste jedes Mal ein Benutzer mit Administrationsrechten (Administrator oder Super User) die neuen Benutzer aktivieren. Die Option *Keine* bedeutet, dass nach der Registrierung der neue Benutzer sofort aktiviert ist.
- Weiter können Sie in dem Bereich unter anderem noch einstellen,
  - ob Administratoren bei einer Registrierung eines neuen Benutzers eine E-Mail erhalten sollen,
  - ob ein Captcha-Sicherheitsbild angezeigt wird,
  - ob ein Benutzername zu verändern ist oder
  - welche genauen Regeln bei einem Passwort gelten müssen.

10.4.3 Das Benutzermenü konfigurieren

Damit angemeldeten Benutzern für ihre erhaltenen Berechtigungen eine komfortable Nutzungsmöglichkeit im geschützten Benutzerbereich des Frontends geboten wird, ist es sehr empfehlenswert, dafür geeignete Befehle im Benutzermenü anzulegen oder anzupassen.

Typische Befehle des Benutzermenüs sind zum Beispiel *Submit an Article*, *Submit a Web Link* oder der direkte Zugriff auf alle Beiträge einer Kategorie, der die Benutzer zugeordnet sind. Die Konfiguration des Benutzermenüs können Sie aufrufen mit dem Menü *Menüs* und dort dem Eintrag *User Menu* oder *Benutzermenü* (Abb. 10.17).

Abb. 10.16 Die Optionen der Benutzerverwaltung im Register „Komponente"

Abb. 10.17 Zugang zum
Benutzermenü

Abb. 10.18 Die Verwaltung vom Benutzermenü

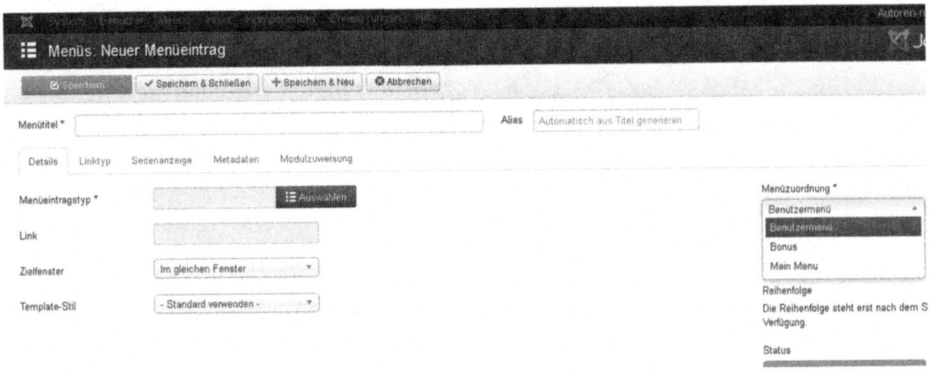

Abb. 10.19 Anlegen eines neuen Menüeintrags – mit optionaler Änderung der Menüzuordnung

In der Verwaltung des Benutzermenüs sehen Sie eine Liste der bisherigen Menüeinträge des Benutzermenüs. Sie können dort die Einträge freigeben oder sperren, aber auch neue Einträge hinzufügen (Abb. 10.18).

Beachten Sie, dass Sie einen Menüeintrag auch beim Anlegen oder Bearbeiten des Menüeintrags gezielt einem Menü zuordnen können (Abb. 10.19).

10.5   Benutzerhinweise und Massenmail

Im Menü Benutzer von Joomla! finden Sie einen Menüpunkt *Benutzerhinweise*, dem ein weiterer Menüpunkt *Hinweiskategorien* folgt, über den Sie die Hinweise in Kategorien verwalten können. Darunter finden Sie den Eintrag *Massenmail*. Bei diesen Hinweisen geht es einfach darum, dass ein berechtigter User einem, mehreren oder allen angemeldeten Nutzern im Joomla!-System eine Nachricht schicken kann.

Bei einem Benutzerhinweis wählen Sie gezielt einen Benutzer aus (Feld Benutzer-ID), dem Sie einen Hinweis geben wollen (Abb. 10.20).

Bei einer Massenmail hingegen schicken Sie an alle Mitglieder einer Benutzergruppe eine Mail (Abb. 10.21).

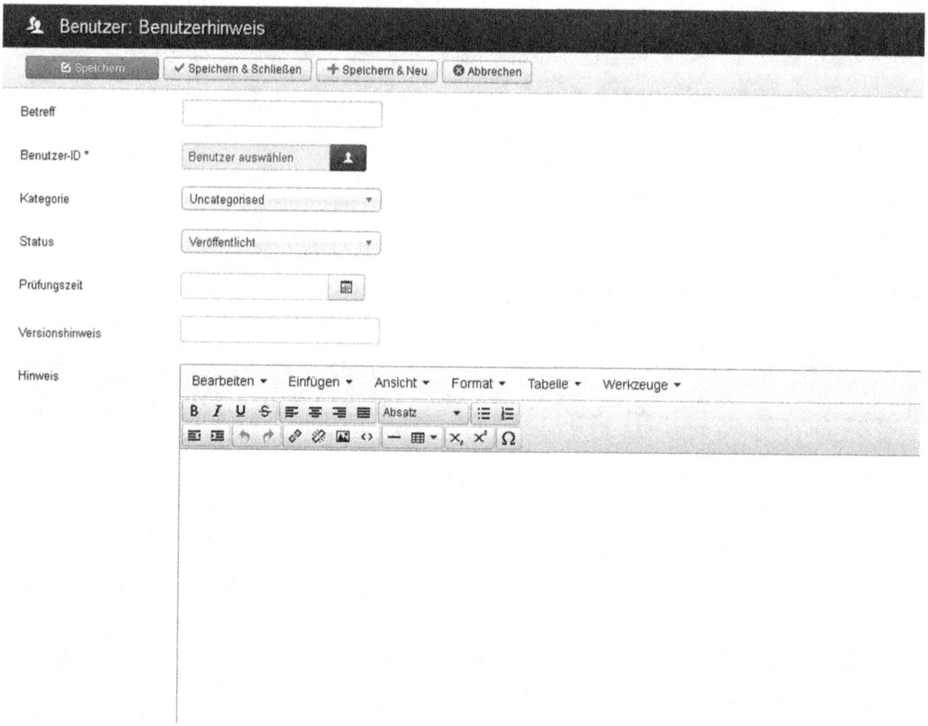

Abb. 10.20 Einem Benutzer einen Hinweis schreiben

Abb. 10.21 Eine Massenmail

Komponenten und andere Erweiterungen – des Joomla! Kern: Flexibilität

11

Das CMS für jeden Zweck anpassen und erweitern

11.1 Was behandeln wir in diesem Kapitel?

Joomla! ist ein sehr flexibles CMS, das im Kern neben der anpassungsfähigen Layout-Gestaltung durch Templates aus vier Bausteinen besteht:

- Module
- Plug-ins
- Komponenten und
- Sprachen

Diese Bausteine des CMS können vom Administrator oder Super User des Systems verwaltet werden und sie greifen teils recht komplex ineinander. Vor allen Dingen kann Joomla! damit um zahlreiche Funktionen erweitert oder auch eingeschränkt werden. In diesem Kapitel erfahren Sie, was es damit auf sich hat und wie dies geht. Ebenso betrachten wir das Zusammenspiel dieser Bausteine in Joomla!, denn dessen grundsätzliches Verständnis ist wichtig, wenn Sie Joomla! individuell erweitern und anpassen wollen.

Wir werden in dem Kapitel auch exemplarisch mit ausgewählten Plug-ins, Modulen und Komponenten arbeiten. Dabei erfahren Sie zudem, welche Ressourcen es für Joomla!-Erweiterungen gibt und wir fassen noch einmal diverse Details zusammen, wie Sie Joomla! grundsätzlich mit Modulen, Plug-ins, Komponenten und Sprachen erweitern.

© Springer Fachmedien Wiesbaden 2015
R. Steyer, *Joomla!*, DOI 10.1007/978-3-658-08878-1_11

11.2   Module, Plug-ins, Komponenten und Sprachen

Uns sind im Laufe des Buchs Module, Plug-ins, Komponenten und Sprachen schon an verschiedensten Stellen begegnet. Im Backend haben Systemadministratoren Zugriff darauf und können diese Dinge jeweils aktivieren und deaktivieren sowie hinzufügen oder auch wieder löschen (Abb. 11.1).

▶   Die installierten Komponenten in Ihrem Joomla!-System erreichen Sie über das Menü *Komponenten*, während Module, Plug-ins und Sprachen zusammen mit den Templates über das Menü *Erweiterungen* bereitstehen (Abb. 11.1). Diese Aufteilung ist auf den ersten Blick nicht ganz logisch, aber da Komponenten einen großen Raum in Joomla! einnehmen können, haben sie im Backend ein eigenes Menü *Komponenten* erhalten. Dort finden Sie für jede Komponente einen Eintrag (auch für nachträglich neu installierte). Viele Komponenten haben dort zusätzlich noch Untermenüs. Wenn Sie beispielsweise bei Komponenten nicht sicher sind, welchen Eintrag im Untermenü der Komponente Sie anklicken sollen, dann klicken Sie einfach den Haupteintrag der Komponente im Menü *Komponenten* an. Dieser Haupteintrag führt Sie dann in den Verwaltungsbereich der jeweiligen Komponente, wo Sie in der Regel alle Änderungen und Einstellungen für die betroffene Komponente vornehmen können.

Im **Kontrollzentrum** (Abb. 11.2) haben Sie zudem Zugang zu den Modulen über den Menüpunkt *Module* (1) und zu den Sprachen finden Sie dort auch einen Menüpunkt (5). Ebenso kommen Sie darüber zu den installierten Erweiterungen (3) sowie ebenfalls zu den Templates (4) in Ihrem Joomla!-System. Wenn Sie zusätzliche Komponenten installiert haben, kann deren Konfiguration auch über das Kontrollzentrum zur Verfügung stehen (5) – das ist aber nicht bei allen Komponenten der Fall.

Abb. 11.1 Das Menü für die Komponenten

Abb. 11.2 Zugang zu Modulen, der Sprache etc. über das Kontrollzentrum

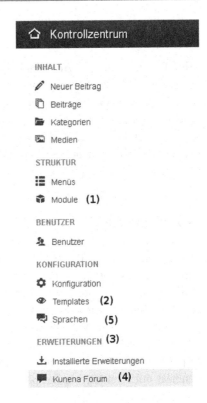

11.2.1 Zusammenfassung der Bedeutung von Modulen, Plug-ins, Komponenten und Sprachen

An verschiedenen Stellen im Buch wurden Modulen, Plug-ins, Komponenten und Sprachen schon berührt und auch schon die grundsätzliche Bedeutung samt Installation teilweise behandelt. Grundsätzlich erlauben diese Elemente, das CMS sehr individuell zu erweitern und anzupassen. Dabei ist die Trennung teilweise gar nicht so einfach.

Verallgemeinert kann man diese verschiedenen Bausteine des CMS (und im Grunde auch die Templates) als **Erweiterungen** bezeichnen und es gibt im Internet Tausende an verfügbaren Erweiterungen für Joomla. Das beginnt von einfachen Plug-ins zur besseren Aufbereitung von Textbeiträgen über die unterschiedlichsten Module hin zu Komponenten wie Fotogalerien, Diskussionsforen, komplexen E-Commerce-Systemen, weit über 50 Sprachen, die regelmäßig gepflegt werden, bis hin zu zahlreichen Templates. Dies können Sie alles in Ihr Joomla!-CMS integrieren, wenn Sie das benötigen.

11.2.2 Sprachen

Mithilfe der modularen **Sprachen** können Sie Joomla! in verschiedenen Sprachen verwalten. Dabei wird zwischen Backend- und Frontend-Sprache unterschieden. Bei einer installierten Backend-Sprache erscheinen nach deren Aktivierung im Backend alle Befehle und beschreibenden Texte in dieser Sprache. Die davon unabhängige Frontend-Sprache legt fest, wie Beschriftungen und Bezeichnungen im Frontend aussehen (etwa „User menu" bei der Frontend-Sprache Englisch oder „Benutzermenü" bei Deutsch als Frontend-Sprache)[1].

11.2.3 Module

Module sind kleine PHP-Programme für die Verwendung im Frontend, um Daten auszugeben oder zu verarbeiten (beispielsweise das Anmeldemodul). Diese Module sind dazu mit bestimmten Positionen im Frontend gekoppelt (**Modulposition**), die von den Templates beeinflusst werden.

In Joomla! finden Module unterschiedlichste Verwendung. Einerseits werden Module oft nur dazu verwendet, Werbebanner, Bilder oder Texte elegant an verschiedene Stellen zu positionieren. Andererseits sind Module wichtige Helfer für die Kommunikation der Benutzer mit Joomla!, wie beispielsweise bei der Benutzeranmeldung im Frontend oder bei der Suche.

11.2.3.1 Die Modulverwaltung

Im Backend erreichen Sie die **Modulverwaltung** über das Menü *Erweiterungen* und dort den Eintrag *Module* oder über den Link zu den Modulen im Kontrollzentrum (Abb. 11.3). Wir haben damit ja schon in Kap. 7 und 9 gearbeitet.

Die tabellarisch aufgebaute Modulverwaltung besitzt verschiedene Spalten und Eingabefelder und erinnert optisch an die Kategorie- oder Beitragsverwaltung. Auch die Bedeutungen für die Spalten sind weitgehend identisch. Jeder Eintrag in einer Zeile steht für ein Modul (Abb. 11.3).

Neben dem *Titel* mit dem Name des Moduls[2] sind folgende Informationen wichtig (Tab. 11.1):

Die Modulverwaltung hat unter der Werkzeugleiste eine Filterzeile, die Sie schon in ähnlicher Form von Kategorien, Beiträgen etc. kennen und die dazu dient, ausgewählte Module gezielt anzuzeigen. Standardmäßig werden nur Module für das Frontend angezeigt. Dies ist in dem Bereichsfilter eingestellt mit dem Wert *Site*. Es gibt aber auch Module, die im Backend eingesetzt werden. Daher kann in diesem Feld auch *Administrator* ausgewählt werden (Abb. 11.5).

---

[1] Auf Sprachen gehen wir in dem Kapitel nicht mehr weiter ein, denn das wurde bereits vorher behandelt.

[2] Ein Klick auf den Namen öffnet die Seite mit den **Moduleigenschaften** (Abb. 11.4).

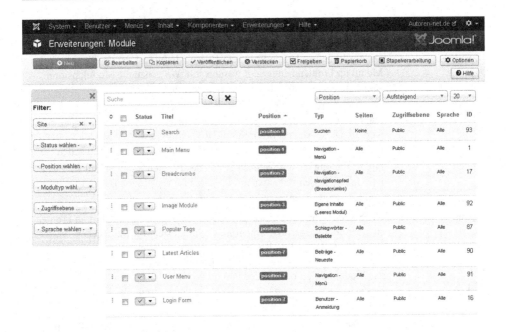

Abb. 11.3 Die Modulverwaltung im Backend

Abb. 11.4 Multifunktionale
Spalte in der Tabelle

11.2.3.2 Die Moduleigenschaften

In der Modulverwaltung können Sie auf die Namen der jeweiligen Module klicken. Sie gelangen zur Seite mit den Moduleigenschaften, die in verschiedenen Registern bereitgestellt werden. Sie sehen hier unter anderem auch die Eigenschaften wieder, die in der tabellarischen Übersicht zusammengefasst werden.

Als Erstes werden die wichtigsten Basisoptionen angezeigt, während die erweiterten Optionen in den anderen Registern erst einmal verdeckt sind. Abhängig vom Modultyp haben Sie bei den Basisoptionen und erweiterten Optionen mehr oder weniger Einstellungsmöglichkeiten zum Modul. Viele Einstellungsmöglichkeiten sind bei allen Modulen gleich.

11.2.3.2.1 Der Bereich Modul

Bei den Moduleigenschaften geben Sie die Grundinformationen zum Modul an. Diese Informationen sind größtenteils auch in der Modulverwaltung in den bereits beschriebenen Spalten zu sehen und besonders wichtig.

Tab. 11.1 Die Informationen über ein Modul

Spalte	Bedeutung
Position	Die Spalte informiert darüber, an welcher Modulposition des Templates das Modul im Frontend angezeigt werden soll. Wo genau die Modulposition selbst angezeigt wird, hängt vom Template ab
Reihenfolge	Wenn mehrere Module an derselben Modulposition angezeigt werden sollen, müssen diese in einer gewissen Reihenfolge untereinander angeordnet werden. Diese Angabe bestimmt die Reihenfolge, wie die Module von oben nach unten an dieser Modulposition gestapelt angezeigt werden sollen
Seiten	Die Spalte gibt an, auf welchen Seiten des Frontends das Modul zu sehen ist. Module lassen sich etwa nur in Seiten für registrierte Benutzer anzeigen
Sprache	Zeigt die dem Modul zugewiesene Sprache an
Status	Die Schaltfläche zeigt an, ob das Modul freigegeben und damit im Frontend sichtbar oder gesperrt ist. Ein grünes Symbol steht für freigegeben, ein rotes für gesperrt. Der Administrator kann mit einem Klick auf die Schaltfläche die Freigabe umschalten. Mit dem Listenpfeil neben der Schaltfläche kann das Modul kopiert oder in den Papierkorb verschoben werden (Abb. 11.4). Das geht natürlich auch mit der Werkzeugleiste, wenn das Modul mit der ersten Spalte selektiert wurde
Typ	Die Spalte gibt an, um welchen Modultyp es sich hier handelt. Am Typ können Sie erkennen, welche Funktion das Modul hat
Zugriffsebene	Sie sehen in der Spalte, welche Zugriffsebene dieses Modul zu sehen bekommt

- In der Zeile *Titel* legen Sie den Namen des Moduls fest.
- In der Zeile *Titel anzeigen* stellen Sie ein, ob an der Modulposition, an der das Modul erscheint, auch der Titel des Moduls zu lesen sein soll.
- Die Schaltfläche *Schaltflächenposition* bietet Ihnen eine Auswahl aller verfügbaren Modulpositionen in einem separaten Dialogfeld. Achten Sie bei der Auswahl darauf, die Modulposition des richtigen, aktiven Templates zu wählen, da es sonst zu Darstellungsfehlern kommen kann.
- Im Feld mit der Beschriftung *Position* steht der Name der derzeitigen Modulposition, beispielsweise *position-2*.
- Sollen mehrere Module an derselben Modulposition untereinander angezeigt werden, können Sie im Listenfeld *Reihenfolge* die Platzierung des Moduls bestimmen. Ist beispielsweise der Eintrag *1. Suchen* gewählt, so bedeutet das, das Modul mit dem Namen *Suchen* steht an erster Stelle.
- Bei *Status* wählen Sie, ob das Modul angezeigt werden soll (Freigegeben) oder nicht (Gesperrt). Dort sehen Sie auch, falls das Modul gelöscht wurde (Papierkorb).
- Das Feld *Zugriffsebene* bietet Ihnen eine Auswahl der verfügbaren Zugriffsebenen. Dort können Sie auswählen, welche Zugriffsebene das Modul sehen kann (Abb. 11.6).

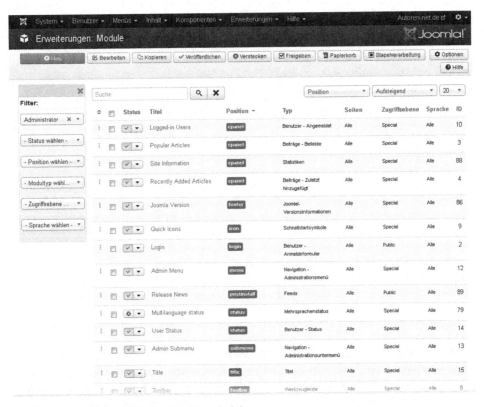

Abb. 11.5 Die Backend-Module für den Administrator

11.2.3.2.2   Der Bereich Menüzuweisung & Co

Über die Grundkonfiguration hinaus gibt es zu der Konfiguration des Moduls noch weitere Register, deren Einstellungen aber in der Regel vernünftig vorbelegt sind und selten geändert werden müssen.

Im Bereich *Menüzuweisung* legen Sie zum Beispiel fest, wo das Modul gezeigt wird. Man kann in Joomla! genau angeben, auf welchen Seiten ein Modul zu sehen ist. Somit bestimmen Sie in Joomla! nicht auf der einzelnen Seite direkt, ob ein Modul angezeigt wird. Sie steuern dies über den Aufruf der Seiten aus den Menüs heraus. Im Bereich der erweiterten Optionen werden dem Benutzer häufig Möglichkeiten zur Feinabstimmung mit dem Template-Design gegeben. So findet sich hier oft das Feld Modulklassensuffix, mit dem durch einzugebende Werte das CSS-Design des Templates für dieses Modul gesteuert werden kann. Häufig befinden sich hier auch Angaben zum sogenannten Caching, einer Art Zwischenspeicher für schnellere Seitenaufrufe.

Abb. 11.6 Zentrale
Modulkonfigurationen

11.2.3.3   Die verschiedenen Modultypen

In Joomla! gibt es eine ganze Reihe von verschiedenen Modultypen für das Frontend, die auch immer wieder erweitert wird. Auf wichtige Modultypen wird im Folgenden genauer eingegangen (Tab. 11.2), wobei wir auch schon an früheren Stellen im Buch mit verschiedenen Modultypen konfrontiert wurden.

▶   Die Auswahl eines Moduls in der Modulverwaltung wird durch die Suche in dem Suchfeld der Modulverwaltung erleichtert, wobei Sie da aber den – meist englischen – Namen des Moduls kennen sollten.
Sehr sinnvoll ist die Verwendung der Filter, über die Sie einen Typ vorselektieren können. Sie bekommen damit alle Module in Ihrem Joomla!-System angezeigt, die von dem entsprechenden Typ installiert sind. Sie können dann das Modul mit einem Klick auf den Modulnamen auswählen.

11.2.4   Plug-ins

Unter **Plug-ins** versteht man ebenfalls kleine PHP-Programme für Joomla!, die in ersten Versionen des CMS noch **Mambots** genannt wurde. Ein Plug-in ist ein Programm, das in

Tab. 11.2 Verschiedene wichtige Standardmodule in Joomla!

Modultyp	Bedeutung
Anmeldung	Das Modul zeigt den Anmeldedialog (Login) an
Archivierte Beiträge	Mit Hilfe von diesem Modul erhalten Sie eine Liste der Kalendermonate, die archivierte Beiträge enthalten. Diese Liste wird aus dem Archiv von Joomla! automatisch generiert
Banner	Über dieses Modul werden die aktiven Banner angezeigt, die dann in der Banner-**Komponente** angelegt und konfiguriert werden. Darauf gehen wir noch ausführlicher ein (Abschn. 11.5.1)
Beiträge – Newsflash	Mit diesem Modul können Sie schlagzeilenartig eine feste Anzahl von Beiträgen aus einer oder mehreren Kategorien anzeigen
Beiträge – Verwandte Beiträge	In Joomla! lassen sich Beiträge sehr gut mit Metainformationen verbinden. Diese kann man innerhalb von Joomla! auch dazu nutzen, bestimmte Beiträge in Verbindung zueinander zu setzen. Das Modul hier zeigt andere Beiträge, die mit dem aktuellen Beitrag durch Meta-Schlüsselwörter als verwandt gekennzeichnet sind (gleiche Schlüsselwörter). Die Schlüsselwörter werden beim Erstellen eines Beitrags in den Metadatenoptionen angegeben
Beitragskategorie	Das Modul für die Beitragskategorie zeigt eine Liste von Beiträgen aus einer oder mehreren Kategorien an
Beitragskategorien	Das Modul für die Beitragskategorie**n** (plural) zeigt eine Liste aller Unterkategorien einer übergeordneten Kategorie an
Beliebte Beiträge	Joomla! überwacht, wie oft Beiträge aufgerufen werden. So wird angezeigt, wie interessant oder beliebt ein bestimmter Beitrag ist. Das Modul zeigt eine Liste mit den Beiträgen an, die am häufigsten aufgerufen werden
Eigene Inhalte (leeres Modul)	Ein sehr beliebter Modultyp nennt sich Eigene Inhalte. Hierbei handelt es sich um ein leeres Modul, das mit beliebigen eigenen Inhalten gefüllt werden kann. Im Grunde handelt es sich um eine kleine Webseite (oder besser einen rechteckigen Bereich in der Webseite – ein div-Container) zur vollkommen freien Verfügung. Ob Sie hier Bilder, Text oder Quellcode einfügen oder Werbung platzieren, bleibt Ihnen überlassen
	Bei den Basisoptionen können Sie ein Hintergrundbild auswählen, das aus der Joomla!-Medienverwaltung eingefügt oder von Ihrem Computer hochgeladen und dann eingefügt werden kann. Mit der aktivierten Option Inhalte vorbereiten können Sie auch Plug-ins in dem Modul ansprechen
	Bei den erweiterten Optionen können Sie einstellen, ob Sie ein anderes (vorhandenes) Layout des Moduls wollen. Sie können auch mithilfe des Modulklassensuffix ein anderes CSS-Layout des Moduls bewirken. Viele Template-Hersteller verwenden das Modulklassensuffix, um beispielsweise dem angezeigten Modul ein anderes Farbschema zuzuweisen. Ein solches Modulklassensuffix könnte hier beispielsweise der Eintrag _red bzw. _green sein, um das betroffene Modul in roter oder grüner Farbe anzuzeigen

Tab. 11.2 (Fortsetzung)

Modultyp	Bedeutung
	Sie können bei den erweiterten Optionen zudem einstellen, ob (Caching) und wie lange (Cache-Dauer) ein temporär zwischengespeichertes Modul gespeichert bleibt. Je länger die Zeitspanne, desto später sehen Sie Veränderungen am Template im Browser, da für diese Zeitspanne noch das "alte" zwischengespeicherte Modul verwendet wird
Feed-Anzeige	In dem Anzeigebereich von einem Modul dieses Typs erfolgt die Ausgabe sogenannter **Newsfeeds** von anderen Webseiten
Fußzeile	Die Fußzeile einer Webseite zeigt in der Regel Copyright-Informationen an. Das kann die Standardinformation zum Joomla!-Copyright sein, aber ebenso das Copyright des Templates oder Ihr eigenes. Im Grunde ist aber nicht zwingend festgelegt, was da angezeigt wird. Sie sollten nur immer im Auge behalten, dass verschiedene Lizenzbedingungen (etwa von Templates) die Anzeige von einem Copyright zwingend erfordern
Menü	Menüs (Typ Menu) spielen bei Joomla! eine Schlüsselrolle. Sie dienen nicht nur zum Navigieren auf der Webseite, sondern steuern das Aussehen einzelner Seiten oder zusammengesetzter Blog-Seiten im Frontend. Damit die Menüs möglichst flexibel verwaltet werden können, werden sie in für sie bestimmte Module integriert. Das erleichtert die Positionierung der Menüs
	Eine besonders wichtige Einstellung bei diesem Modultyp ist der Titel, der im Frontend über den Menüeinträgen angezeigt werden kann. Um eine bessere Zuordnung zu erreichen, sollte der Modultitel der gleiche sein wie der Titel des Menüs
	In den Basisoptionen wählen Sie das Menü aus, das in das Modul integriert werden soll. Zudem bestimmen Sie, ob das Menü mit Untermenüeinträgen dargestellt wird und bis zu welcher Hierarchietiefe optionale Untermenüeinträge angezeigt werden
Navigationspfad (Breadcrumbs)	Es kann für einen Besucher sinnvoll sein, dass der Navigationspfad zur aktuell angezeigten Seite sichtbar ist. Ebenso kann man dies als Betreiber des Joomla!-CMS aber auch unterbinden, wenn das nicht sinnvoll erscheint. Mit diesem Modul zur Breadcrumb-Navigation zeigen Sie die Information bei Bedarf an
Neueste Beiträge	Joomla! überwacht, wann Beiträge erstellt wurden. Diese Informationen kann man nutzen, einem Besucher in diesem Modul eine Liste der zuletzt veröffentlichten und aktuellen Beiträge anzuzeigen
Neueste Benutzer	Joomla! überwacht, wann sich ein Besucher registriert hat. Diese Informationen kann man nutzen, um Besuchern der Webseite in diesem Modul die Liste der zuletzt registrierten Benutzer anzuzeigen. Das ist besonders bei Seiten mit Community-Charakter zu finden
Sprachauswahl	Sie können Joomla! als multilinguale Seite konzipieren. Das bedeutet, dass es Inhalte in verschiedenen Sprachen gibt. Dieses Modul zeigt dem Besucher eine Liste der verfügbaren Sprachen dieser Seite (wird definiert und veröffentlicht im Sprachen-Tab). Ein Besucher kann dann eine Sprache wechseln und bekommt die Inhalte angezeigt, die mit dieser Sprache verbunden sind (in der Grundeinstellung sind Inhalte immer mit allen Sprachen verbunden und Sie müssen aktiv einen Inhalt auf eine bestimmte Sprache einschränken)

Tab. 11.2 (Fortsetzung)

Modultyp	Bedeutung
Statistiken	Joomla! speichert zahlreiche Daten, die während des Betriebs des CMS anfallen. Das beginnt bei der Installation und wird fortlaufend gepflegt. Das Modul zeigt einige dieser Informationen an, etwa zur Server-Installation oder Statistiken der Webseite wie beispielsweise Besucher, Anzahl der Beiträge in der Datenbank und Anzahl der Weblinks, die angeboten werden
Suchen und Suchindex	Die beiden Module bieten einem Besucher Möglichkeiten zum Durchsuchen der gesamten Webseite an. Dabei wurde in älteren Versionen von Joomla nur die eine einfachere Suchbox angeboten, während das Suchindex-Modul auf indizierten Inhalten basiert und damit schneller Ergebnisse bereitstellen kann
Syndication Feeds	Dieses Modul enthält einen Link zum Newsfeed der gerade angezeigten Seite (Abb. 11.42). Der Newsfeed öffnet sich in einem modernen Browser in einem eigenen Fenster, wenn der Link angeklickt wird. Alternativ kann man die Feeds in einem Feedreader abonnieren
Weblinks	Das Web basiert ja auf der Verknüpfung von Seiten über Links. Joomla! stellt zur komfortablen Verwaltung von Weblinks eine eigene Komponente bereit und zeigt dort die definierten Weblinks einer Kategorie an
Wer ist online	Joomla! hat genaue Kenntnis, welcher registrierte Benutzer zu einem bestimmten Zeitpunkt angemeldet ist. Ebenso kann man über IP-Nummern etc. überwachen, wie viele reine Besucher auf der Seite sind (unangemeldet). Das Modul gibt die Anzahl anonymer Besucher (Gäste) und registrierter Besucher (angemeldete Benutzer) aus, die im Moment die Webseite besuchen
Wrapper	Man kann innerhalb einer Webseite andere Webseiten über sogenannte Frames anzeigen. Das wurde früher sehr oft gemacht, um einen Teil einer Webseite zu erhalten und in anderen Bereichen neue Inhalte anzuzeigen. Frames an sich sind im Web überholt, aber eine Spezialvariante davon – die sogenannten **IFrames** – sind immer noch gebräuchlich. Damit kann man genau eine andere Webseite innerhalb eines vorhandenen Gerüsts einer umgebenden Webseite anzeigen. Das ist gerade bei einem CMS wie Joomla! sehr sinnvoll, denn so können beliebige Webseiten in das Joomla!-System integriert werden
	Dieses Wrapper-Modul erzeugt ein solches IFrame und zeigt darin die angegebene Webseite an
Zufallsbild	Dieses Modul zeigt einfach ein zufälliges Bild aus einem gewählten Ordner an

Spätestens seit dem Auftreten von Ajax (Asynchronous JavaScript and XML) zum asynchronen Nachfordern von Daten.

der Regel beim Eintritt eines **Ereignisses** (beispielsweise beim Klicken in einen bestimmten Bereich) zum Einsatz kommt. Aber das muss nicht zwingend der Fall sein.

Einige Plug-ins können teilweise direkt in einem Beitragstext verwendet werden. Dazu gibt es dann spezifische Syntaxanweisungen, die im Editor im Quelltextmodus in den Beitragstext notiert werden können. Etwa so:

```
<hr id="system-readmore"/>
<p>Noch ein Text</p>
<hr title="Neue Seite" alt="neueseite" class="system-pagebreak"/>
```

Meist werden für solche Plug-ins auch im Editor bereits eigene Schaltflächen für die Verwendung von Plug-ins bereitgestellt (etwa für das Einfügen von einem Weiterlesen-Link oder einer neuen Seite Abb. 11.7).

Wenn so ein Beitragstext dann im Frontend angesehen wird, wird das Plug-in aufgerufen und ausgeführt. Mithilfe solcher Plug-ins können beispielsweise auch komplexere Dinge wie Kartenausschnitte aus Google Maps in einen Beitrag integriert werden.

Aber Plug-ins sind nicht auf die Verwendung in einem Beitrag beschränkt, wie man im Backend von Joomla! schnell sehen kann, wenn Sie das Menü *Erweiterungen* und dann *Plug-ins* auswählen. Sie sehen, dass es eine Vielzahl von Standard-Plug-ins für die unterschiedlichsten Anwendungen gibt (Abb. 11.8).

Plug-ins können auch selbst komplexer werden, denn beispielsweise der Editor von Joomla! selbst wird als Plug-in verstanden. Damit verschwimmen in der Tat die Grenzen zu Komponenten, aber auch Modulen leicht.

11.2.4.1   Die Plug-in-Verwaltung

Eine Übersicht über die in Joomla! installierten Plug-ins erhalten Sie in der Plug-in-Verwaltung. Sie erreichen die Plug-in-Verwaltung über das Menü *Erweiterungen*, Eintrag *Plug-ins* (Abb. 11.8). Die Struktur kennen Sie im Grunde weitgehend von der Verwaltung der Module. Hier ist eine Übersicht der wichtigsten Spalten (Tab. 11.3):

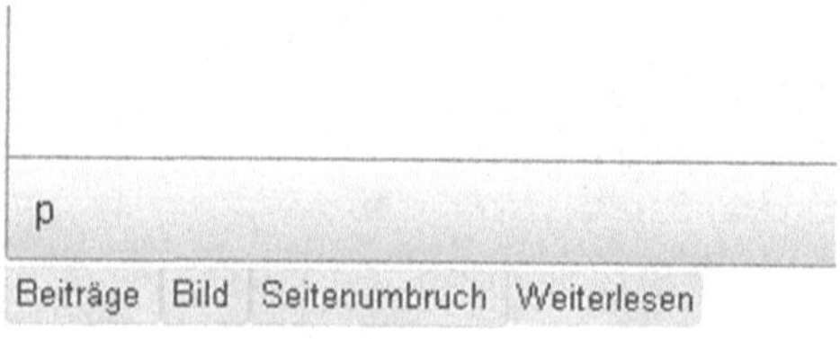

Abb. 11.7 Zum Einfügen einer neuen Seite und dem Weiterlesen-Link gibt es Schaltflächen

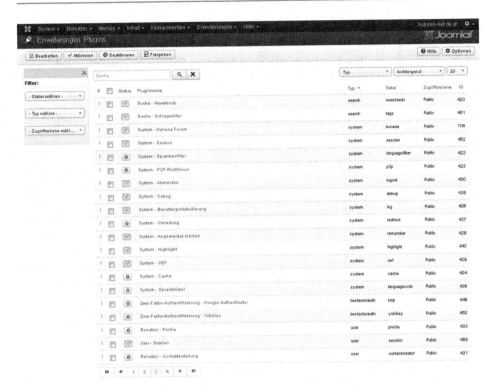

Abb. 11.8 Die Anzahl der Plug-ins in Joomla! erstreckt sich über mehrere Seiten

11.2.4.2   Die Plug-in-Eigenschaften

Die meisten der vorinstallierten Plug-ins in Joomla! erfordern keine weitere Konfiguration. Manchmal kann aber ein Blick auf manche Plug-in-Eigenschaften durchaus sinnvoll sein. Suchen Sie zum Beispiel in der Plug-in-Verwaltung in der Liste der Plug-ins den Eintrag *Editor – TinyMCE*.

Wenn Sie auf den Plug-in-Namen klicken, sehen Sie dessen detaillierte Eigenschaften und können diese bei Bedarf auch bearbeiten (Abb. 11.9).

Auf der Seite der Plug-in-Eigenschaften des Editors TinyMCE haben Sie eine umfangreiche Auswahl von Einstellungsmöglichkeiten, die sich in Basisoptionen und erweiterte Optionen aufteilen.

Bei den Basisoptionen können Sie mithilfe des Listenfelds *Funktionalität* beispielsweise die Werkzeugleiste des Editors anpassen und einstellen, ob diese einfach (nur die allerwichtigsten Befehle), erweitert (mit für die meisten Benutzer ausreichendem Befehlsumfang) oder komplett (mit allen Funktionen) erscheinen soll.

Tab. 11.3 Die verschiedenen Plug-ins

Spalte	Bedeutung
Datei	In dieser Spalte sehen Sie den konkreten Dateinamen eines Plug-in-Programms. Die Dateien befinden sich im Installationsordner von Joomla! im Unterordner plugins (Abb. 11.15). Dort sind für alle Plug-in-Typen eigene Ordner vorhanden, in denen die Plug-in-Dateien liegen. Die Dateien haben. php als Dateiendung, was offensichtlich ist, denn Plug-ins sind in PHP geschrieben
Pluginname	Der Name des Plug-ins; ein Klick auf den Plug-in-Namen öffnet wie üblich die Seite mit den Plug-in-Eigenschaften. Diese können Sie bei Bedarf dann auch bearbeiten (Abschn. 11.2.4.2)
Reihenfolge	Die Reihenfolge hat im Frontend keinen sichtbaren Effekt, sondern hat in Joomla! lediglich interne Bedeutung, um die Plug-ins verwalten zu können
Status	Die Schaltfläche zeigt einmal an, ob das Plug-in freigegeben (grünes Symbol) oder gesperrt ist (rotes Symbol). Der Administrator kann die Freigabe durch einen Klick auf diese Schaltfläche wie üblich umschalten und mit dem Listenpfeil gelangt man an die Befehle zum Archivieren und Verschieben in den Papierkorb
Typ	Der Plug-in-Typ gibt durch den Namen eine erste Information, welche Funktion das damit verbundene Plug-in hat. In Joomla! gibt es mehrere Plug-in-Typen, die auch immer wieder erweitert werden. Hier ist eine Übersicht der wichtigen Typen:
	Authentication ist für die Joomla!-Benutzerauthentifizierung beim Anmeldevorgang notwendig. Achtung: Das Deaktivieren aller authentication-Plug-ins verhindert jede Zugriffsmöglichkeit auf die Webseite
	Captcha ist ein Plug-in, um Spammer durch die erzwungene Eingabe von einer Information, die über ein Bild angezeigt wird, von der Webseite fernzuhalten
	Content ist zuständig für die Darstellung und Bearbeitung von Inhalten.
	Editors wird beim Bearbeiten von Texten benötigt. Die gängigen Joomla!-Editoren basieren allesamt hierauf
	Editors-xtd ist eine Erweiterung (xtd – extension) der Editoren
	Extension verwaltet Updates von Erweiterungen
	Finder erstellt einen Suchindex (Verschlagwortung) von Beiträgen, Kategorien etc
	Quickicon prüft, ob für die installierte Joomla!-Version oder die Erweiterungen Updates vorhanden sind und informiert darüber (als Symbol) im Kontrollzentrum
	Search ermöglicht das Durchsuchen von Joomla! (Beiträge, Kategorien etc.)
	System steuert systemeigene Prozesse (Protokollierung von Vorgängen, farbliche Hervorhebungen im Text u. v. m.)
	Twofactorauth ist eine Authentifizierungsmöglichkeit für Joomla!
	User steuert die Joomla!-Benutzer-Synchronisation
Zugriffsebene	Hier wird definiert, welche Zugriffsebene auf das Plug-in zugreifen darf

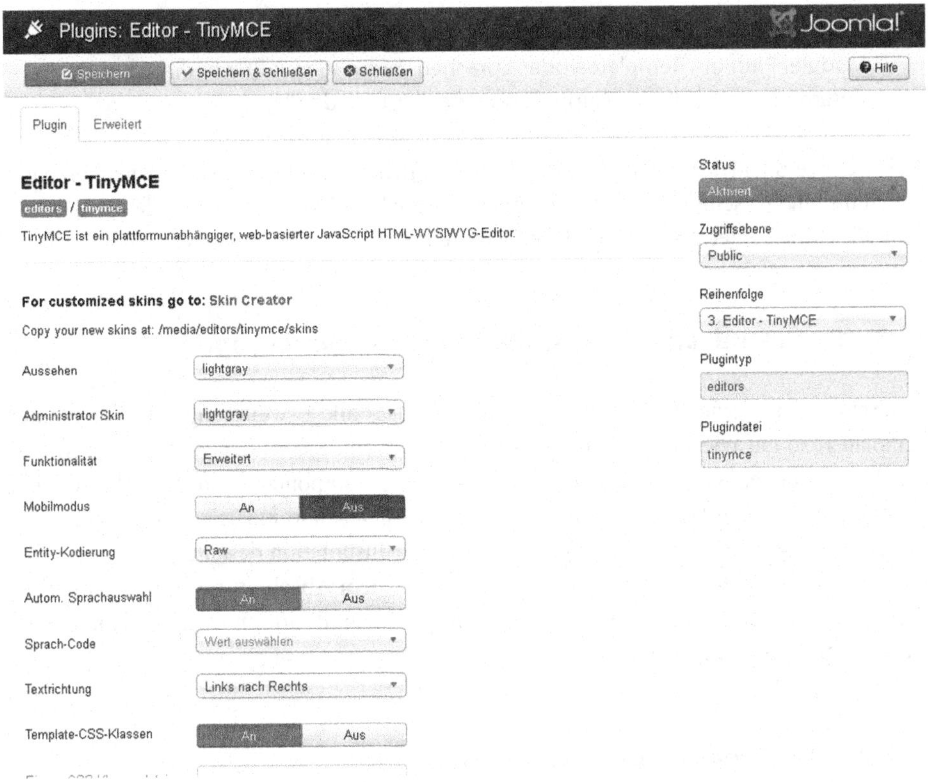

Abb. 11.9 Die Plug-in-Eigenschaften des Editors TinyMCE

11.2.5 Komponenten

Komponenten bezeichnen die umfangreichsten Erweiterungsmöglichkeiten, die man in Joomla! integrieren kann. Es gibt Komponenten, die zu Joomla! gehören, wie beispielsweise Kontakte, Newsfeeds oder Banner. Und es gibt Komponenten, die von Drittanbietern für Joomla! hergestellt werden und das System erweitern. Solche Komponenten greifen teilweise tief ins System ein und können ganz neue Funktionalitäten in das CMS einarbeiten. Sie können damit zu einem Joomla!-System beispielsweise ein Onlineshop-System oder ein Online-Forum hinzufügen.

Die Abgrenzung zu Plug-ins sowie teilweise auch Modulen ist dennoch nicht ganz einfach, aber Komponenten erhalten häufig in der MySQL-Datenbank, mit der Joomla! arbeitet, eigene Bereiche zur Speicherung der spezifischen Datenstrukturen der Komponente. Ebenso werden dafür in Joomla! meist eigene Konfigurationsbereiche angelegt und die Aufrufe werden unter einem eigenen Menü geführt.

▶   Es ist sogar so, dass komplexere Komponenten selbst wieder zugehörige
      Module, Plug-ins, Templates oder Sprachen mitbringen können, die dann im
      Zusammenhang mit der Komponente installiert werden.

Auf wichtige Standardkomponenten von Joomla! gehen wir gleich noch in einem eigenen
Abschnitt ein (Abschn. 11.5). Dabei wollen wir auch das Verständnis für das grundsätzliche Zusammenspiel der verschiedenen Bausteine von Joomla! weiter vertiefen.

11.3   Die grundsätzliche Installation von Erweiterungen

Das Schöne an den neuen Joomla!-Versionen ist, dass alle Erweiterungen (inklusive der
Templates) so gut wie identisch installiert werden. Wenn Sie wissen, wie Sie ein Modul
installieren können, können Sie auch ein Plug-in, eine Komponente, eine Sprache oder ein
Template installieren (Kap. 9). Wir haben das im Buch schon mehrfach besprochen und
wollen die bereits benutzten Möglichkeiten zu einer Installation deshalb nur kurz rekapi-
tulieren und vertiefen. Dazu besprechen wir aber in dem Abschnitt noch eine fünfte Variante, die zwar etwas umständlicher ist, aber im Problemfall oft immer noch funktioniert,
wenn die Standardwege versagen.

11.3.1   Die Standardinstallationswege

Sie haben in allen Fällen einer geplanten Erweiterung Ihres Joomla!-Systems – gleich
welcher Art – im Grunde erst einmal vier Standardmöglichkeiten, die ausnahmslos sehr
bequem sind und alle ihre Vorteile haben. Wir haben Sie an verschiedenen Stellen schon
ansatzweise gesehen:

- Bei *Paketdatei hochladen* haben Sie eine Erweiterungspaketdatei (meist aus dem Internet) lokal gespeichert, die Sie zur Installation erst einmal über den Upload-Mechanis-
  mus von Joomla! auf den Server hochladen müssen (in der Regel mit FTP). Joomla!
  entpackt und installiert dort dann die Erweiterung automatisch.
- Bei *Aus Verzeichnis installieren* können Sie direkt einen Pfad zu einem Ordner auf dem
  Server selbst angeben, der dort bereits die Installationsdatei enthält. In dem Fall haben
  Sie die komprimierte Installationsdatei zum Beispiel per FTP bereits auf den Webserver
  übertragen. Joomla! entpackt und installiert die Erweiterung wieder automatisch. Sie
  müssen nur sicherstellen, dass das Verzeichnis mit der Installationsdatei von Joomla!
  aus zugänglich ist.
- Bei *Von URL installieren* geben Sie die Webadresse der zu installierenden ZIP-Datei
  an, die auf einem anderen Webserver bereitgestellt wird. Joomla! lädt die komprimierte
  Installationsdatei automatisch von dem entfernten Server auf Ihren Joomla!-Server in
  ein temporäres Verzeichnis und entpackt und installiert die Erweiterung.

Abb. 11.10 Aus Webkatalog installieren

- Sehr spannend und bequem ist ebenfalls die relativ neue Möglichkeit in Joomla!, dass Sie Erweiterungen aus einem *Webkatalog* installieren (Abb. 11.10). Dieser Webkatalog ist eine Art Suchmaschine, in der Erweiterungen von Joomla! gelistet und oft auch bewertet sind. In dem Fall können Sie eine Erweiterung nach einem Schlagwort oder nach einer Kategorie suchen und brauchen die Adresse einer Erweiterung nicht kennen. Wenn Sie eine Komponente oder ein Plug-in dort auswählen, erhalten Sie vor der Installation eine Beschreibung, um was es sich dabei dreht und was andere Anwender davon halten (Abb. 11.11).

Nun wurde schon erwähnt, dass komplexe Komponenten selbst eigne Plug-ins, Templates oder Sprachen mitbringen und diese parallel zur eigentlichen Komponente installieren. Das sehen Sie bei der Installation aus einem Webkatalog, aber auch auf verschiedenen Downloadseiten zu Joomla! (Abschn. 11.4), an skizzierten farbigen Symbolen, die bei einer Erweiterung auftauchen. Die Symbole sind so zu lesen:

- C steht für **C**omponent (Komponente).
- M steht für **M**odul.
- P steht für **P**lugin.
- L steht für **L**anguage (Sprache).
- S steht für einen erweiterungsspezifischen Programmzusatz.

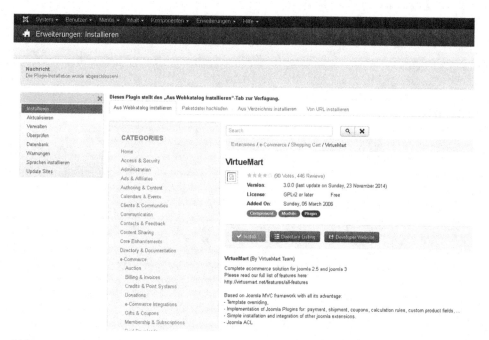

Abb. 11.11 Eine E-Commerce-Komponente wurde für eine Installation ausgewählt

Wenn also etwa bei einer Erweiterung ein C samt M, P und L auftaucht, ist dies eine Komponente, die zusätzlich ein Modul, ein Plug-in und spezielle Sprachdateien mitbringt (Abb. 11.11).

Die Installationsroutine von einer Erweiterung kümmert sich automatisch darum, dass alle notwendigen Ressourcen installiert werden.

11.3.1.1 Erfolg oder nicht?

Ist nun eine Installation einer Erweiterung erfolgreich verlaufen, erhalten Sie in jedem Fall von Joomla! eine oder mehrere entsprechende Rückmeldung(en). Mehrere Meldungen erhalten Sie in der Regel dann, wenn etwa eine Komponente zusätzlich ein Plug-in oder Modul installiert, auf dem die Komponente aufbaut (Abb. 11.12, 11.13 und 11.14).

11.3.2 Die manuelle Installation

Alle vier Standardwege von Joomla! zur Installation von Erweiterungen sind wie gesagt sehr komfortabel, aber es müssen gewisse Voraussetzungen auf dem Server erfüllt sein.

1. Es muss auf dem Server aus PHP heraus ein Entpackungsprogramm zur Verfügung stehen.
2. Joomla! benötigt **Schreibrechte** im Joomla!-Installationsverzeichnis für die jeweiligen Erweiterungen sowie in dem temporären Verzeichnis.

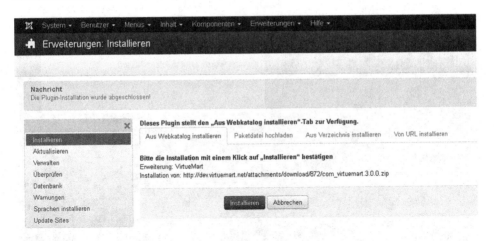

Abb. 11.12 Das Plug-in der Komponente wurde erfolgreich installiert

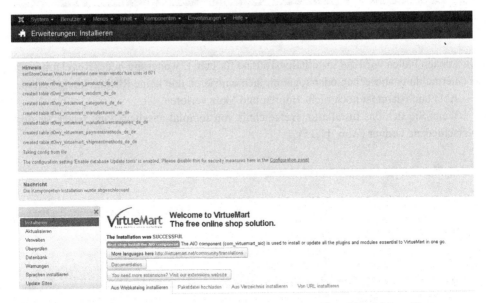

Abb. 11.13 Auch die eigentliche E-Commerce-Komponente wurde erfolgreich installiert

Beides ist nicht immer der Fall. Denn Joomla! kann durchaus betrieben werden, ohne dass diese Voraussetzungen erfüllt sind, auch wenn diese Situation nicht ideal ist.

▶   Wenn Sie die Möglichkeit dazu haben, sollten Sie im Problemfall versuchen, im Joomla!-Installationsverzeichnis Schreibrechte für die unten noch genannten Ordner einzurichten oder von Ihrem Provider einrichten zu lassen.

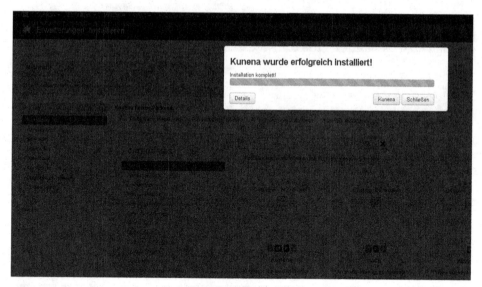

Abb. 11.14 Auch so kann eine Rückmeldung aussehen

In solchen Fällen wird die Installationsroutine für eine Erweiterung in der Regel mit einer Fehlermeldung abbrechen oder sogar einfach einfrieren und keine Rückmeldung liefern.

Aber auch dann ist noch nicht Hopfen und Malz verloren.

Wenn Sie sich das Installationsverzeichnis von Joomla! ansehen, dann sehen Sie dort verschiedene Ordner (Abb. 11.15).

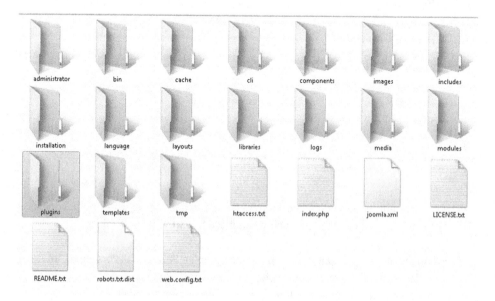

Abb. 11.15 Das Installationsverzeichnis von Joomla!

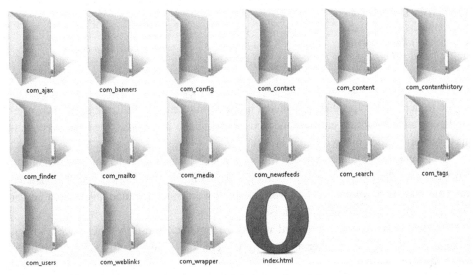

Abb. 11.16 Der Inhalt des Komponentenverzeichnis von Joomla!

Der Ordner *tmp* wird für temporäre Schreibaktionen benötigt. Gerade das Entpacken von Dateien benötigt diesen Ordner.

Sie erkennen in dem Joomla!-Verzeichnis auch einen Ordner *components*, in dem die Dateien der verschiedenen Komponenten zu finden sind. Diese sind in unterschiedlichen Unterverzeichnissen organisiert (Abb. 11.16).

Analog finden Sie

- unter *plugins* die Dateien und Verzeichnisse der Plug-ins,
- in *language* die Sprachdateien samt der trennenden Unterverzeichnisse,
- in *modules* die Moduldateien und -verzeichnisse und
- unter *templates* die Templates.

Wenn eine Installation von Joomla!-Erweiterungen schief gegangen ist, sind auf dem Joomla!-Server meist die notwendigen Unterverzeichnisse und Dateien nicht angelegt worden.

Zur Lösung des Problems gibt es verschiedene Ansätze.

In jedem Fall ist es das Beste, wenn Sie die Voraussetzungen für Joomla! optimieren. Aber wenn das nicht geht, können Sie die Installationsdatei von einer Erweiterung erst einmal auf Ihrem lokalen Rechner speichern und dann weitere Schritte einleiten.

11.3.2.1 Lokal extrahieren und hochladen

Wenn Sie die Datei gespeichert haben, können Sie die komprimierte Installationsdatei lokal entpacken und die resultierenden entpackten Verzeichnisse und Dateien einfach per FTP in die vorgebebenen Verzeichnisse auf dem Server im Joomla!-Verzeichnis laden. Das ist ein Trick, der bei einfachen Erweiterungen (vor allen Dingen Sprachen und Templates) durchaus funktionieren kann.

Abb. 11.17 Der Inhalt des
einen Ordners gehört in das
Verzeichnis *plugins* und der
andere Inhalt in *language*

Sie finden in den Installationspaketen meist Strukturen, die Teilstrukturen in dem jeweiligen Joomla!-Ordner entsprechen und deren Inhalte in die verschiedenen Verzeichnisse kopiert werden müssen (Abb. 11.17).

Was genau wohin kopiert werden muss kann sich je nach Erweiterung unterscheiden. Aber grundsätzlich kann man auf Grund des Aufbaus der extrahierten Installationsdatei ganz gut erkennen, welche Dateien wohin kopiert werden müssen und ob auf dem Server noch ein Unterverzeichnis anzulegen ist.

Trotzdem kann nie garantiert werden, dass dieser Quick-and-dirty-Trick auch wirklich gelingt. Ein Versuch ist es aber allemal wert, wenn sich eine Erweiterung einfach nicht regulär installieren lässt.

11.3.2.2   Lokal installieren und dann hochladen

Noch besser funktioniert der Weg, bei dem Sie eine Erweiterung erst einmal in einem lokalen Joomla!-System auch wirklich installieren und dann alle neu erzeugten Verzeichnisse und Dateien auf den wirklichen Server kopieren. Sie benötigen dazu aber auch eine lokale Joomla!-Installation, die möglichst identisch zu der realen Joomla!-Installation im Web sein sollte.

Wenn Sie diesen Trick probieren wollen, schauen Sie einfach vor der Installation die oben genannten Verzeichnisse der lokalen Joomla!-Installation an und dann können Sie nach der Installation leicht erkennen, was nach der lokalen Installation einer Erweiterung hinzukam. Diese neu generierten Verzeichnisse und Dateien müssen in die passenden Joomla!-Strukturen in die Live-Version im Web kopiert werden.

11.3.2.3   Tricks können auch misslingen

Beide Tricks zur manuellen Installation von Erweiterungen funktionieren ganz gut bei einfacheren Strukturen, aber gerade bei komplexen Komponenten genügt in der Regel das Kopieren von Verzeichnissen und Dateien nicht. Der entscheidenden Punkt ist, ob eine Erweiterung auch in der Datenbank Eintragungen erzwingt. Es werden insbesondere für Komponenten meist zusätzlich Datenbankstrukturen notwendig und die kann nur eine echte Installation garantieren.

▶   Wenn Sie sich sehr gut auskennen und genau dokumentieren, was eine lokal installierte Komponente in der Datenbank anlegt, können Sie neben dem Kopieren der Verzeichnisse und Dateien zusätzlich diese lokalen Datenbankstrukturen exportieren und dann auf dem richtigen Joomla!-Datenbankserver importieren. Aber das ist dann doch sehr aufwendig. Es ist wie gesagt immer

besser, dass Sie die Voraussetzungen für Joomla! optimieren. Nur wenn das
nicht geht, haben Sie mit den Tricks zumindest mit etwas Aufwand die *Chance*,
dass Sie eine Erweiterung doch noch zum Laufen bringen.

11.4   Ressourcen für Erweiterungen

Im Internet existieren Hunderte Seiten, auf denen Downloads für Joomla! angeboten werden. Zwei der wichtigsten Webseites, die Unterstützung und Erweiterungen für Joomla!
anbieten, haben wir im Buch schon vorgestellt:

- www.joomlaos.de und
- www.joomla.org.

Wenn Sie Erweiterungen suchen, klicken Sie auf *Downloads* bzw. *Extensions*. Die Erweiterungen werden in der Regel nach Joomla!-Versionen unterschieden und Sie sollten
darauf achten, dass eine Erweiterung oder auch ein Template für Ihre Joomla!-Version
geeignet ist.

Auf der englischsprachigen Webseite www.joomla.org finden Sie eine der weltweit
größten Sammlungen von Joomla!-Templates, Erweiterungen, Sprachen und sonstigen
Ressourcen. Die Erweiterungen dort (engl. extensions) sind nach Anwendungsgebieten
thematisch gegliedert. Um welche Art von Erweiterung es sich handelt, ist auf dieser Webseite schnell an folgenden farbigen Symbolen zu erkennen, die Sie bereits kennen:

- C für **C**omponent.
- M für **M**odul.
- P für **P**lugin.
- L für **L**anguage.
- S für einen erweiterungsspezifischen Programmzusatz.

11.5   Wichtige Standardkomponenten

Nachfolgend sollen wichtige der bereits im Joomla!-System vorhandenen Komponenten
erklärt werden. Dabei kann jede Komponente vollkommen eigenständig konfiguriert und
angewendet werden, weshalb eine vollständige Übertragung von vorhandenen Kenntnissen einer anderen Komponente nicht so einfach möglich ist. Sie müssen sich bei jeder
Komponente – insbesondere von Drittherstellern – meist mit der Dokumentation beschäftigen, um deren Anwendung und Konfiguration zu verstehen. Aber dennoch kann man
recht gut grundsätzliche Zusammenhänge des Zusammenspiels der verschiedenen Bausteine von Joomla! erkennen, wenn man sich mit einer Komponente genauer beschäftigt.
Und diese Erfahrungen sind dann auf andere Komponenten zu übertragen.

11.5.1   Banner für die Anzeige von Werbung

Die erste Standardkomponente von Joomla!, die wir hier behandeln, soll recht ausführlich behandelt werden. Aus zwei Gründen:

1. Sie ist wichtig (Stichwort **Monetarisierung**).
2. Sie soll exemplarisch den Umgang mit Standardkomponenten und das Zusammenspiel mit verknüpften anderen Strukturen (in dem Fall ein Modul) zeigen, soweit man das wie gesagt überhaupt übertragen kann.

11.5.1.1   Was ist ein Banner?

Wenn Sie auf Ihrer Webseite **Werbung** platzieren wollen, bietet die *Banner*-Komponente eine sinnvolle und bequeme Möglichkeit, denn diese Werbung kann damit verwaltet und vielfältig konfiguriert werden. Banner sind allgemein rechteckige Bereiche auf der Webseite, in die anklickbare Bilder, Texte oder Animationen positioniert werden. Wird von dem Besucher einer Webseite auf ein Banner geklickt, öffnet sich meist in einem neuen Fenster die Seite mit den beworbenen Produkten oder Dienstleistungen. Wenn Sie so eine Verknüpfung zu fremden Seiten auf Ihrer Joomla!-Seite bereitstellen, können Sie sich so etwas natürlich bezahlen lassen, wofür es verschiedenste Modelle[3] gibt (besagte Monetarisierung).

In Joomla! versucht die Banner-Komponente, dieses System übersichtlich darzustellen und in der Handhabung einfach zu halten, wobei das Verfahren auf den ersten Blick dennoch etwas trickreich ist, denn neben der Banner-Komponente benötigen Sie auch noch ein Banner-Modul.

- Die Banner-Komponente verwaltet das Banner selbst. Man meint also mit dem Begriff *Banner* immer die Banner-Komponente.
- Die Platzierung eines Banners im Frontend geschieht mit einem Banner-Modul. Im Banner-Modul wird also das eigentliche Banner platziert. Das Banner selbst ist mit dem Modul über die Kundeninformationen zum Banner aus der Banner-Verwaltung verknüpft.

11.5.1.2   Die Banner-Verwaltung

Im Backend können Sie die Banner-Verwaltung über das Menü *Komponenten*, Eintrag *Banner*, aufrufen (Abb. 11.18).

Die als Tabelle gestaltete Banner-Verwaltung ist durch Register in Verwaltungsseiten (*Banner, Kategorien, Kunden*) und eine Seite für die Nutzungsstatistiken unterteilt (Abb. 11.19).

---

[3] Was aber an der Stelle zu weit führt – als Stichworte seien nur Google AdSense (Google Ads) – https://www.google.com/adsense – und allgemein **Affiliate** genannt.

Abb. 11.18 Zugang zur
Banner-Verwaltung

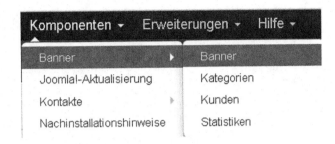

Jedes Banner in Joomla! ist dabei einer Banner-Kategorie (Abb. 11.19) und einem Banner-Kunden (Abb. 11.20) zugeordnet, wobei die Kategorie nicht zwingend ist – der Kunde schon.

Für jedes Banner gibt es in der Banner-Verwaltung eine eigene Zeile, die in den Spalten der Tabelle unter anderem folgende Eigenschaften anzeigt (Abb. 11.21) (Tab. 11.4):

Darüber hinaus gibt es noch erweiterte Optionen, die bei jedem Banner individuell gesetzt werden können, sowie einige Optionen, die Joomla! intern für die Verwaltung von Bannern verwendet.

11.5.1.3 Zuerst der Kunde, dann das Banner

In der Banner-Verwaltung werden einem Banner-Kunden ein oder mehrere Banner zugeordnet. Das bedeutet, dass vor der Erstellung eines neuen Banners ein Banner-Kunde

Abb. 11.19 Die Banner-Verwaltung

Abb. 11.20 Ein Banner-Kunde

Abb. 11.21 Mehrere Banner in der Übersicht

Tab. 11.4 Wichtige Banner-Angaben

Spalte	Funktion/Bedeutung
Anzeigen	Die Spalte gibt an, wie oft das Banner schon angezeigt wurde und wie oft dieses maximal angezeigt werden darf
Klicks	Diese Spalte gibt an, wie oft bereits auf das Banner geklickt wurde und in welchem Verhältnis die Klicks zur Anzahl der angezeigten Banner stehen
Kunde	Dies ist die Anzeige, welchem Kunden das Banner zugeordnet ist
Name	Der Titel des Banners (darunter kleiner: das Alias)
Sprache	Hier sehen Sie die für das Banner eingestellte Sprache
Status	Die Schaltfläche zeigt an, ob das Banner freigegeben (grünes Symbol) oder gesperrt ist (rotes Symbol). Der Administrator kann die Freigabe durch einen Klick auf diese Schaltfläche wie üblich umschalten und mit dem Listenpfeil gelangt man an die Befehle zum Archivieren und Verschieben in den Papierkorb
Wichtig	Wenn es mehrere Banner in einer Seite gibt, die auf einer Position angezeigt werden sollen, muss man diese abwechselnd dort anzeigen. Jedes Laden einer Webseite mit einem Banner zeigt also ein neues Banner an. Die Anzahl der Anzeigen kann man über ein relatives Verhältnis gewichten. Wichtige Banner werden bei der Darstellung im Frontend bevorzugt. Das bedeutet, sie werden häufiger angezeigt

bereits vorhanden sein muss. Und wie schon erwähnt ist der Banner-Kunde der Schlüssel zur Verknüpfung von einem Banner mit der Anzeige im Frontend über das Banner-Modul.

Um einen neuen Banner-Kunden anzulegen, gehen Sie in der Banner-Verwaltung in das Register *Kunden*. Sie sehen dort die bereits existierenden Banner-Kunden (Abb. 11.20).

Klicken Sie in der Werkzeugleiste wie üblich zum Anlegen von neuen Elementen in Joomla! auf die Schaltfläche *Neu* (Abb. 11.22). Damit legen Sie einen neuen Banner-Kunden an.

Zur späteren Identifizierung geben Sie in die drei Felder *Name*, *Kontaktname* und *Kontakt-E-Mail* (ähnlich wie in der Abb. 11.22) die Daten des Kunden (das können auch Sie selbst sein) ein. Die weiteren Angaben sind optional.

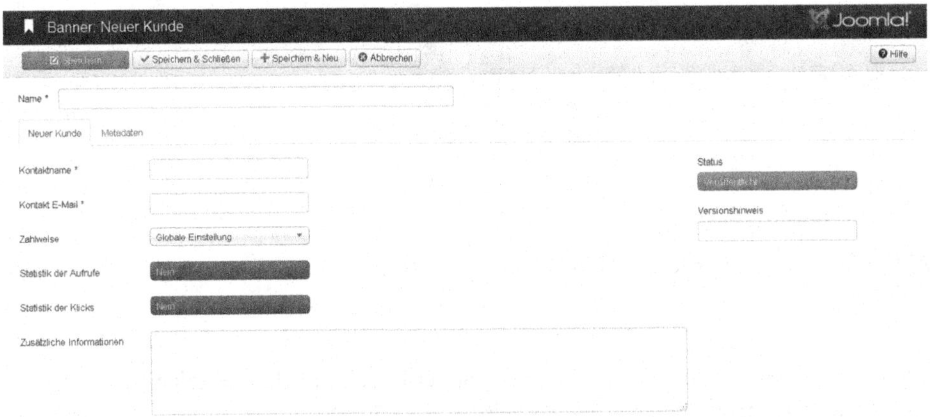

Abb. 11.22 Einen neuen Banner-Kunden in der Banner-Verwaltung anlegen

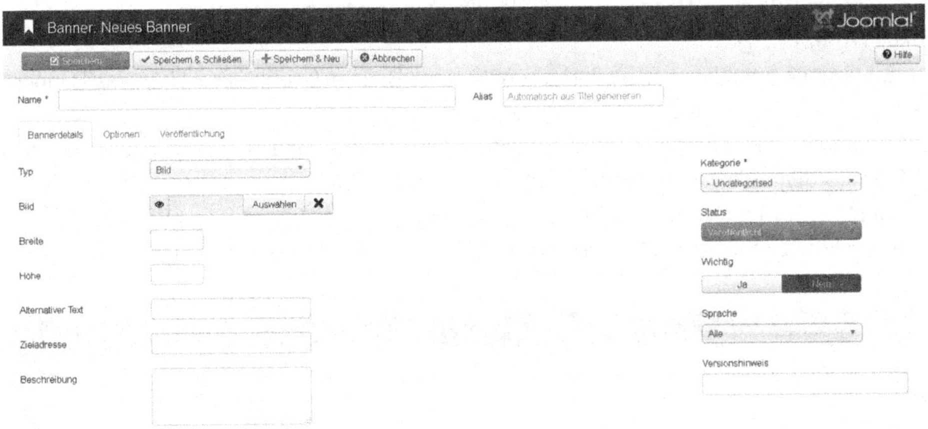

Abb. 11.23 Ein neues Banner in der Banner-Verwaltung anlegen

11.5.1.4 Ein Banner erstellen

Nachdem der Kunde erfolgreich angelegt und gespeichert wurde, wechseln Sie in der Banner-Verwaltung in das Register *Banner* und klicken wieder in der Werkzeugleiste auf die Schaltfläche *Neu*. Sie gelangen damit auf eine neue Seite für die eigentliche Banner-Erstellung (Abb. 11.23).

11.5.1.4.1 Eine Banner-Grafik

Üblicherweise besteht ein Banner aus einer Grafik[4]. Damit Sie ein Banner mit einer neuen **Banner-Grafik** erstellen können, benötigen Sie eine solche Grafikdatei. Diese liegt – wie

---

[4] Sie können auch reine Textbanner anlegen, aber Grafiken sind auffälliger und deshalb der Regelfall.

Abb. 11.24 Für die Banner-Grafiken gibt es in dem Bildverzeichnis von Joomla! einen eigenen Ordner

alle Bilder, die Sie in Joomla! verwenden – in der Regel im Bilderverzeichnis von Joomla!. Dieses wird standardmäßig *images* heißen (Abb. 11.15).

Innerhalb des *images*-Verzeichnis gibt es verschiedene Unterverzeichnisse. Einige sind bereits standardmäßig von Joomla! angelegt und habe eine vordefinierte Bedeutung, etwa *headers* für Bilder im Header-Bereich des Frontends oder *banners* eben für Banner-Grafiken (Abb. 11.24).

Im Grunde brauchen Sie bloß eine gewünschte Banner-Grafik per FTP in das Banner-Verzeichnis zu laden und Sie können sie nutzen.

Allerdings hat Joomla! auch eine eigene Medienverwaltung vorgesehen, über die Sie Bilder aus dem Browser heraus auf den Server übertragen können.

Unter dem Menü Inhalt finden Sie den Eintrag Medien. In der folgenden Medienverwaltung können Sie neue Verzeichnisse erstellen und auch Bilder hochladen (Abb. 11.25).

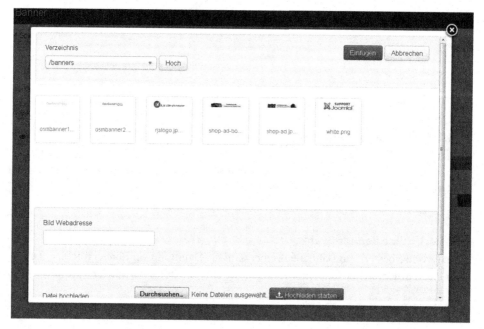

Abb. 11.25 Hochladen einer Banner-Grafik

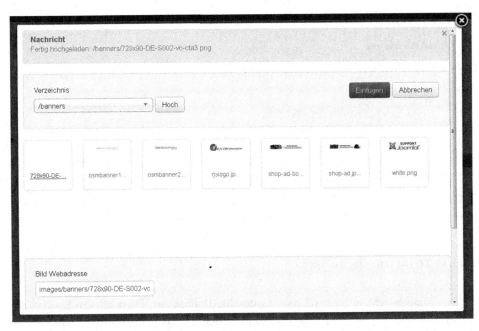

Abb. 11.26 Die Banner-Grafik wurde hochgeladen

Nachdem die Grafik auf den Server hochgeladen wurde, wird sie in der Medienverwaltung angezeigt (Abb. 11.26) und kann dann für die Erstellung von einem Banner verwendet werden.

▶   Der FTP-Upload von Grafiken in das Verzeichnis *images* und dort in die passenden Unterverzeichnisse funktioniert auch mit Bildern, die Sie für andere Zwecke nutzen wollen. Der Upload per FTP ist immer dann sinnvoll, wenn Sie viele einzelne Dateien hochladen wollen oder Joomla! keine Schreibrechte im Ordner *images* hat[5].

11.5.1.4.2   Das Banner fertigstellen

• Um das Banner nun konkret zu erstellen, vergeben Sie im Feld *Name* einen Namen für Ihr neues Banner (Abb. 11.27). Dazu wählen Sie im Listenfeld *Kategorie* die Kategorie aus. Wenn Sie viele Banner verwalten wollen, ist es empfehlenswert, für die Banner vor der Erstellung eigene Banner-Kategorien zu erstellen.
• Nun wählen wir die Banner-Grafik über das Feld *Bild* und einen Klick auf die Schaltfläche *Auswählen*. Klicken Sie im sich öffnenden Dialogfeld auf die Schaltfläche

---

[5] Fehlende Schreibrechte können – wie schon erwähnt – auftreten und dennoch kann man ein Joomla!-System betreiben. Aber die Situation ist auf Dauer nicht gut, denn Sie werden bei Erweiterungen jeder Art immer wieder auf Probleme stoßen.

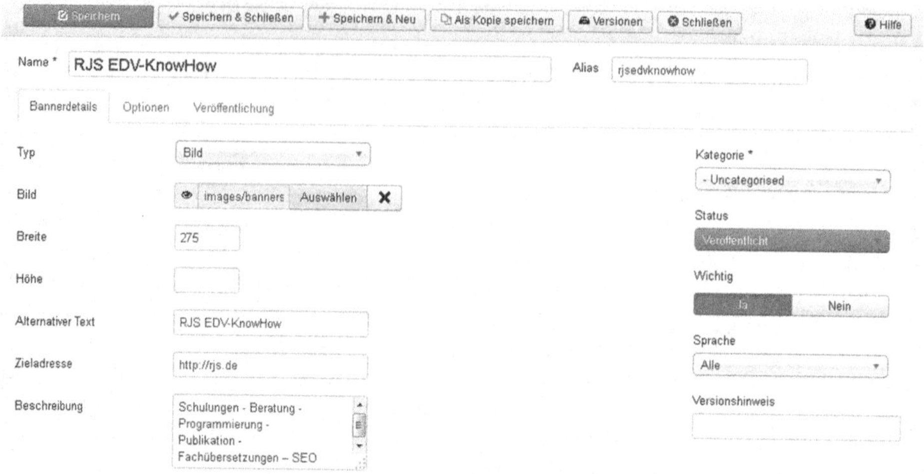

Abb. 11.27 Die Daten für das Banner

Durchsuchen und wählen Sie das gewünschte Banner aus. Dazu klicken Sie das als Miniaturbild dargestellte Bannerbild an und klicken anschließend auf die Schaltfläche *Einfügen*.

- Ganz wichtig ist jetzt noch im Feld *Zieladresse* die Angabe einer Internetadresse (die mit *http://beginnt*), auf die das Banner beim Klicken verweisen soll.
- In dem Register *Optionen* können Sie das Banner einem Kunden zuordnen. Wählen Sie den zugehörigen Kunden im Listenfeld *Kunde* aus.

Die weiteren Felder, die Sie auch in den anderen Registern finden, lassen wie üblich eine weitere und sehr weitreichende Konfiguration des Banners zu.

▷   Mit einem Klick auf einen Bannernamen in der Banner-Liste können Sie das Banner wieder bearbeiten.

11.5.1.5   Die Zuordnung zu einem Banner-Modul

So ganz sind wir jetzt mit dem Erstellen eines Banners noch nicht fertig, denn als letzten Schritt müssen Sie noch das Banner zum Positionieren auf der Seite in ein Banner-Modul integrieren. Dazu wechseln Sie in die **Modulverwaltung** mit dem Menü *Erweiterungen* und dort dem Eintrag *Module*.

Sie erzeugen nun ein neues Modul oder Sie erstellen eine Kopie eines möglicherweise schon vorhandenen Banner-Moduls. Wir wollen die Erstellung eines neuen Banner-Moduls durchspielen:

Sie klicken zum Beispiel auf die Schaltfläche *Neu*.

Dann wählen Sie den **Modultyp** *Banner* aus (Abb. 11.28).

Abb. 11.28 Die Daten für das Banner

Für die Verbindung des Banners mit dem Modul ist wie schon erwähnt ausschließlich der Kunde entscheidend. Wählen Sie den Kunden im Listenfeld *Kunde* aus, dessen Banner Sie anzeigen wollen.

Darüber hinaus müssen Sie einen Titel vergeben und mit der Position legen Sie fest, auf welcher Modulposition das Banner angezeigt wird (Abb. 11.29). Denken Sie daran, dass diese vom gewählten Template abhängt.

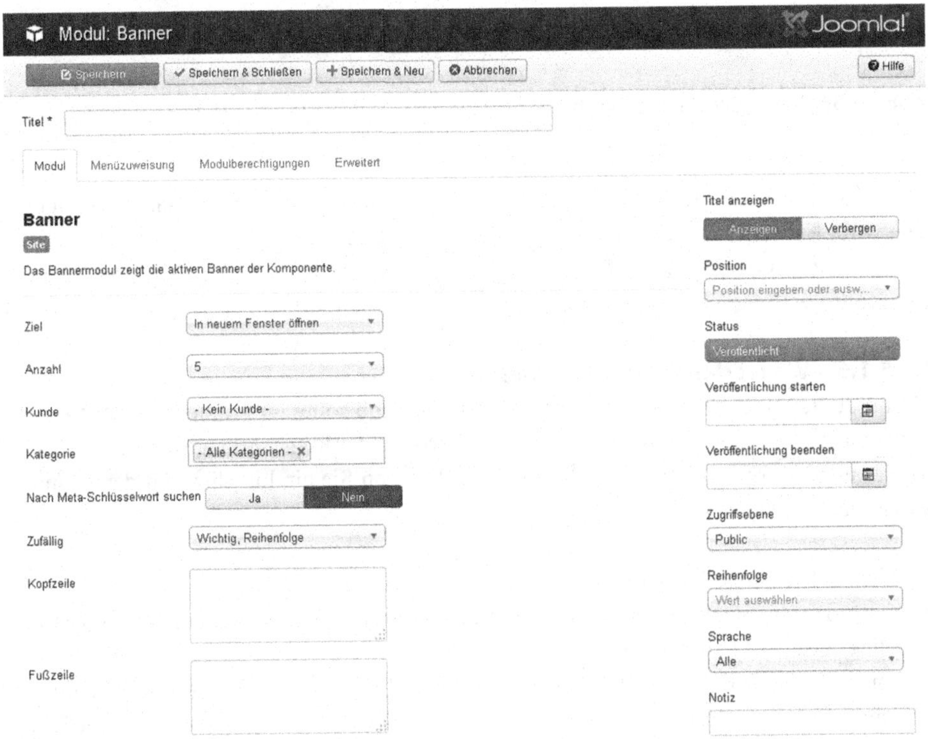

Abb. 11.29 Die Einstellungen für das Banner-Modul

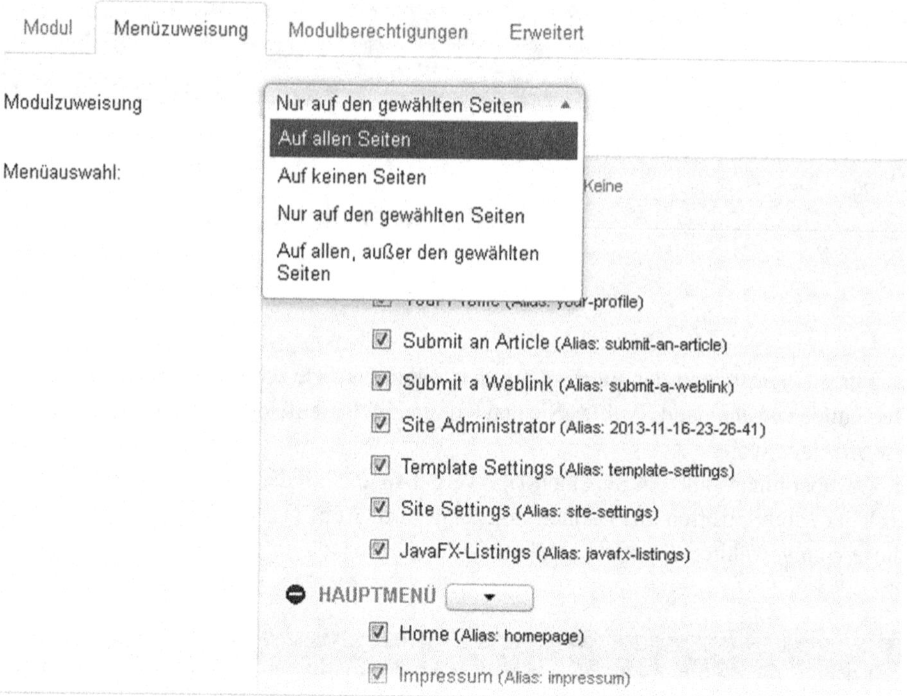

| Modul | Menüzuweisung | Modulberechtigungen | Erweitert |

Modulzuweisung

> Nur auf den gewählten Seiten   ▲
> Auf allen Seiten
> Auf keinen Seiten
> Nur auf den gewählten Seiten
> Auf allen, außer den gewählten Seiten

Menüauswahl: Keine

☑ Submit an Article (Alias: submit-an-article)

☑ Submit a Weblink (Alias: submit-a-weblink)

☑ Site Administrator (Alias: 2013-11-16-23-26-41)

☑ Template Settings (Alias: template-settings)

☑ Site Settings (Alias: site-settings)

☑ JavaFX-Listings (Alias: javafx-listings)

⊖ HAUPTMENÜ   ▾

☑ Home (Alias: homepage)

☑ Impressum (Alias: impressum)

Abb. 11.30 Wo ist das Banner zu sehen

Mit dem Register *Menüzuweisungen* können Sie festlegen, wo das Banner zu sehen sein wird. Entweder auf allen oder nur auf ausgewählten Seiten (Abb. 11.30).

Die weiteren Optionen und Einstellungen lassen wie üblich in Joomla! zahlreiche weitere Konfigurationen zu, die Sie mittlerweile aber kennen sollten.

11.5.1.6 Wo ist das Banner zu sehen?

Grundsätzlich ist das Banner nun fertig eingerichtet und sollte im Frontend zu sehen sein. Um zu testen, wo die Anzeige des Banners im Frontend erfolgt, sollten Sie Ihre Seite nun im Frontend aufrufen. Dabei ist es ganz sinnvoll, wenn Sie ein bisschen mit dem Banner experimentieren:

- Klicken Sie einige Male auf das Banner.
- Kontrollieren Sie in der Banner-Verwaltung, ob sich die Zahlen bei Anzeigen und Klicks geändert haben.
- Spielen Sie ebenfalls mit der Position und verschiedenen Templates. Sie bekommen damit auch ein besseres Gefühl für das Zusammenspiel von Modulpositionen und Templates.

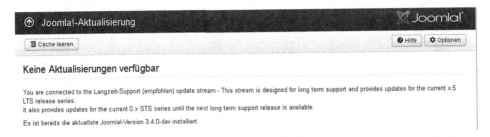

Abb. 11.31 So oder so ähnlich äußert sich die Aktualisierungs-Komponente, wenn es nichts zu aktualisieren gibt

11.5.2 Joomla!-Aktualisierung

Eine ganz wichtige, aber sehr einfach anzuwendende Komponente ist dazu da, Joomla! immer auf dem neuesten Stand zu halten. Die Joomla!-Aktualisierung läuft weitestgehend wartungsfrei. Sie brauchen bloß die Aktualisierung starten, wenn neue Updates bereitstehen (Abb. 11.31). Der Rest läuft automatisch ab.

Bei der Schaltfläche *Optionen* in der Werkzeugleiste können Sie den Aktualisierungsserver, von dem die Joomla!-Updates bezogen werden, einsehen und ändern (nicht empfohlen).

11.5.3 Kontakte

Die **Kontakte**-Komponente soll es den Besuchern Ihrer Webseite auf einfache Weise ermöglichen, Nachrichten an den Betreiber der Seite zu senden (Abb. 11.32).

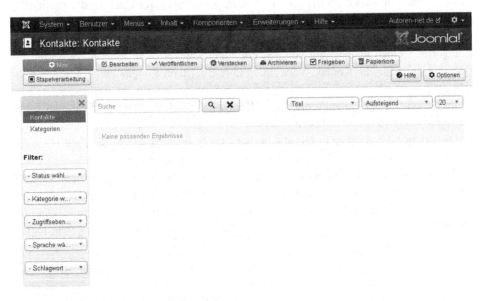

Abb. 11.32 Kontaktverwaltung in Joomla!

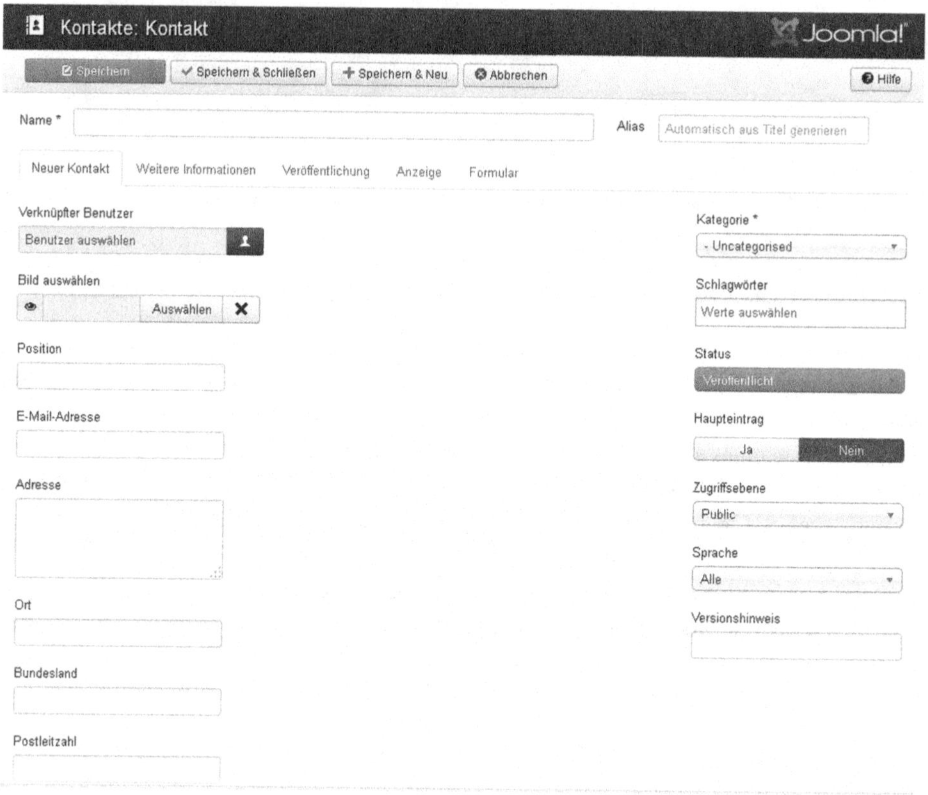

Abb. 11.33 Einen neuen Kontakt anlegen

In Joomla! können eine oder mehrere Kontaktpersonen eingerichtet werden (Schaltflä-che *Neu* oder der Befehl im Menü). Zu jedem Kontakt können Kontaktdetails eingepflegt werden. Mehrere Kontakte können mittels Kategorien gruppiert werden. Die Kontakt-Kategorien werden unabhängig von den normalen Kategorien in Joomla! verwaltet. Im Backend rufen Sie die Kontakt-Verwaltung über das Menü *Komponenten*, Eintrag *Kontakte*, auf.

Im Grunde ist der Umgang mit dieser Komponente selbsterklärend, denn man kennt die Anwendung von allen üblichen Kontaktverwaltungen wie Outlook etc. (Abb. 11.33).

Die Kontakt-Verwaltung in Joomla! besitzt zwei Bereiche, über die Sie Zugriff auf die Kontakte oder die mit den Kontakten verknüpften Kategorien erhalten. Mit der Schalt-fläche *Optionen* in der Werkzeugleiste gelangen Sie in ein Dialogfeld, in dem Sie sehr viele Konfigurationsmöglichkeiten dazu erhalten, wie die Kontakte dargestellt werden und welche Kontaktdetails zusätzlich angezeigt werden sollen. In der Spalte *Verknüpfter Benutzer* stellen Sie eine Verbindung zwischen dem Kontakt und dem im System regist-rierten Benutzer her.

Die wichtigste Information ist das Feld *Name*, also ein Namen für den Kontakt. Wichtig: Der Name kann, muss aber nicht bereits in Joomla! existieren. Das bedeutet, dass Sie sowohl registrierte Benutzer von Ihrem Joomla!-CMS, aber auch beliebige andere Personen hier verwalten können.

Wenn der Kontakt für einen registrierten Benutzer erstellt werden soll, klicken Sie beim Feld *Verknüpfter Benutzer* auf die Schaltfläche *Benutzer auswählen*. Wählen Sie dann im geöffneten Dialogfeld den User aus. Bei Bedarf wählen Sie eine Benutzer-Kategorie für den neuen Kontakt aus. Die Kategorie hat auch Einfluss auf das Layout des Kontakts im Frontend.

Im Bereich *Weitere Informationen* können Sie viele zusätzliche Informationen zum Kontakt eingeben und im Bereich *Anzeige* können Sie einstellen, welche zusätzlichen Informationen zum Kontakt angezeigt werden sollen.

Im Bereich *Formular* geben Sie an, ob Sie für diesen Kontakt im Frontend ein Kontaktformular bereitstellen wollen, mit dem die Webseiten-Besucher dem Kontakt eine E-Mail senden können (bei korrekt konfigurierten Mail-Einstellungen).

▶ Wenn Sie mehrere Kontakte einpflegen wollen, können Sie sich viele Konfigurationsschritte auf der Seite der Kontakt-Erstellung ersparen, wenn Sie in der Kontakt-Verwaltung in der Werkzeugleiste auf die Schaltfläche *Optionen* klicken und dort im Dialogfeld die Grundeinstellung für die Kontakt-Erstellung ändern.

11.5.3.1 Kontakte über ein Menü im Frontend anzeigen lassen

Über ein Menü mit einem entsprechenden Menüeintragstyp können Sie Kontakte, die Sie erstellt haben, im Frontend anzeigen. Dazu wechseln Sie in die Menüverwaltung und erstellen einen neuen Menüeintrag für eines der vorhandenen Menüs. Sie können natürlich auch vorher ein vollständig neues Menü erstellen und dort die Kontaktmenüeinträge sammeln. Der entscheidende Schritt ist die Wahl des Menüeintragstyps.

Klicken Sie im geöffneten Dialogfeld in der Rubrik *Kontakt* den Eintrag *Hauptkontakte* an (Abb. 11.34).

Vergeben Sie im Feld *Menütitel* einen passenden Namen und speichern Sie das Menü.

11.5.4 Nachrichten

Für die interne Benutzer-Kommunikation innerhalb Ihres Joomla!-CMS ist die Nachrichten-Komponente nützlich. Damit können sich im Backend registrierte Benutzer untereinander Nachrichten senden. Auch das Joomla!-System selbst kann bei bestimmten Ereignissen dem Administrator Nachrichten senden (Abb. 11.35).

Die Nachrichten-Komponente ist in zwei Bereiche (*Neue private Nachricht* und *Nachrichten*) unterteilt. Im Bereich *Neue private Nachricht* verfassen Sie eine neue Nachricht

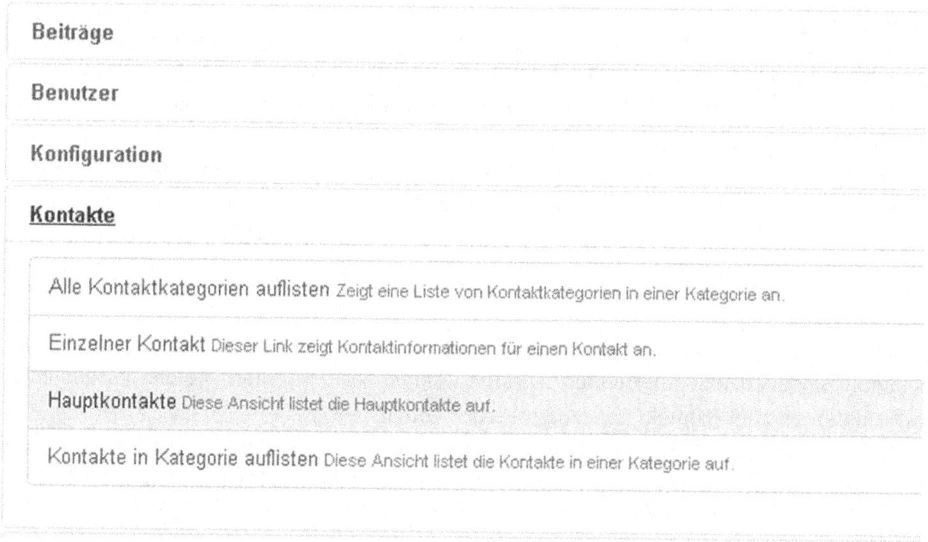

Beiträge

Benutzer

Konfiguration

Kontakte

Alle Kontaktkategorien auflisten Zeigt eine Liste von Kontaktkategorien in einer Kategorie an.

Einzelner Kontakt Dieser Link zeigt Kontaktinformationen für einen Kontakt an.

Hauptkontakte Diese Ansicht listet die Hauptkontakte auf.

Kontakte in Kategorie auflisten Diese Ansicht listet die Kontakte in einer Kategorie auf.

Abb. 11.34 Einen Kontakt über ein Menü im Frontend anzeigen

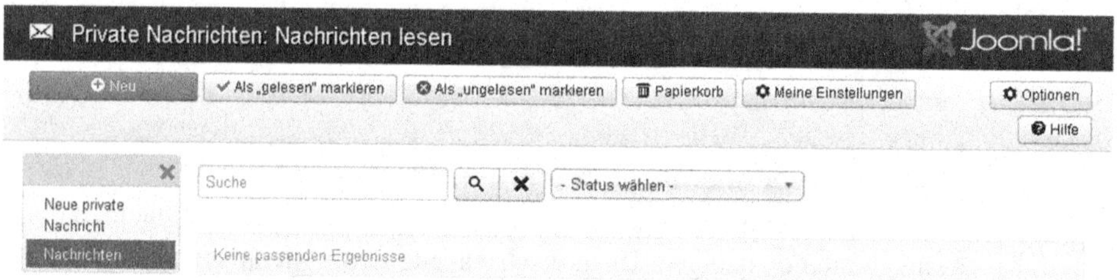

Private Nachrichten: Nachrichten lesen — Joomla!

| ⊕ Neu | ✓ Als „gelesen" markieren | ⊗ Als „ungelesen" markieren | 🗑 Papierkorb | ⚙ Meine Einstellungen | ⚙ Optionen |

❷ Hilfe

Neue private
Nachricht

Nachrichten

Suche   🔍 ✖   - Status wählen - ▾

Keine passenden Ergebnisse

Abb. 11.35 Interne Nachrichten

an andere Benutzer. Im Bereich *Nachrichten* erhalten Sie eine Liste aller eingegangenen Nachrichten in Ihrem Postfach.

Wenn Sie eine Nachricht erhalten haben, wird diese in der Liste dargestellt. Zum Lesen der Nachricht klicken Sie einfach auf den Betreff der Nachricht. Das kennen Sie von den üblichen E-Mail-Programmen.

Sobald Sie eine Nachricht anzeigen, können Sie mit der Schaltfläche *Antworten* in der Werkzeugleiste direkt dem Verfasser der Nachricht antworten.

11.5.5 Newsfeeds

Newsfeeds (oder auch Web-Feeds oder nur kurz Feeds) bezeichnen eine Technik zur einfachen und strukturierten Veröffentlichung von Änderungen auf Webseiten in standardisierten Formaten wie RSS und Atom. Zum Lesen von Feeds dienen spezielle Programme,

Abb. 11.36 Die Newsfeed-Komponente

die Feedreader genannt werden. Möchte ein Benutzer einem bestimmten Feed folgen, so „abonniert" er diesen.

Mit der Newsfeeds-Komponente von Joomla! können Sie sich nun von externen Webseiten, die Feeds bereitstellen, aktuelle Meldungen auf Ihre Webseite holen und diese in ein Modul oder Menü integrieren (Abb. 11.36).

Die Newsfeed-Komponente ist in zwei Bereiche unterteilt:

- *Newsfeeds* zur Verwaltung der Newsfeeds und
- *Kategorien* zur Verwaltung der Newsfeed-Kategorien. Die optionalen Newsfeed-Kategorien sind unabhängig von den normalen Kategorien.

Für das Erstellen eines neuen RSS-Feeds, der im Frontend angezeigt werden soll, gehen Sie ganz ähnlich vor wie bei den Kontakten. Zunächst erstellen Sie einen neuen Newsfeed-Eintrag, indem Sie im Register *Newsfeeds* in der Werkzeugleiste auf die Symbolleiste *Neu* klicken (Abb. 11.37).

Auf der neuen Seite brauchen Sie nur zwei Einträge vorzunehmen:

- Im Feld *Titel* geben Sie dem neuen Newsfeed einen Namen ein.
- Hauptsächlich von Interesse ist der Eintrag im Feld *Link*. Dort tragen Sie die Newsfeed-Adresse ein (Abb. 11.38). Diese erhalten Sie direkt von der Internetseite, deren Newsfeed Sie einbinden wollen.
- Wenn Sie wollen, können Sie im Editor noch zusätzliche Informationen von Ihnen selbst eingeben, aber das ist selten notwendig.

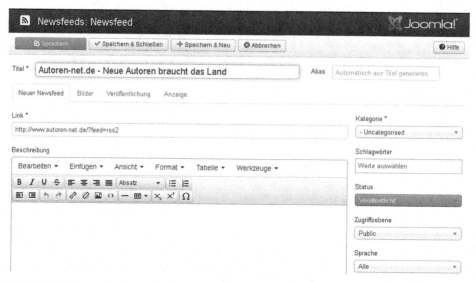

Abb. 11.37 Einen Newsfeed abonnieren

Abb. 11.38 Der externe Newsfeed wurde eingerichtet

Wenn der Newsfeed angelegt wurde, können Sie den neu angelegten Newsfeed über ein Modul oder einen Menüpunkt (Menütyp: *Einzelner Newsfeed*) in das Frontend Ihrer Webseite integrieren (Abb. 11.39).

Der externe Newsfeed wird dann bei einem Klick auf den Menüeintrag angezeigt (Abb. 11.40).

11.5.5.1   Eigene Feeds in Joomla! bereitstellen

Wenn Sie mit in Ihrem Joomla!-CMS eigene Feeds bereitstellen wollen, muss das im Kontrollsystem unter *Konfiguration* eingestellt werden (Abb. 11.41).

Sie haben dann unter den Erweiterungen auch ein Modul vom Typ *Feeds – Feed erzeugen* zur Verfügung, Das ist ein kleines Syndication-Modul, das einen Feed für die gerade angezeigte Webseite zur Verfügung stellt (Abb. 11.42).

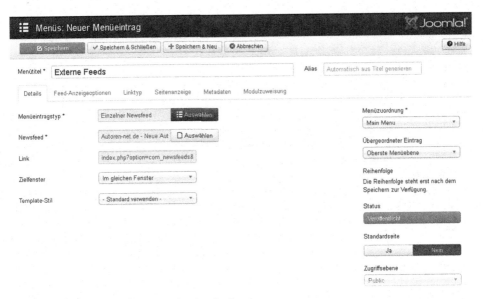

Abb. 11.39 Ein Menüpunkt für den Newsfeed

Main Menu

Home

Externe Feeds ▶

Bonus

Joomla.org

Webseitenbetreiber

Joomlaos.de

Login Form

Benutzername

admin

Passwort ••••••

☐ Angemeldet bleiben

Anmelden

Passwort vergessen?
Benutzername vergessen?
Registrieren

Autoren-net.de - Neue Autoren braucht das Land

Förderkreis neue Autoren - Veröffentliche Deine Träume - Werde Autor

1. **Wann hat man es wirklich zu etwas im Leben gebracht?**

Wann ist man wirklich frei? Oder anders gefragt – wann hat man es wirklich geschafft? Ist wirklich wichtig? In modernen Zeiten kann man das recht einfach spezifizieren: Man ist wirklich frei, wenn man kein Handy oder Smartphone haben muss. Man ... Weiterlesen →

2. **Vom Gefühl der unendlichen Freiheit beim Abheben**

Es gibt zwei Arten an Menschen. Gut – sicher mehr. Und es ist auch wichtig zu wissen, nach welchen Kriterien die Arten unterschieden werden. Ich meine die Arten: Fußgänger Flieger Natürlich ist es heute nichts mehr Besonderes mit einer Verkehrsmaschine ... Weiterlesen →

3. **Berufung**

Was für ein schöner Sommertag. Die Sonne schien, keine Wolke am blauen Himmel zu sehen, ein leichter Wind wehte und von überall zwitscherten die Bäume. Was für ein herrlicher Tag. Stefan wanderte am Fluss entlang, der sich wie ein blaues ... Weiterlesen →

4. **Überstunden**

Es war am späten Nachmittag eines heißen, feuchten Freitags im August, und die meisten Kollegen im Büro waren schon ins Wochenende gegangen. Auch ich wäre schon längst weg, wenn da nicht dieser dringende Termin gewesen wäre. Gegen 5 Uhr erhob ... Weiterlesen →

5. **Die Muse**

Oh, wie er das Aufräumen hasst. Aber ab und zu muss es sein und manchmal findet man wieder, was man schon ewig gesucht hat. Einen kleinen Schrank hatte er sich zugelegt und ihn jetzt zusammengeschraubt. Endlich konnte er seinen Schreibtisch ... Weiterlesen →

Abb. 11.40 Der externe Newsfeed wird über einen Menüpunkt im Frontend bereitgestellt

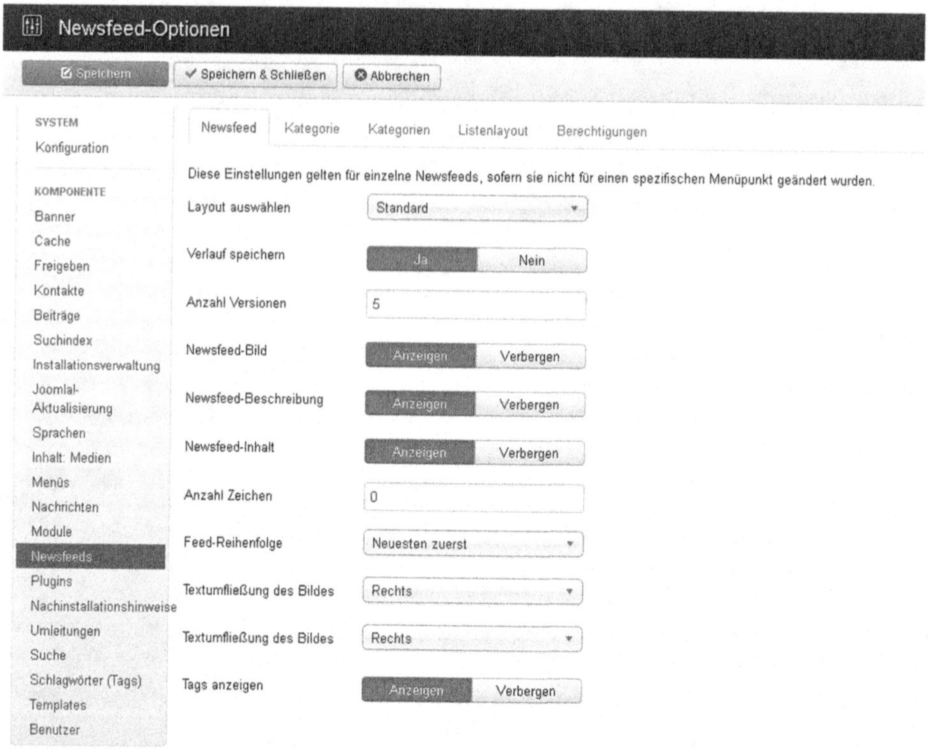

Abb. 11.41 Die Konfiguration von eigenen Newsfeeds in Joomla!

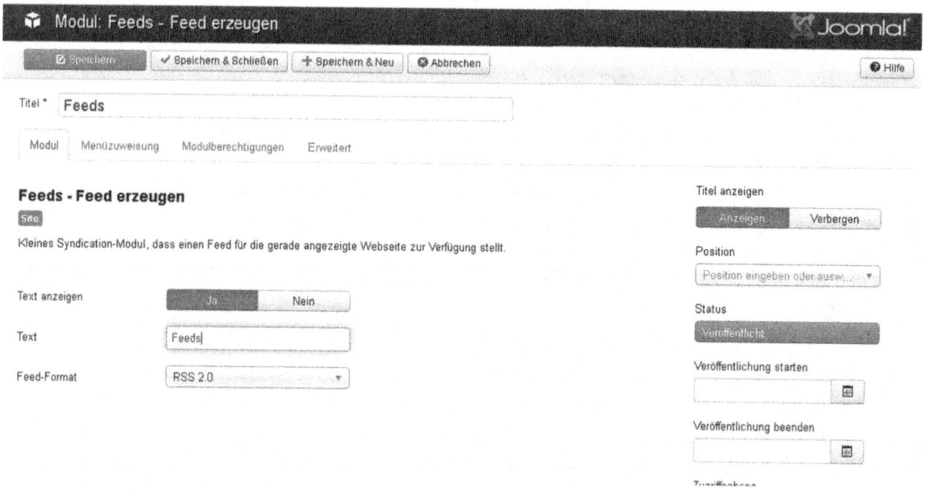

Abb. 11.42 Das Syndication-Modul für einen Feed für die gerade angezeigte Webseite

11.5.6 Suche

Über die **Module** *Suchen* und *Suchindex* haben Besucher der Webseite die Möglichkeit, im Frontend alle Inhalte nach beliebigen Begriffen zu durchsuchen. Diese eingegebenen Suchbegriffe können von Joomla! protokolliert und im Backend ausgewertet werden, sofern Sie das in der Konfiguration von Joomla! einstellen (Abb. 11.43).

Sie erhalten also auf Wunsch eine Statistik, was Ihre Besucher gesucht haben (Abb. 11.44, 11.45) und können damit Ihre Seite optimieren. Allerdings kann diese Protokollierung einige Ressourcen kosten.

Für diese Auswertung von Suchanfragen ist die **Komponente** *Suche* zuständig. Mit dem Menü *Komponenten*, Eintrag *Suche*, erreichen Sie die Verwaltung der Suchkomponente.

Abb. 11.43 Die Einstellung, ob die Suchbegriffe protokolliert werden sollen

Abb. 11.44 Suchbegriffe wurden nicht protokolliert

Abb. 11.45 Es wird eine
Statistik für Suchbegriffe
geführt

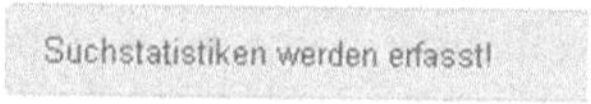

Suchstatistiken werden erfasst!

11.5.7 Suchindex

Eine besondere Art, eine Joomla!-Webseite zu durchsuchen, ist der **Suchindex**. Einen Suchindex können Sie sich wie ein Stichwortregister eines Buchs vorstellen: Eine Webseite wird von Zeit zu Zeit automatisch durchsucht und relevante Begriffe, die in den Beiträgen auftauchen, werden ebenfalls automatisch in eine Liste mit Suchbegriffen aufgenommen. Das ist der Suchindex. Der Hauptvorteil des Suchindex ist die höhere Geschwindigkeit, mit der Ergebnisse gefunden und angezeigt werden können. Zudem kann bei einem vorhandenen Suchindex dem suchenden Besucher eine Vervollständigung angeboten werden.

Sie haben nun die Möglichkeit, dass Sie auch die Begriffe des Suchindex auswerten. Eine Statistik des Suchindex steht aber nur dann bereit, wenn Sie das in der Konfiguration von Joomla! einstellen (Abb. 11.46). Dort muss die Suchstatistik erfasst werden.

Der Suchindex ist somit eine Verbesserung der bisherigen Suche. Aber der Besucher muss auch ein Modul zur Verfügung haben, mit dem dieses Suchindex verwendet werden kann. Denn standardmäßig wird in der Regel das klassische Suchmodul aktiviert und der Suchindex ist deaktiviert

11.5.7.1 Den Suchindex aktivieren

Wenn in Ihrem Joomla!-System noch die klassische Suche im Frontend im Einsatz ist und Sie mit dem Suchindex an gleicher Stelle die alte Suche ersetzen wollen, sind hierzu wenige, aber wichtige Schritte erforderlich.

In der Plug-in-Verwaltung (Menü Erweiterungen, Eintrag Plugins) filtern Sie die Plug-ins mit dem Listenfeld für den Typ nach *finder*. Der Plug-in-Typ steht für die Suche mit dem Suchindex. Kontrollieren Sie, ob alle gefundenen Suchindex-Plug-ins in der Spalte Status aktiviert sind. Falls nicht, aktivieren Sie diese durch einen Klick auf das Symbol in der Spalte *Status*.

Abb. 11.46 Die Einstellung, ob ein Suchindex geführt werden soll

Filtern Sie nun im Listenfeld Typ nach *content* (Abb. 11.47). In den gefilterten Ergebnissen sollte sich der Eintrag *Inhalt – Suchindex* befinden.

Wenn dieser Eintrag noch nicht aktiviert ist, müssen Sie das machen.

Alle erforderlichen Suchindex-Plug-ins sollten dann aktiviert sein (Abb. 11.48). Die Suchindex-Komponente baut einen Index der Seite auf, der sich in Zukunft automatisch aktualisieren wird. Dies geschieht in der Verwaltung der *Suchindex*-Komponente.

Abb. 11.47 Der Plug-in-Typ *content* muss aktiviert werden

Abb. 11.48 Ein Suchindex
wurde erstellt

Suchindex - Indexierung   ✕

Indexierung abgeschlossen

Der Indexierungsprozess ist abgeschlossen.
Das Fenster kann nun gefahrlos geschlossen werden.

Um einen Suchindex zu erstellen, klicken Sie auf die Schaltfläche *Indexieren* in der
Werkzeugleiste der Verwaltung der Suchindex-Komponente (Abb. 11.49). Ein Dialogfeld
informiert Sie über den Vorgang der Indexerstellung. Ist die Erstellung abgeschlossen,
können Sie das Dialogfeld schließen.

Bevor Sie den Suchindex auf der Webseite benutzen können, müssen Sie gegebenenfalls das alte Modul *Suchen* – sofern das im Frontend angezeigt wird – deaktivieren und
ein neues Modul erstellen, das im Frontend mit dem neuen Suchindex arbeitet.

Dazu wechseln Sie in die Modulverwaltung und such das Modul *Suchen*. Dieses deaktivieren Sie und über die Schaltfläche *Neu* in der Werkzeugleiste wird ein neues Modul
vom Modultyp *Suchindex* erstellt.

11.5.8 Umleitungen

Die Komponente *Umleitungen* ermöglicht, dass ein Besucher Ihrer Webseite, der einen
nicht (mehr) existierenden Pfad Ihres CMS aufruft, automatisch zu einer Seite geleitet
wird, die darüber informiert, dass dieser Pfad nicht (mehr) existiert. Das kommt beispielsweise vor, wenn eine Suchmaschine einen Pfad zu einem Beitrag auf Ihrer Homepage ins
Verzeichnis aufnimmt, danach von Ihnen Umstrukturierungen an der Webseite vorgenommen werden und beispielsweise der Beitrag gelöscht wird.

Abb. 11.49 Indizierte Schlagwörter

Abb. 11.50 Das Plug-in für
die Umleitung muss aktiviert
werden

Das Joomla!-CMS bekommt mit, wenn auf nicht vorhandene Inhalte zugegriffen wird, und kann für die Administratoren protokollieren, wann und wie dies geschieht. In einer Liste sehen Sie dann alle fehlerhaften Webadressen zu den nicht vorhandenen Inhalten untereinanderstehen.

Damit die Umleitungen-Komponente auf der Webseite im Frontend einwandfrei arbeitet, muss das Plug-in *System – Umleitung* aktiviert sein (Abb. 11.50).

Die Verwaltung der Umleitungen-Komponente rufen Sie im Backend mit dem Menü *Komponenten*, Eintrag *Umleitungen*, auf. Es kann nun sein, dass Ihnen eine Reihe mit Adressen angezeigt wird, die als fehlerhaft in Ihrem System bemerkt werden. Wenn Sie eine andere Internetseite als Ziel für eine fehlerhafte Adresse einrichten wollen, klicken Sie in der Verwaltung der Umleitungen-Komponente auf den Namen der betroffenen Adresse.

Im daraufhin erscheinenden Fenster geben Sie im Feld *Zieladresse* die Internetadresse ein, zu der Sie die Besucher im Fehlerfall umleiten wollen. Dabei spielt es keine Rolle, ob die Zieladresse sich auf Ihrem Server befindet oder nicht. Sie können aber auch jederzeit über die Schaltfläche *Neu* eine beliebige Umleitung für eine Seite einrichten – auch wenn diese nicht fehlerhaft ist.

11.5.9 Weblinks

Mit der Komponente *Weblinks* (Menü *Komponenten*, Eintrag *Weblinks*) können Sie eine Liste mit Hyperlinks aufbauen oder Sie benutzen die Weblinks zum Erstellen von Links zu Dateien für einen einfachen Download-Bereich. In diesem Zusammenhang sind die hierarchisch gruppierbaren Kategorien praktisch. So können Sie themenverwandte Hyperlinks elegant zusammenfassen. Das Erstellen von Weblinks ist selbsterklärend. Sie können beim Erstellen eines neuen Weblinks einen Titel und eine Adresse festlegen und eine Kategorie hierzu wählen. Die gesammelten Links können Sie dann beispielsweise mit einem Menüeintrag im Frontend darstellen lassen.

Anhang

Im Anhang finden Sie verschiedene ergänzende Informationen zu Joomla! und Zusammenfassungen wichtiger Fakten und Fachbegriffe.

Übersicht der Befehle des Kontrollzentrums

In der folgenden Tab. (A.1) sehen Sie eine Übersicht der wichtigsten Befehle und Bereiche, die Ihnen über das Kontrollzentrum zugänglich sind. Zum Teil sehen Sie diese direkt auf der obersten Ebene des Kontrollzentrums (meist mit entsprechenden Symbolen gekennzeichnet, die sich aber in verschiedenen Versionen von Joomla! unterscheiden), zum Teil sind die Befehle auch erst in den tieferen Ebenen eines Hauptbefehls zugänglich.

Tab. A.1 Befehle von Joomla!

Befehl	Bedeutung
Alle Erweiterungen sind aktuell	An dieser Stelle sehen Sie, ob die installierten Joomla!-Erweiterungen noch auf dem neuesten Stand sind
Beiträge	Zeigt die vorhandenen Beiträge in Joomla! an
Benutzer	Hier können vom Administrator Benutzer angelegt, gelöscht oder geändert werden
Erweiterungen	Hiermit können Sie Joomla! mit neuen Softwarefunktionen erweitern
Joomla! ist aktuell	Falls es eine neue Version von Joomla! gibt, können Sie diese hier einfach updaten und installieren
Kategorien	Zeigt die tabellarische Kategorien-Übersicht an, die zur Verwaltung der Kategorien dient

© Springer Fachmedien Wiesbaden 2015
R. Steyer, *Joomla!*, DOI 10.1007/978-3-658-08878-1

Tab. A.1 (Fortsetzung)

Befehl	Bedeutung
Konfiguration	Auf dieser Seite können Sie grundlegende Systemeinstellungen vornehmen und Joomla! komfortabel konfigurieren
Medien	Wechselt zur Medienverwaltung, in der Bilder, Audiodateien, Filme u. a. in einer Explorer-Ansicht verwaltet werden können
Menüs	Zeigt in einer tabellarischen Darstellung die vorhandenen Menüs an, die auf dieser Seite verwaltet werden können
Module	Zeigt in einer Liste alle vorhandenen Module an. Es können hier neue Module eingefügt oder vorhandene modifiziert werden
Neuer Beitrag	Öffnet die Maske zur Texteingabe, um einen neuen Beitrag (auch Artikel genannt) zu erstellen
Profil bearbeiten	Hier konfigurieren Sie Ihr Benutzerkonto
Sprachen	Mit dieser Funktion ergänzen Sie Joomla! mit weiteren Sprachpaketen
Templates	Durch die Installation neuer Templates können Sie einer bestehenden Joomla!-Webseite einen komplett neuen Look verpassen

Die Systeminformationen in Joomla!

Die Systeminformationen sind in der Serie 3 durch Register in fünf verschiedene Seiten aufgeteilt (Tab. A.2):

Tab. A.2 Systeminformationen zu Joomla!

Register	Inhalt
Konfigurationsdatei	Informationen zur Konfiguration der zu Joomla! gehörenden Datei *configuration.php*, die sich im Joomla!-Hauptverzeichnis befindet. Hier finden sich auch alle Angaben wieder, die in der Menürubrik *Site > Konfiguration* stehen
PHP-Einstellungen	Hier finden Sie die voreingestellten Werte für die Skriptsprache PHP, die in der (nicht im Joomla!-Verzeichnis befindlichen) Datei php.ini stehen
PHP-Informationen	Auf dieser sehr umfangreichen Seite stehen alle Einstellungen, die für PHP und das Zusammenspiel von PHP und dem Webserver beziehungsweise der Datenbank wichtig sind
Systeminformationen	Angaben zur Datenbank-, PHP-, Joomla!- und Webserverversion, zum Browser und Betriebssystem
Verzeichnisrechte	Hier sehen Sie, ob die Joomla!-Unterverzeichnisse beschreibbar sind oder nicht. Das ist zum Beispiel bei Installationen in Joomla! wichtig

Quellen rund um Joomla! und das Buch (Tab. A.3)

Tab. A.3 Quellen im Internet

URL	Beschreibung
http://blog.rjs.de	Der Blog des Autors
http://httpd.apache.org/	Das Apache-Projekt
http://rjs.de	Die Homepage des Autors
http://www.jgerman.de	Komplettpakete von Joomla! auf Deutsch und deutsche Sprachdateien
http://www.joomla.de	Eine deutsche Seite zum Joomla!-Projekt
http://www.joomla.org	Originalseite des Joomla!-Projekts
http://www.oracle.com/	Die Homepage von Oracle
http://www.w3.org	Das W3C
https://demo.joomla.org/	Demo-Account, um Joomla! auszuprobieren
https://www.apachefriends.org/de/	Homepage der Apache-Friends – Download von XAMPP
https://www.mysql.de/	Die deutsche Vertretung vom MySQL

Glossar

Tab. A.4 Wichtige Fachbegriffe und Abkürzungen

Begriff	Erklärung
Ajax (Asynchronous JavaScript and XML)	Ein Standard auf Basis von JavaScript zum asynchronen Datenaustausch zwischen Browser und Webserver
API (Application Programming Interface)	Schnittstelle zur Anwendungsprogrammierung
ARPANET	Ursprünglicher Name des Internets
Atom	Ein XML-Format für Web-Feeds. Joomla! unterstützt das Format
Backend	Verwaltungsbereich eines CMS mit beschränktem Zugang
Blog	Tagebuch im Internet
Chat	Echtzeitkommunikation über das Internet beziehungsweise ein Netzwerk
Cloud	Ein derzeit sehr angesagter Modebegriff in der EDV (oft auch Cloud Computing), der nur das Speichern und Bereitstellen von Daten in einem entfernten Rechenzentrum sowie unter Umständen auch die Ausführung von Programmen, die nicht auf dem lokalen Rechner installiert sind, bezeichnet. Diese Art der Infrastruktur gibt es im Grunde seit der Entstehung von Computern, aber durch den Ansatz, die Erklärung für abstrahierte IT-Infrastrukturen als „verborgen wie in einer Wolke" zu vereinfachen, lassen sich auch Laien damit zur gemeinsamen Nutzung von Ressourcen gewinnen

Tab. A.4 (Fortsetzung)

Begriff	Erklärung
CMS (Content-Management-System)	Ein System, das auf die Verwaltung und Bereitstellung von Inhalt (engl. Content) spezialisiert ist
Content-Life-Cycle-Management	Ein Verfahren, um Inhalte automatisch zeitlich begrenzt zu veröffentlichen oder zu archivieren
CSS (Cascading Style Sheets)	Formatvorlagen zur Auszeichnung des Layouts von Dokumenten. CSS kommen viel im Web bei HTML-Seiten vor, sind aber nicht darauf beschränkt
DBMS (Datenbankmanagementsystem)	Ein System zur Verwaltung von Datenbanken. Sehr populär im Web ist MySQL, was auch bei Joomla! meist zum Einsatz kommt
Dienst oder Dienstprotokoll	Eine konkrete Anwendung im Internet wie das WWW, E-Mail, FTP oder SSH
DNS (Domain Name System)	Ein System zur Überführung von symbolischen Namen (DNS-Namen) in die IP-Adresse eines Servers über Nameserver
DOM (Document Object Model)	Ein Objektmodell für baumartig strukturierte Dokumente (XML oder Webseiten), das einen Zugriff aus seiner Programmierumgebung gestattet
Domain	Ein Teilbereich des hierarchischen Domain Name System (DNS), mit dem im Internet Ressourcen adressiert werden
E-Mail	Elektronische Post
Feeds	Web-Feed (oder auch Newsfeed) bezeichnet eine Technik zur einfachen und strukturierten Veröffentlichung von Änderungen auf Webseiten in standardisierten Formaten wie RSS und Atom, die selbst auf XML basieren. Joomla! unterstützt Web-Feeds
Frameworks	Funktionsbibliotheken, die meist auf JavaScript und teils auf CSS basieren, und die neben vielen vorgefertigten Funktionen auch eine eigenständige Syntax bereitstellen, die JavaScript erweitert
Frontend	Die öffentlich zugängliche Ebene eines CMS für Besucher
FTP (File Transfer Protocol)	Ein Dienstprotokoll zum Up- und Download von Dateien
HTTP (**Hyper Text Transfer Protocol**)	Dienstprotokoll des WWW
JavaScript	Eine Skriptsprache, die hauptsächlich im Web in Verbindung mit HTML eingesetzt wird, aber nicht darauf beschränkt ist
JUG (Joomla User Groups)	Lokale Gruppen von Joomla-Benutzern und -Entwicklern, die sich regelmäßig zusammenfinden
Mambo	Das Vorgänger-CMS von Joomla!
MVC	Model-View-Controller-Konzept ist ein Muster zur Strukturierung von Software in drei Einheiten: • Das Datenmodell • Die Präsentation • Die Programmsteuerung

Tab. A.4 (Fortsetzung)

Begriff	Erklärung
MySQL	Ein relationales Datenbankmanagementsystem (RDBMS), das es seit Mitte der 90er-Jahre gibt und in der Regel von Joomla! verwendet wird
OpenSource	Eine Lizenz, bei der der Quelltext der Programme für jedermann öffentlich einsehbar ist und frei verändert, kopiert und verbreitet werden darf
PHP (PHP Hypertext Preprocessor)	Eine an C angelehnte Skriptsprache, die unter einer freien Lizenz verbreitet wird und bei serverseitiger Programmierung im Web sehr populär ist. Joomla! ist in PHP programmiert. Auch alle Erweiterungen von Joomla! basieren auf PHP
Provider	In der Regel nutzt man den Begriff als Abkürzung für einen Internetdienstanbieter oder Internetdienstleister (engl. Internet Service Provider, abgekürzt ISP). Das sind Anbieter von Diensten, Inhalten oder technischen Leistungen, die für die Nutzung oder den Betrieb von Inhalten und Diensten im Internet erforderlich sind. Es gibt aber auch zum Beispiel zur Verwendung des Telefons Provider (Telekommunikationsanbieter)
RDBMS (Relationales Datenbankmanagementsystem)	Ein DBMS, das explizit auf Relationen (Tab.) basiert
Redaktionssystem	Ein CMS, bei dem es einem oder mehreren Autoren möglich ist, Texte und Bilder mithilfe von Upload- und Editierwerkzeugen online zu stellen
Responsive Design	Ein Design, das sich an die Gegebenheiten bei einem Besucher anpasst, etwa an die Besonderheiten bei einem mobilen Endgerät, der speziellen Auflösung des Bildschirms oder einem Gerät für Sehbehinderte
RIA (Rich Internet Application)	Ein populärer, aber nicht standardisierter Begriff, um Internetanwendungen zu charakterisieren, die reichhaltige Features und Interaktionsmöglichkeiten anbieten. Meist laufen RIA in Webbrowsern, aber das muss nicht zwangsläufig sein
Rollensystem	Ein Regelwerk, was welcher Benutzertyp in einem CMS für Rechte hat
RSS (ursprünglich **R**ich Site Summary, später **R**eally Simple Syndication)	Ein XML-Format für Web-Feeds. Joomla! unterstützt das Format
SGML (Structured Generalized Markup Language)	Dokumentenbeschreibungssprache (oder auch Dokumentenformat) in Klartextform, welche die logischen Strukturen eines Dokuments beschreibt. HTML wurde mit SGML beschrieben
SQL (Structured Query Language)	Eine Datenbanksprache mit Befehlen zur Datenbankverwaltung, zum Anlegen einer Datenbank sowie zum Erstellen, Ändern und Löschen von Tabellen und Daten. Außerdem kann man Abfragen auf den Datenbestand durchführen, um nach bestimmten Kriterien gefilterte Daten zu erhalten

Tab. A.4 (Fortsetzung)

Begriff	Erklärung
SSH (Secure Shell)	Ein sicheres Dienstprotokoll zum Fernsteuern von Rechnern
Subdomain	Eine Domain, welche in der Hierarchie unterhalb einer anderen liegt
Tag	Steuerelement in HTML oder auch XML, um den Inhalten Struktur und teils auch Bedeutung zu geben
URL (Uniform Resource Locator)	Die eindeutige Adresse einer Ressource (etwa eine Webseite). In der Regel meint man damit eine Internet-Adresse
V-Server	Ein virtueller Server, bei dem auf einem physikalischen Rechner mehrere Serverprogramme emuliert (virtualisiert) werden können
WCMS (Web-CMS)	Die genauere Bezeichnung für ein Online-CMS, bei dem sowohl der Inhalt als auch die gesamte Verwaltung über einen Browser dargestellt werden. Die gemeinschaftliche Erstellung, Bearbeitung und Organisation von Inhalten basiert dabei auf interaktiven Webseiten, die insbesondere durch die Techniken des sogenannten Web 2.0 Möglichkeiten wie bei normalen Desktop-Programmen eröffnen
Web 2.0	Ein Modebegriff als Oberbegriff der meisten interaktiven Webangebote, die seit etwa dem Jahr 2005 damit zusammengefasst wurden. Oft nennt man das Web 2.0 auch „Mitmach-Web", weil Anwender nicht nur reine Konsumenten sind, sondern selbst Content beisteuern
Webserver	Ein Programm, das im WWW auf Anfrage eines Clients (Browser) Daten und Ressourcen ausliefert
XAMPP	Ein Paket mit Apache, MySQL, PHP etc. unter einer gemeinsamen Installations- und Verwaltungsstruktur
XHTML (Extensible HyperText Markup Language)	Eine strenge Variante von HTML und auf Basis von XML
XML (Extensible Markup Language)	Dokumentenbeschreibungssprache (oder auch Dokumentenformat) in Klartextform, welche die logischen Strukturen eines Dokuments beschreibt. Leichtgewichtiger Nachfolger von SGML

Sachverzeichnis

© Springer Fachmedien Wiesbaden 2015

R. Steyer, *Joomla!*, DOI 10.1007/978-3-658-08878-1

Printed in the United States
By Bookmasters